Noblesse oblige

Christine Gräfin von Brühl

Noblesse oblige

Die Kunst,
ein adliges Leben zu führen

 Eichborn

2 3 4 10 09

© Eichborn AG, Frankfurt am Main, März 2009
Umschlaggestaltung: Christina Hucke
unter Verwendung mehrerer Illustrationen
von ZZVE Illustrations/getty images
Lektorat: Dr. Barbara Werner van Benthem
Layout: Susanne Reeh
Vignetten: Illustrationen von ZZVE Illustrations/getty images
Satz: Fuldaer Verlagsanstalt, Fulda
Druck und Bindung: CPI – Clausen & Bosse, Leck
ISBN 978-3-8218-5695-7

Eichborn Verlag, Kaiserstraße 66, D-60329 Frankfurt am Main
Mehr Informationen zu Büchern und Hörbüchern aus dem Eichborn Verlag
finden Sie unter www.eichborn.de

Für Mr. Zutt,
damit er weiß, dass ich ihm seinen spöttischen Kommentar
über die Saurier längst verziehen habe ...

Inhalt

Vorwort

Wir befinden uns im Jahr 2009 n. Chr. Ganz Deutschland ist beseelt von dem Gedanken an Demokratie und soziale Marktwirtschaft. Ganz Deutschland? Nein! Einige unbeugsame Recken hören nicht auf, der vorherrschenden Meinung Widerstand zu leisten. Sie sind glühende Verfechter der Monarchie und würden heute noch dafür plädieren, sie wieder einzuführen, wenn man sie nur ließe ...

Meine Tante Jeannchen besaß ein rechteckiges Kistchen aus Zedernholz. Es stand auf einem Tisch im Salon und enthielt Zigaretten, für die Gäste. Den Deckel der Kiste zierte ein gerahmtes Schwarz-Weiß-Foto, darauf ein herrlicher Park mit hohen, alten Bäumen, in dem sich ein elegantes Herrenhaus befand.

Meine Tante stammte aus Ostpreußen, nach der Flucht war sie in Wentorf bei Hamburg ansässig geworden. Ihr steter Freund und Mitbewohner war ein Rauhaardackel, ein überaus freundliches Wesen. Wer sie besuchte, hatte oft Schwierigkeiten, mit ihr ins Gespräch zu kommen, denn der Dackel heischte schwanzwedelnd und hartnäckig um Aufmerksamkeit. Aber das machte nichts. Dann redete man eben über den Dackel.

Manchmal kamen Nachbarskinder und fragten, ob sie den Hund ausführen dürften. Tante Jeannchen ließ es gutmütig mit sich geschehen. Sie liebte Kinder, schenkte ihnen Süßigkeiten und erzählte ihnen Geschichten von früher. Dabei saß sie zusammengekauert in einer Sofaecke, gestützt von Lehne und Kissen, immer kleiner und schmächtiger wurde sie mit zunehmendem Alter. Sie zeigte den Kindern das Bild auf der Zigarettenkiste und sagte, dies sei das Haus, in dem sie geboren worden war. Ihre kleinen Zuhörer nickten verständig. Sie wussten, was gemeint war: »Das Krankenhaus.«

Das ist eine der Geschichten, wie man sie sich gern unter Adligen erzählt, denn wer sie hört, weiß sofort Bescheid. Adlige haben kein Wohnzimmer, sondern einen Salon, sie leben in Gedanken bei ihren Vorfahren und wachsen in Häusern auf, die so groß sind, dass der Normalsterbliche sie für das städtische Krankenhaus hält. Einige Bürgerliche nennen sie deshalb auch Dinosaurier.

Diese Geschichten hören sich an, als seien sie aus einer anderen Zeit, einer Zeit, die schon viele Jahrzehnte, wenn nicht Jahrhunderte zurückliegt. Sie berichten aus einer Welt voller Absurditäten und augenscheinlicher Verrücktheiten. Aber das Gegenteil ist der Fall. Episoden wie diese finden hier und heute in den meisten adligen Häusern statt. Es ist die Wirklichkeit für die Kinder und Erwachsenen aus den alten Familien, die Art, wie sie denken, wie sie erzogen werden, wie sie sich verhalten und wie sie auch ihre eigenen Kinder wieder erziehen werden. Es ist ihr Zuhause.

Der Adel ist nach wie vor existent, alte Familien sterben nicht von heute auf morgen aus, und sie pflegen intensiv ihre Kultur und ihre Traditionen. Auch wenn die meisten nicht mehr in Schlössern, Burgen oder Herrenhäusern leben, erziehen sie ihre Kinder so, als könnte das schon morgen wieder Wirklichkeit sein. Schließlich kann es einem Sprössling aus adligem Haus durchaus passieren, am Wochenende oder in den Ferien Tante und Onkel zu besuchen, und es ist kein Zufall, wenn Tante und Onkel auf einer mittelalterlichen Burg leben. Dann muss der junge Mensch wissen, wie er sich zu verhalten hat. Er muss wissen, dass die Wege hier weit und die Möbel sehr alt sind, dass hier eine gewisse Begrüßungskultur gepflegt wird, man bei Tisch gerade sitzen muss und nicht aufstehen und herumtollen darf, wo und wann es einem beliebt.

Auch bei uns zu Hause hieß es: »Bei der Großmama machst du das aber nicht!«, wenn wir uns beim Mittagessen nicht zu benehmen wussten, und das war gut so. Denn auch meine Großeltern lebten im Schloss, und da ging es bei aller Liebenswürdigkeit doch ein wenig anders zu. Da stand morgens nach dem Frühstück die Köchin mit gestärkter Schürze im Salon und fragte, was denn zum Mittagessen gewünscht sei, bei Tisch servierte der Kammerdiener in weißen Handschuhen, und selbstverständlich verließ niemand seinen Platz, bevor nicht die Hausherrin persönlich die Tafel aufgehoben hatte.

Inzwischen sind die Großeltern verstorben und das Haus wird anderweitig genutzt, aber lange Zeit war es der Fluchtpunkt familiären Lebens, dort trafen wir unsere gleichaltrigen Vettern und Cousinen, verlebten manch goldenen Feriensommer, feierten rauschende Feste und lernten alles über adliges Beisammensein, was dringend zu wissen notwendig ist.

Dabei ist der Adel nicht zwingend altmodisch. Er weiß sich die Errungenschaften der Moderne durchaus zunutze zu machen. Die Adligen waren wahrscheinlich eine der ersten Bevölkerungsgruppen, die sich begeistert auf tragbare Handys stürzten, denn wer in einem Schloss oder einer Burg wohnt, ist heilfroh, wenn er nicht mehr Kilometer, und das in Eile, zurücklegen muss, um rechtzeitig das Telefon zu erreichen.

Der deutsche Adel tritt heute eher leise auf. Es gibt über ihn keine genauen Zahlen. Wilfried Rogasch schreibt in *Schnellkurs Adel*: »Es werden in der Bundesrepublik zwar statistische Daten zu allen erdenklichen Dingen erhoben, doch es gibt keine Angaben, wie viele Menschen in Deutschland überhaupt zum Adel gehören.« Und Eckart Conze bekräftigt im *Kleinen*

Lexikon des Adels: »Gesicherte statistische Angaben über den Adel sind aufgrund einer unzureichenden Datenbasis nur schwer und unvollständig möglich.«

Das liegt nicht zuletzt an unserer Staatsform. In der Bundesrepublik gibt es keine Thronreden, und für die Gesetze ist das Parlament zuständig. Der Adel ist frei von öffentlichen Aufgaben. Er macht höchstens von sich reden, wenn eines seiner Mitglieder im großen Stil Tafelsilber oder Gemälde verkaufen muss, doch auch dann ist das eher ein Thema der Klatschpresse. Nur wenn der Adel unter sich ist, tritt er selbstbewusst und gemäß seiner traditionell hierarchischen Strukturen auf. Da ist der Fürst noch der Fürst und Baron bleibt Baron, da gibt es unterschiedliche Rangfolgen, die sich möglichst nicht durch Heirat miteinander vermengen, und die weiblichen Wesen stehen selbstredend immer eine kleine Stufe unter den männlichen. So hat sich eine voll funktionierende Parallelgesellschaft entwickelt, deren Mitglieder, insbesondere die Heranwachsenden, selbstverständlich von ihrer Realität und Berechtigung überzeugt sind. Das gesellschaftliche Leben der Adligen findet in eng begrenzten und verschwiegenen Kreisen statt. Kein Bürgerlicher hat hier Zutritt, außer er ist rein zufällig bekannt oder befreundet mit einem Adligen. Selbst dann wird es Bereiche geben, in die er niemals vordringt.

Die wenigsten wissen um die Existenz und Lebensgewohnheiten dieser Menschen. Kaum einer kennt das strenge Regelwerk, dem sie unterliegen. Dabei spiegelt es eine vorsätzlich gelebte Kultur. Wie kommentiert es einer meiner Vettern jedes Mal, wenn er mir einen Handkuss gibt: »Sonst stirbt er aus.« Und er hat recht: Wenn die Adligen nicht selbst den Handkuss und alle ihre anderen Angewohnheiten und Traditionen pflegten und praktizierten, würden sie bald nicht mehr existieren.

Die Kunst, ein adliges Leben zu führen, ist daher nicht nur ein ständiges Versteckspiel mit den anderen, den Nichtadligen, ein pausenloses Absondern und Isolieren, sondern sie unterliegt auch nach innen einer ständigen »Zugehörigkeitskontrolle«. Sie wird so streng gehandhabt, dass sie jeder Adlige schon als Kind verinnerlicht und zu seiner ureigensten Selbstkontrolle macht. In all seinen Gesten, seiner Sprache, seinem Benehmen, ja seiner Aufmachung muss ein Adliger besonders unter Adligen ständig beweisen, dass er ein guter und ein richtiger Adliger ist. Man bleibt eben vorzugsweise unter seinesgleichen. Wie viel man dabei im ganz normalen adligen Alltag richtig oder auch falsch machen kann, zeigen die Geschichten, die in diesem Buch erzählt werden. Mit Schlösser- und Burgenromantik, glitzernden Prinzessinnengewändern oder funkelnden Kronen hat das am allerwenigsten zu tun. Im Gegenteil: Es ist nicht immer leicht, ein Adliger zu sein.

1. Sag es keinem weiter!

Etwa mit sechzehn stellte sich mir zum ersten Mal die Frage, ob ich einen Adligen heiraten sollte oder nicht. Meine jüngere Schwester machte gerade eine Gärtnerlehre und ihr Meister, der um ihre Herkunft wusste, zog sie täglich damit auf, ob sie sich schon einen standesgemäßen Ehemann ausgeguckt hätte. Nun ist man ja im reifen Alter von fünfzehn Jahren nicht unbedingt so souverän, auf solch frotzelnde Bemerkungen von Erwachsenen immer die richtige Antwort zu haben. Immerhin war meine Schwester so schlagfertig, mit ihrem Meister und seiner Frau, die ansonsten ausgesprochen nette Menschen sind und das Herz unbedingt auf dem rechten Fleck haben, eine Wette abzuschließen. Sie würde garantiert keinen Adligen heiraten, das sei ihr alles zu dumm. Dafür müssten die beiden Gärtnersleute ihr nach der Hochzeit aber eine Flasche Champagner spendieren. Sollte sie wider Erwarten doch einem Grafen, Fürsten oder Prinzen in die Fänge geraten, würde sie selbst eine Flasche ausgeben.

Bei mir war die Sachlage ein wenig anders. Ich dachte, ich *müsste* einen Adligen heiraten, ich käme sozusagen nicht darum herum. Schließlich wird man als Adlige so erzogen. Keiner heirate gefälligst unter seinem Stand. Man hat auch nach Möglichkeit nur adlige Freunde, geht nur mit Adligen aus und korrespondiert ausschließlich mit Adligen. Natürlich gibt es auch andere Menschen, Bürgerliche sozusagen, aber mit denen hat man höchstens Umgang, man grüßt freundlich, spricht ein paar Takte miteinander, wahre Freundschaften jedoch werden nur mit Adligen geschlossen. So die Erziehung. Die Wirklichkeit war und ist ein wenig anders. Ich ging auf ein gewöhnliches städtisches Gymnasium. Da gab es außer mir keinen einzigen Adligen und wenn, dann hielten sie sich ähnlich gut versteckt wie ich. Meine Freunde waren alle bürgerlich, und ich musste meine Parallelwelt gut tarnen. Wenn man mich nach meinem Namen fragte, ließ ich das »von und zu«, was gemeinhin zu adligen Nachnamen gehört, weg, und wenn eine meiner Freundinnen ihren Besuch ankündigte, versteckte ich tunlichst alle Hinweise auf meine komische Abstammung.

Ich bewunderte meine Schwester für ihre Kühnheit, sie war schon immer mutiger als ich. Sie konnte vor mir Rollschuh laufen, Fahrrad fahren, ja sogar den Freischwimmer absolvierte sie noch kurz vor mir. Eine Gärtnerlehre ist in adeligen Kreisen auch nicht gerade üblich. Aber was Verlobung und Eheschließung anging, so glaubte ich niemals, dass sie sich durchsetzen würde. Schließlich war auch sie eine Adlige und würde genau wie ich standesgemäß heiraten müssen.

Bei den Adligen heißt es, eine Ehe mit einem Bürgerlichen sei unaufhaltsam dem Untergang geweiht. Mit einem bürgerlichen Ehemann werde man auf Dauer nicht glücklich. Das sei keine Basis, und Ehen ohne Basis hätten keine Überlebenschancen. Die seien ja womöglich nur aus Liebe geschlossen worden. Und nichts sei so gefährlich wie die Liebe. Sie sei romantisch, aber unrealistisch.

Meiner Schwester war das alles schnurzegal. Sie verliebte sich kurzerhand in einen Bürgerlichen und behauptete, dies sei der schlagende Beweis: Niemals würde sie einen Adligen heiraten. Nicht dass sie diesen ersten Bürgerlichen gleich geheiratet hätte, aber sie behauptete steif und fest, sie könne sich gar nicht erst in einen Mann mit Titel verlieben. Die seien doch so uninteressant und langweilig. Ich widersprach ihr nicht – was zählen bei einer Frischverliebten schon Argumente, und manche Adlige sind in der Tat schon als junge Menschen ziemlich langweilig. Aber insgeheim dachte ich mir, sie werde damit nicht durchkommen. Liebe hat in den Augen Adliger schließlich nichts mit Ehe zu tun, also zählt sie auch nicht als Beweis.

Am besten ist in den Augen der Adligen die sogenannte »gesteckte« Ehe, wie schon meine Großmutter es nannte: eine Ehe zwischen zwei Menschen, die bewusst und mit Absicht zusammengeführt werden, eine Ehe, die praktisch am grünen Tisch geplant, verhandelt, beschlossen und, um es in der Terminologie der Adelswelt auszudrücken, aus dem *Gotha* gesucht worden ist. Der *Gotha*, das *Genealogische Handbuch des Adels*, ist die eigentliche Bibel der Adligen. Im Grunde ist es ein Stammbuch, ein Verzeichnis sämtlicher adliger Familien und ihrer Abstammungen. Es gibt, insgesamt gesehen, nicht sehr viele Adlige, jedenfalls nicht viele Adlige, die immer alles richtig gemacht haben, da musste sich schon einer die Mühe machen und sie alle einmal auflisten. Erst dann konnte man sagen, wer alles dazugehört und wer vor allem nicht dazugehört, auch wenn er es noch so standfest behauptet.

Abgesehen von fleißiger *Gotha*-Lektüre gibt es weitere Maßnahmen, die der Adlige traditionsgemäß ergreift, damit die Heranwachsenden sich gegenseitig kennenlernen und ja nicht nur Umgang mit Bürgerlichen haben. Man lädt zum Faschingsfest mit Polonaise durchs ganze Haus, zur gemeinsamen Fahrradtour (»Adel auf dem Radel«), zum Sommerball oder zur Jagd ein. Ein Jagdschein ist unter Adligen, insbesondere der männlichen Sorte, nahezu eine Selbstverständlichkeit. Wer ihn ablehnt, legt, ähnlich wie ein Wehrdienstverweigerer, ein politisches Statement ab. Für die berühmten Feste muss man tanzen lernen: Walzer, Foxtrott, Rock and Roll, meinetwegen auch Tango – das sollte jedem Adligen früher oder später ins gewissermaßen blaue Blut übergegangen sein. Ein Adliger, der nicht tanzen kann, hat ein Problem.

Auch meine Schwester und ich wurden zu solchen Fahrradtouren, Tanzkursen und kleineren oder größeren Festen eingeladen. Das einzige Problem daran sind die Einladungen, denn Adlige laden immer schriftlich, per Post und in vollendeter Form ein. Die entsprechenden Karten werden in standesgemäßer Schrift gedruckt. (Es gibt in der Tat eine ganz bestimmte Druckschrift, die alle Adligen auf ihren Anzeigen und Einladungen verwenden und an der man ihre Zuschriften schon von Weitem erkennt.) Sie enthalten den Anlass des Festes, den Namen des Gastgebers mit allen Von und Zus und Übers und Unters und führen vor allem aber auch in vollem Umfang den Namen des Eingeladenen auf.

Genau da wird es zuweilen kompliziert. Wer auf ein gewöhnliches städtisches oder ländliches Gymnasium geht, ist seinen Mitschülern sicher mit Vornamen und unter Umständen auch mit Nachnamen gut bekannt. Doch jeder jugendliche Adlige wird es um Himmels willen vermeiden, das Von, den Freiherrn oder gar die Gräfin hinzuzufügen, die in seinem Pass stehen, ja, er wird hoffen, dass die meisten in seiner Klasse gar nicht mitbekommen haben, dass er so heißt, dass die Person, die sich hinter einem gewöhnlichen Vornamen wie Christine, Friedrich oder Maximilian verbirgt, in Wahrheit ein echter Graf oder eine echte Gräfin ist. Was tun, wenn nun einer der Mitschüler zu Besuch kommt, womöglich unangemeldet, und an der Korkwand pinnt die Einladung zum nächsten Sommerball von Onkel Prinz und Tante Prinzessin Soundso anlässlich des Geburtstages ihrer Tochter?

Es gibt wohl keinen jugendlichen Adligen, bei dem in so einer Situation nicht der Angstschweiß aus allen Poren bricht und der nicht zu seiner Pinnwand rennt und diese Einladungen, die neben dem Stundenplan, der Telefonliste, den Trainingsangaben zur nächsten Tennis- oder Reitstunde und irgendwelchen Urlaubspostkarten hängen, so schnell wie möglich herunterreißt. Denn niemand kann sich vorstellen, in welches Hohngelächter eine Schulklasse in besagtem städtischen Gymnasium ausbrechen würde, wenn sie am nächsten Tag zu hören kriegt, dass einer ihre Mitschüler bei Prinzens zum Sommerball eingeladen ist.

Und es sind nicht nur die Schüler, es sind auch viele Lehrer, die spöttische Bemerkungen über den Adel fallen lassen, es sind die Kumpel vom Sport, die damit nicht umgehen können, es sind später auch die Kommilitonen, es ist am Ende die ganze Welt, die einem Adligen mit Spott, Unwillen, zumindest Befremden begegnet. Jedenfalls kommt einem das als Jugendliche so vor.

Da erzählt man am besten in der Schule gar nichts davon, da schweigt man sich aus und tarnt sich, so gut man kann. Schließlich sind schon die Feste, zu denen wir eingeladen werden, mit einem Aufwand verbunden, den ein Bürgerlicher nie und nimmer betreiben würde, um unter seinesgleichen zu sein. Wie sollte man ihm das erklären? Allein die Entfernung, die der heranwachsende Adlige an einem Wochenende zurücklegt, um zu einem Fest zu kommen, scheint in keiner vernünftigen Relation zum Vorhaben und Ergebnis zu liegen. Dann die Zusammenstellung der korrekten Garderobe, die Herstellung einer formvollendeten Frisur, die Organisation von Anreise und Übernachtung – es nimmt kein Ende. Die Fahrt ist lang, und die Heimreise noch schlimmer, denn alle sind müde und keiner hat Lust auf die Rückkehr in das normale Leben. Im Extremfall kehrt man am Montagmorgen von einem hochherrschaftlichen oder auch einfach nur sehr amüsanten Ball in nichts Gewöhnlicheres als den Schulalltag zurück. Die Müdigkeit ist kaum zu ertragen, und man kann vor allem keinem erklären, wo man gewesen ist und was man am Wochenende eigentlich gemacht hat. Stattdessen döst man durch die Stunden, träumt vom letzten Walzer, von seinem Tischherrn, träumt von dem, mit dem man am längsten oder sogar zweimal getanzt hat, und ist angesichts der unglaublichen Ödnis einer Physik-, Chemie- oder Informatikstunde durchaus bereit, später, in hundert Jahren vielleicht, einen von diesen höflichen, zuvorkommenden und freundlichen Herren zu heiraten, die einem am Wochenende begegnet sind.

So schnell geht das, so rasch ist man infiziert, so geschickt werden die zarten Netze, die Eltern, Großeltern, ja viele Verwandte fleißig um einen knüpfen, zu eisernen Banden und vermitteln gleichzeitig Wohlgefühl und köstliches Einverständnis auf allen Seiten. Es ist nicht leicht, dagegen anzukommen.

Meine Schwester und ich spielten jedenfalls erst einmal fleißig mit. An Wochenenden und in den Ferien folgten wir den Einladungen zu Festen, Séjours und Tanzkursen, unter der Woche gingen wir brav in die Schule und pflegten Umgang mit Bürgerlichen. Nicht im Traum wäre mir auch nur eine Andeutung zu unseren Freizeitbeschäftigungen über die Lippen gekommen, nicht im Traum hätten wir unsere beiden Welten miteinander vermischt. Wir kamen gar nicht auf die Idee. Adligen fällt es, wie gesagt, nicht schwer, ihre Parallelwelt geheim zu halten. Sie hat einfach keinerlei Berührungspunkte mit dem normalen Alltag.

Hin und wieder wurden wir trotzdem von Lehrern darauf angesprochen. Insbesondere einem meiner Geschichtslehrer hatte es unsere Familie angetan. Er wollte unbedingt wissen, ob sie zum Hochadel gehört. Ich wusste überhaupt nicht, was er meint. Adlige werden zu Bescheidenheit und Stillschweigen erzogen. Deshalb wissen viele von ihnen, insbesondere die Nachgeborenen, nicht viel über ihre Familie und ihre Abstammung. Meine Französischlehrerin wollte in Erfahrung bringen, wie man meine Mutter korrekt anspricht. Auch da musste ich zu Hause erst einmal nachfragen.

Man spürt den Unterschied, aber spricht nicht darüber, schon gar nicht mit den bürgerlichen Schulfreunden. Bisweilen leidet man schweigend. So beneidete ich glühend die Freundinnen, die braun gebrannt aus den Ferien kamen und von Sonne, Meer und endlosen Sandstränden schwärmten. Ihre Eltern hatten Campingwagen oder Wohnmobile und fuhren mit ihren Kindern abwechselnd nach Frankreich, Italien oder Spanien. Jedes Jahr ging es woanders hin. »Du warst wahrscheinlich wieder nur bei deiner Oma, oder?«, musste ich mir dann nach den Sommerferien anhören, während sie ihre Unterarme aneinanderhielten und verglichen, wer von ihnen am braunsten geworden war. An dem sumpfigen Teich mit seinen Seerosen und dem schilfgesäumten Ufer, der den Park bei meinen Großeltern schmückt, muss man lange in der Sonne liegen, um nur ein Quäntchen Farbe zu bekommen, abgesehen davon, dass es unter Adligen nicht üblich ist, sich eher weniger als mehr bekleidet in der Sonne zu aalen.

Dass es sich bei dem Haus meiner Großeltern um ein prächtiges Schloss aus dem 17./18. Jahrhundert handelte, hätte ich niemals zu meiner Verteidigung vorgebracht. Eher hätte ich mir die Zunge abgebissen. Niemals hätte ich erzählt, dass es dort so viele Zimmer, Gemälde, Wandteppiche und Tafelsilber gab, wie andere Menschen höchstens aus dem Museum kennen oder aus dem Hotel. Das ging einfach nicht. Dann wäre alles noch viel komplizierter geworden. Dann hätten sie auf einmal aufgehorcht, mich alle angeschaut und erstaunte Fragen gestellt: Was? Deine Mutter ist im Schloss aufgewachsen? Wie bitte? Bei deiner Großmutter wird das Mittagessen vom Kammerdiener und in weißen Handschuhen serviert? Wie heißt dein Großvater mit Nachnamen? Fürst?

Nein, das durfte wirklich niemand erfahren. Das wäre

mir unendlich peinlich gewesen. Es ging keinen etwas an. Außerdem wären meine Unterarme davon auch nicht brauner geworden.

2. Benimm dich!

Bis heute steht für viele Außenstehende hinter jedem Adligen ein ganzer Knigge. Wenn man auch sonst nicht mehr viel mit den Vertretern einstiger Herrscherfamilien anzufangen weiß, jeder geht davon aus: Sie haben wenigstens gute Manieren. Alle Adligen wissen sich zu benehmen, Adlige wissen sich korrekt zu kleiden, Adlige kennen alle Benimmregeln in- und auswendig.

Selbstverständlich ist das nicht der Fall. Es gibt viele Adlige, die keine Ahnung von Etikette haben, und groß sind gerade unter den Jüngeren die Unsicherheiten, die mit allen Regeln und der damit verbundenen Möglichkeit, gegen ebendiese zu verstoßen, einhergehen. Wen begrüßt man, wie stellt man sich vor? Wie kleidet man sich zu welcher Gelegenheit und Tageszeit, und wie spricht man Prinzen, Fürsten, Erbgrafen oder auch nur den Professor oder den örtlichen Pfarrer korrekt an?

Woher soll man schon wissen, wie sich nach einer Hochzeit der Cortège (die Prozession) hinter Braut und Bräutigam beim Ausmarsch aus der Kirche ordnungsgemäß sortiert, welches Besteck man an vornehmer für mehrere Gänge gedeckter Tafel beim Essen zuerst benutzt? (Achtung: Immer von außen nach innen, nie den Dessertlöffel für die Suppe, nie das Fischmesser für den Nachtisch!) Wie deckt man den Tisch richtig? (Vorsicht: Flaschen immer unter oder neben den Tisch und die Servietten nicht ins Glas!) Küsst man auch als Mädchen und Frau allen älteren Damen zur Begrüßung die Hand? Schließ-

lich muss man unter Adligen oft wildfremde Menschen begrüßen und dazu noch ein freundliches Gesicht machen, nur weil
man zufällig mit ihnen verwandt ist. Manieren sind nach wie
vor in adligen Häusern ein Thema. Wer aus einer alten Familie stammt, versucht das nicht zuletzt durch Anstand und gutes
Benehmen unter Beweis zu stellen, und insbesondere bei der
Erziehung achten adlige Eltern auf die Vermittlung korrekter
Verhaltensweisen.

Dass sich dahinter für manchen ein langer Leidensweg
verbirgt, dass diese Manieren, dieses Wissen um Benimm und
Anstand bisweilen mit drastischen Erziehungsmethoden beigebracht werden – das wissen die allerwenigsten. Eiserne
Strenge, drakonische Strafen, lange Standpauken pflastern diesen Weg. Haus- beziehungsweise Zimmerarrest gehört dazu,
meist natürlich Zimmerarrest, denn was wäre in Schlössern, in
denen allein der Dachboden die Dimensionen eines gewöhnlichen Einfamilienhauses übersteigt, schon Hausarrest? Jedenfalls keine Strafe. Eher eine Regenpause, also die Anweisung,
die manch einer aus seiner Schulzeit kennt, bei Regen bitte
schön im Haus zu bleiben und nicht den klatschnassen Schul-
hof zu stürmen. Eigentlich also eine Annehmlichkeit.

Und man muss so viel lernen. Es gibt unzählige Möglichkeiten, eine Strafe einzuheimsen, unendlich oft Grund, sich
davor zu fürchten, dass man wieder einmal etwas falsch gemacht hat. Gewiss, nicht in allen Häusern herrschen harte Sitten. Es gab und gibt adlige Häuser, in denen nicht nur eisige
Strenge waltet, in denen es ab und zu sogar Süßigkeiten gibt,
nicht nur an Weihnachten und Ostern, und Kinder gern gesehen sind. Es gibt milde Tanten und nachsichtige Onkel, die
einem gerne verzeihen oder gar nicht erst darauf achten, ob das
Kind sich immer korrekt verhält, ja es scheint ihnen geradezu
gleichgültig zu sein. Aber eigentlich fürchten Kinder auch die,
denn die Großen wissen ja alle um die Regeln und Gebote, sie

wissen, was erlaubt ist und was nicht, und wie leicht kann ihre lustige Art, ihr fröhliches Lachen plötzlich in die strenge Miene eines ernsten Richters umschlagen. Wie leicht können auch die Gutmütigeren unter ihnen ausnahmsweise heute einmal beschließen, die Zügel anzuziehen und streng zu sein.

Wir fürchteten alle Erwachsenen und besonders fürchteten wir sie in dem Haus meiner Tante. Sie war die strengste unter allen, bei ihr hatten Kinder nichts zu lachen, und nichts ängstigte uns so wie ein längerer Aufenthalt in diesem ansonsten so prächtigen Haus. Mein armer Vetter musste ein ganzes Essen lang stehen, weil ihm beim Weiterreichen der Schüssel sein Wasserglas umgekippt war. Die Schüssel war von schwerem Porzellan, sie war randvoll gefüllt, und die Arme des Jungen waren kurz, so kurz, wie Kinderarme eben sind. Er musste die Schüssel annehmen, sie neben sich stellen, seinen Teller daraus füllen, sie dann wieder hochheben und über alle Teller, Gläser, silbergefasste Salz- und Pfeffer-Gefäße, über alles Besteck hinweg an den Nachbarn weiterreichen. Und der Nachbar ist an so einer Tafel weit weg. So kurze Arme reichen kaum aus, um derlei Distanzen zu überbrücken. Außerdem war der Nachbar ein Erwachsener, er unterhielt sich angeregt mit dem Rest der Gesellschaft und achtete kaum auf die schwere Schüssel, die auf ihn zuwanderte, ja weniger noch darauf, dass es ein Kind war, das ihm die Schüssel reichte.

Nur einen Zentimeter gab der Junge bei der Übergabe nach, wahrscheinlich war es noch weniger, ganz leicht wippte die schwere Last nach unten, doch es reichte, um den Rand des Glases zu streifen, das darunter stand. Das Glas kippte und sein ganzer Inhalt ergoss sich über das Tischtuch. Wasser war darin, denn selbstverständlich bekommen die Kinder nur Wasser zu trinken. Die Erwachsenen bekommen alles, was sie wollen, Rotwein, Weißwein, Apfelsaft, Limonade – die Kinder nur Wasser.

Das Glas kippte, das Gespräch rund um den Tisch verstummte, alles starrte den Jungen an, alles blickte wortlos auf den kleinen Kerl, der da verloren am äußersten Ende des Tisches auf seinem Hocker saß, starr und unfähig vor Entsetzen, auch nur einen Laut von sich zu geben. Die Tafel war dicht besetzt mit Menschen, bis kurz davor hatten sich alle miteinander unterhalten, das Zimmer war gefüllt gewesen von Reden, Lachen, Gläserklingen. Jetzt herrschte eisige Stille. So leise war es, dass man die einzelnen Tropfen des Wassers hören konnte, das inzwischen über den Tisch geflossen war und allmählich auf dem Boden ankam. Den Großteil der Flüssigkeit hatten die dicke Damasttischdecke und das darunterliegende Fließ aufgesogen. Ich saß am anderen Ende des Tisches, viele Meter lagen zwischen meinem Vetter und mir. Meine Tante blickte nach rechts, sah, was geschehen war, und sagte nichts.

Ich konnte ihr Gesicht nicht sehen, aber es muss schrecklich gewesen sein, denn ich sah das Gesicht meines Vetters. War er im ersten Moment erstarrt vor Schreck, färbte sich seine Haut jetzt schlagartig rot. Langsam, unendlich langsam erhob er sich von seinem Hocker, sein Rücken war kerzengerade, und stellte sich vorsichtig daneben. Dabei ließ er seine Mutter keinen Augenblick aus den Augen. Paralysiert geradezu von ihrem Blick, legte er noch langsamer beide Arme auf den Rücken und schloss die Hände. Meine Tante nickte wie zur Bestätigung langsam, wortlos, wandte sich wieder ihrem Tischnachbarn zu, machte eine spaßige Bemerkung und kurz darauf herrschte rund um die gedeckte Tafel wieder fröhlich unbeschwerte Konversation. Keiner fragte nach dem Kind, das da stumm und bewegungslos am Ende der Tafel stand, niemand hätte es gewagt, sich in die Erziehung einzumischen. Alle taten so, als wäre nichts geschehen.

Nur wir Kinder waren sichtlich gedämpft. Wir hielten die

Köpfe gesenkt und aßen eilig unsere Teller leer, bei Tisch durften wir sowieso nicht reden. Nur einmal sah ich vorsichtig zu meinem Vetter hinüber. Er stand immer noch kerzengerade neben seinem Platz, Messer und Gabel lehnten am Tellerrand, sein Essen wurde langsam kalt. Das Glas hatte jemand wieder aufgestellt, aber es blieb leer. Mein Vetter musste stehen, bis nach dem ersten Hauptgang, bis nach dem zweiten, ja bis nach dem Dessert. Zu essen bekam er nichts mehr.

Gerade Tischmanieren sind bei Adligen ein nicht enden wollendes Thema, ihre Durchsetzung ein steter Ehrgeiz. Die Ellenbogen nicht auf den Tisch, der Rücken gerade, als habe man einen Stock verschluckt, nicht schlürfen, nicht kleckern, den Teller leer essen. Wer seinen Ellenbogen aufstützt, läuft Gefahr, dass ein Erwachsener den Kinderarm in die Hand nimmt, ein wenig anhebt und den Ellenbogen derb auf die Tischplatte aufschlägt. Damit er für immer daran denkt.

Zur strengen Erziehung gehört aber noch vieles mehr. Meine Cousine und ich mussten beispielsweise im Sommer immer Blumen stecken. Das spielt bei Adligen noch immer eine große Rolle. Selbstverständlich befassen sich nur Frauen oder die Mädchen damit. In einer Abstellkammer fanden wir Scheren, grüne Schürzen und große Körbe, damit zogen wir in den schlosseigenen Nutzgarten und schnitten Blumen in mannigfaltigen Farben und Formen. Dann zogen wir zurück in besagte Kammer, suchten uns passende Vasen aus und steckten die blühende Pracht zu großen Sträußen zusammen. Die frischen Gestecke verteilten wir auf den Kommoden, Tischen und Regalen im ganzen Haus.

Eigentlich ist das Blumenstecken eine angenehme Aufgabe. Bei der Auswahl der Vasen, beim Bestimmen der Farben und Blumenarten, die man zu einem Ensemble zusammenführen will, lässt sich durchaus Kreativität entwickeln. Jedes Gesteck braucht seine Zeit, und dabei entsteht etwas absolut Betrachtenswertes. Die Blumensteckerin kann das sehen, sie wird augenblicklich Zeugin ihres eigenen Erfolges. Keine Spur von Entfremdung oder Trennung zwischen Tätigkeit und Endprodukt. Wer kann das schon von seiner Arbeit sagen? Wir hatten auch meistens hinreichend Zeit, es war keine Eile geboten. Und man erntet viel Lob und Anerkennung. Die meisten freuen sich an einem gelungenen Blumengesteck. Keiner geht vorüber, ohne es zur Kenntnis zu nehmen, ja manch ein Blumenschmuck lockt Ausrufe des Entzückens oder spontane Beifallsäußerungen hervor.

Doch meine Cousine und ich hassten es. Sobald der Aufruf zum Blumenstecken erscholl, war der Tag für uns gelaufen. In einem Schloss sind einfach zu viele Zimmer. Hinzu kommen unendlich lange Flure und weitläufige Salons, zahlreiche Erker und riesige Säle. Da wird Blumenstecken rasch zur lästigen Pflicht. Wer eine oder zwei Vasen füllen muss, ist glücklich, wer dasselbe zwanzig- oder vierzigmal machen muss, wer Gestecke aus Hunderten von Blumen und grünen Zweigen herstellen, wer Schmuck für meterhohe Räume herrichten muss, verliert schnell den Spaß daran. Außerdem ist es eine Kunst, deren Ergebnis schnell vergeht. Die Blumen verblühen und die Vasen müssen ständig erneuert werden.

Immer waren wir mitten im schönsten Spiel, wenn es ans Blumenstecken ging, immer wurden wir bei angenehmsten Tätigkeiten unterbrochen. Eigentlich hatten wir Ferien, aber mit Strenge wurden wir zur Erfüllung unserer Pflichten ermahnt, sie galt als Selbstverständlichkeit. Blumenstecken überhaupt eine Pflicht zu nennen, war dabei schon ein grundsätzlicher Fehler. Sofort entstand Druck, Unmut, Unlust, Zorn über die grässliche Aufgabe, und wir beschlossen, uns irgendwann einmal schrecklich zu rächen.

Dabei freute sich eine im Haus immer maßlos über unseren Blumenschmuck. Die Großmutter meiner Cousine wohnte

oben im Haus, hatte ihre eigenen Salons, ein eigenes Schlafzimmer mit Bad und allen Annehmlichkeiten, die zu einem
herrschaftlichen Leben gehören. Sie pries die Farbzusammen-
stellung der Blumen in den höchsten Tönen, fand jede noch so
hilflos zusammengefügte Komposition schön und elegant,
kommentierte wohlwollend selbst nachlässig hinzugefügtes
Beiwerk und lobte das Gesteck über alle Maßen. Kein Wunder,
dass wir sie mit den schönsten und immer ganz frischen Blü-
ten bedachten. Kein Wunder, dass wir für ihre Gestecke die
Blumen nutzten, die schon frühmorgens geschnitten worden
waren und eigentlich erst in der Vase richtig aufgingen.

Bei den anderen Gestecken gaben wir uns keine Mühe.
Ausgerechnet für den Esstisch – das Zentrum tagtäglicher
Aufmerksamkeit und der einzige Ort, an dem schöner Blumenschmuck sofort auffällt – fabrizierten wir sogar ein besonders unmögliches Gesteck. Wir suchten Rosen aus, die zwar
wunderschön waren, auch in Farbe und Form gut zueinander-
passten, aber kurz davor waren, zu verblühen. Bis zum Essen
blieben sie makellos, aber schon beim Hinsetzen, als einer versehentlich an den Tisch stieß, segelte das erste Blütenblatt sanft
herab, dicht gefolgt vom nächsten. Es war fabelhaft. Unauffällig stießen wir extra an den Tisch und frohlockten heimlich
über jedes weitere Blättchen, das zu Boden ging. Am Ende
standen fast nur noch leere Stiele in der Vase.

Doch wie kläglich waren solche Racheakte gegen das
strenge Regime. Wie lächerlich waren sie gegen andere Momente, in denen wir unten im Garten am Schwimmbad in der
Sonne lagen und ein Vetter von mir mitten im Hochsommer
bekleidet mit Cordhose, langärmeligem Hemd und Wollpullover aus seinem Zimmer herunterkam, seiner Mutter das
Schreibheft hinhielt, die Zeilen eng beschrieben mit irgendwelchen Ferienhausaufgaben, sie nur ein Blick darauf warf, auf
Anhieb drei Fehler entdeckte und ihn mit strenger Miene zu-

rück an den Schreibtisch schickte. Er möge das Ganze bitte noch einmal abschreiben. Was waren solche lächerlichen Racheversuche gegen die schreckliche Auflage einer anderen Tante von mir, deren Kinder nacheinander alle in den Sommerferien den ganzen Reiseführer über die Region, in der sie lebten, auswendig lernen mussten. Sie sollten dadurch in der Lage sein, später kundige Führungen für die Gäste des Hauses zu veranstalten. Alle Jahreszahlen, alle Fakten und Zusammenhänge wurden später mit gestrenger Miene abgefragt.

Der Reiseführer war in Schwarz-Weiß gedruckt und randvoll mit eng gestellten Zeilen, nicht einmal die Abbildungen waren in Farbe. Er umfasste viele Seiten mit vielen langen, langweiligen Sätzen und komplizierten Worten und Begriffen. Es war mir unbegreiflich, wie man in den, wie mir schien, wenigen Wochen, die wir gemeinhin hatten, ein ganzes Buch auswendig lernen können sollte. So lang waren die Ferien doch gar nicht. Und hatte man das nicht womöglich alles bis zum nächsten Sommer wieder vergessen?

Dennoch ist der Sinn des Ganzen nicht völlig abwegig. Wer die Region und ihre Geschichte kennenlernt, erfährt auch einiges über die eigene Familie, die bei Adligen ja meist untrennbar mit der nächsten Umgebung und ihren historischen Ereignissen verwoben ist. Wer in der Lage ist, Gästen davon zu berichten und sie durch die Gegend zu führen, lernt reden und sich zu präsentieren. Aber warum muss man diese Fertigkeiten auf so unendlich langweilige Art erwerben? Warum mit stupider Paukerei? Und damit nicht genug: Meine Cousine musste den Führer, das ganze langweilige Buch mit seinen langen Sätzen und unverständlichen Begriffen, auch noch auf Französisch übersetzen. Zwar ging sie auf ein Schweizer Internat und beherrschte die Sprache perfekt, hatte also wenig Mühe mit der Übersetzung, aber ich war fassungslos. Wozu sollte das gut sein? Wann um alles in der Welt hatte sich zuletzt ein ausgerechnet französischer Tourist in die abgeschiedene Region verirrt, in der meine Verwandtschaft zu Hause war?

Der Erwerb von guten Manieren und einem Gefühl für standesgemäßes Verhalten wird bei Adligen weiterhin großgeschrieben. Zwar galt das Haus meiner Tante schon in meiner Kindheit als extrem streng und heute würde wohl keiner mehr zu derart drastischen Erziehungsmethoden greifen, aber wie bei allem verlässt man sich auch bei der Vermittlung von Manieren auf tradierte Werte und historische Wahrheiten, und das geht nach wie vor mit gewisser Strenge einher. Im Zweifelsfall entscheiden nicht die Vernunft, sondern Disziplin und Maßnahmen, die eine solche ohne Widerrede herstellen. Meine Generation ist noch mit Regeln und feststehenden Redensarten aufgewachsen wie »Was auf den Tisch kommt, wird gegessen« oder »Kinder soll man sehen, nicht hören« oder »Mädchen pfeifen, Hühner krähen – muss man gleich den Kopf abdrehen«. Das prägt heute auch die Erziehung der eigenen Kinder. Und so wird es immer weitergehen.

Denn wer solche Regeln im eigenen Hause nicht erlebt hat, lernt sie spätestens auf den Festen kennen. Nichts ist ein so beliebtes Gesprächsthema wie die schrecklichen Erziehungsmaßnahmen und Strafen, unter denen Adlige als Kinder zu leiden hatten. Oft sind es nur Anekdoten, oft ist ihnen mit den Strafen, von denen sie erzählen, nur gedroht worden oder sie haben selbst davon nur gehört. Auch behält man die schlimmsten Episoden ja gemeinhin am besten im Gedächtnis; die extremsten Maßnahmen, seien sie einem auch nur berichtet worden, prägen sich am tiefsten ein. Zusätzlich stellen Feste und ähnliche gesellschaftliche Zusammenkünfte Gesprächssituationen her, in denen man eher dazu neigt, sich gegenseitig zu übertrumpfen, als tunlichst bei der Wahrheit zu bleiben. Wer weiß, was an den harten Strafen und rigiden Erziehungsmethoden, von denen gemeinhin die Rede ist, alles der Wirklichkeit entspricht. Doch die Geschichten davon sind zahlreich. Sie prägen die Wahrnehmung und bestimmen die Atmosphäre, das allgemeine Selbstverständnis.

Wie die Episode von einer meiner Cousinen, die kein Orangeat und Zitronat mochte und es daher fein säuberlich aus dem Christstollen klaubte und sorgfältig auf ihrem Teller zu einem kleinen Haufen aufschichtete. Natürlich wurde sie dabei entdeckt und nach dem Essen dazu verdonnert, bis spät in den Nachmittag vor ihrem Teller sitzen zu bleiben und würgend und spuckend die verhassten Zutaten alle einzeln aufzuessen. Zum Glück durfte sie Wasser dazu trinken.

Schlimm und vor allem sehr real ist die Angst, die solche Geschichten, seien sie nun tatsächlich passiert oder nicht, auslösen. Entsprechend himmelhochschreiend war die Furcht einer meiner Vettern, der ausgerechnet Rosinen und, unabhängig davon, Zwiebeln überhaupt nicht mochte. Zwar kam er nie in die entsetzliche Lage, gerade diese beiden Zutaten, nur weil er sie zuvor sorgfältig aus dem Essen gelesen hatte, pur verzehren zu müssen, aber er träumt regelmäßig davon, denn er schilderte mir schon wiederholt die Panik, die ihn noch heute beschleicht, wenn er bei einem feinen Essen an das Buffet herantritt, weil er fürchtet, dort ausschließlich Speisen voll mit Rosinen oder Zwiebeln vorzufinden.

Viele Anordnungen führen zu Ergebnissen, die im krassen Gegensatz zu dem stehen, was die Erwachsenen beibringen wollen. Die Regel »Es wird gegessen, was auf den Tisch kommt« führt zum Beispiel zu einer innigen Allianz zwischen Kindern und den Hunden, die gemeinhin in adligen Haushalten zugegen sind. Es gibt kaum Adlige, die ohne Hund aufwachsen, bei den meisten leben gleich mehrere auf einmal. Sei es, weil die Häuser so groß sind, dass man sich ohne Hund darin fürchtet, sei es, weil es so viel Platz gibt, dass kein triftiger Grund grundsätzlich gegen die Anschaffung eines Vierbeiners spricht. Hunde gehören einfach dazu. Irgendeinen alten Jagdhund gibt es eigentlich überall. Die Tiere werden natürlich ähnlich streng gehalten wie die Kinder. Bisweilen scheint es bei der Erziehung keinen nennenswerten Unterschied zu geben.

Meist sind die Hunde überall dabei, auch wenn gegessen wird. Die Kinder, die kein Fleisch mögen, werfen es einfach unter den Tisch. Die Hunde sorgen dafür, dass es unauffällig verschwindet. Das kann jahrelang gut gehen. Den Kindern wird Fleisch auf den Teller gehäuft, denn Fleisch ist gut für das Wachstum, die Kinder schieben brav die Kartoffeln und die Soße in den Mund, kauen mit vollen Backen und schubsen das Fleisch zum Hund hinunter. Nach dem Essen ist der Teller leer und die Eltern sind zufrieden. Wichtig ist, dass der Hund schnell begreift, dass er leise kauen muss und um nichts in der Welt um Nachschub betteln darf. Werden Tier und Kind wider Erwarten einmal doch bei ihrer heimlichen Zusammenarbeit entdeckt, können die Kinder immer noch sagen, das Fleisch sei ihnen versehentlich hinuntergefallen.

In manchen Häusern dürfen keine Hunde beim Essen dabei sein. Das ist natürlich fatal. Aber zum Glück stehen in allen Schlössern und Burgen irgendwelche nutzlosen Möbelstücke in der Ecke wie hübsche Sofas oder bequeme Sessel. Sie dienen rein der Verzierung. Dann entwickeln die Kinder des Hauses vollendete Fertigkeiten, das Fleisch so lange in den Backen aufzubewahren, bis das Essen zu Ende ist. Sie schieben alles, was ihnen schmeckt, bis über das Dessert hinaus sorgfältig an dieser mit Fleisch gefüllten Backentasche vorbei. Anschließend begeben sie sich unauffällig zu dem Schmucksofa, beugen sich ebenso unauffällig über die Lehne und lassen alles aus der Backe dahinter rasch auf den Boden fallen.

Die Hunde kennen das schon, es ist eine Form von erweiterter, aber nicht minder intensiver Allianz. Sie warten nur auf ihren Einsatz. Nach dem Essen öffnen sich weit die Türen zum

Esszimmer, und während die Tischgesellschaft eifrig miteinander schwatzend auf den Gang strömt und den großen Salon aufsucht, wo der Schwarze Kaffee serviert wird, stürmen die Hunde schwanzwedelnd den Saal und räumen erst einmal in den Ecken hinter den Sofas auf. Es ist erstaunlich, wie viel Fleisch in so einer kleinen Kinderbacke Platz hat. Und es ist beeindruckend, wie viel manche Hunde an einem Tag zu sich nehmen können, ohne nennenswert an Gewicht zuzunehmen.

Unsere alleinstehenden Tanten, die mit Hund zu Besuch kamen, ließen ihren Vierbeiner meist lieber im Auto, denn sie wussten, welch ein Überfluss ihnen im Haus drohte. Für uns Kinder war das kein großer Verlust, denn meist hatten sie Hunde, die nicht richtig gut erzogen waren. Sie fiepten und bettelten unter dem Tisch oder vor der Esszimmertür, weil sie sich schon so auf die Fleischreste freuten, oder schlabberten sie mit so viel Lärm vom Boden auf, dass es alle hörten. Die meisten unserer Haushunde dagegen waren fantastisch. Sie lagen brav unter dem Esstisch, erhoben sich lautlos, sobald etwas für sie zu Boden gegangen war, und verleibten es sich schweigend ein. Meist legten sie sich sogar dem zu Füßen, von dem sie am meisten Reste zu erwarten hatten.

3. Zieh dich warm an!

Will man zu Adligen gelangen, muss man lange Wege zurücklegen. Sie befinden sich dort, wo kein Mensch je hinfährt und von wo auch nur ganz wenige Menschen kommen. Sie wohnen, um es genau zu sagen, beim Teufel auf der Rinne, da, wo sich Fuchs und Hase »Gute Nacht« sagen. Man fährt viele Stunden über kurvige Straßen, hügelauf-, hügelabwärts über weite Fluren und durch nicht enden wollende Wälder. Meist hat man von dem Schloss oder der Burg, wenn man sie denn erreicht hat, einen schönen Ausblick. Meist liegt das Anwesen auf einer Anhöhe, und all die Fluren und Wälder, die man in den letzten Stunden durchquert hat, liegen einem zu Füßen. Aber es dauert lang, bis man dort oben ist.

Gerade der letzte Abschnitt der Reise, die Auffahrt, ganz kurz bevor man sein Ziel erreicht hat, bietet noch ein gesondertes Hindernis. Sie führt unter Umständen steil hinauf durch den Wald, ist nicht geteert oder befestigt und weist riesige Schlaglöcher mit kleinen Pfützen oder scheinbar unüberwindlichen Seen aus angestautem Regenwasser auf. In anderen Fällen ist die Auffahrt elegant geteert oder mit Kies bestreut, rechts und links gesäumt von gestutzten Rasenflächen und unkrautlosen Blumenbeeten. Wie dem auch sei, es gebietet sich als Gast selbstverständlich, das Tempo zu drosseln und sich dem Anwesen langsam zu nähern. Eile ist unfein, Hast und Ungeduld sind modern und ungesund. Sie werden hier nicht gern gesehen. Diese Art Häuser stehen schon seit Hunderten, manche seit Tausenden von Jahren an dieser Stelle, die Familie, die hier wohnt, ist auch nicht erst gestern eingezogen. Sie wird einem schon nicht davonlaufen.

Sobald man ein Schloss betreten hat, befindet man sich in einer anderen Welt. Das ist von den Hausleuten gar nicht unbedingt so gewünscht, es ergibt sich ganz von selbst. Wer in einem großen Haus wohnt, bewegt sich anders als jemand, der eine kleine Stadtwohnung gemietet hat. Am Fuß des Burgbergs liegt vielleicht eine Ortschaft, schmuck sind die Häuser, die Balkone voller Blumen, die Straßenbeleuchtung fügt sich lückenlos in das Gesamtwerk ein, und mehrfach wurde der Ort für seine Anmut ausgezeichnet, aber das spielt keine Rolle. Der Wettbewerb »Unser Dorf soll schöner werden« ist unter Adligen kein Thema. Wenn wir unsere Verwandten besuchen, fahren wir zwar in den Ort, in dem sie leben, aber wir fahren nirgendwo anders hin als in das Schloss. Wir nennen es auch so. Das Schloss ist der Ort und der Ort das Schloss. Etwas anderes gibt es für uns dort nicht.

Niemals würden wir das Schloss verlassen und womöglich über die Dorfstraße spazieren, niemals gar in ein Gasthaus gehen, ausgeschlossen. Wir würden nie an das andere Ende der Ortschaft laufen, wo sich auf einer Anhöhe eine pittoreske Wallfahrtskapelle befindet. Selbst um in die herrliche Barockkirche zu gelangen, müssen wir das Haus nicht verlassen. Sie steht gleich neben dem Schloss und dorthin führt ein langer, überdachter Gang. Er endet an einer Tür, durch die man direkt in die Kirche und auf die Empore gelangt, auf der, gegenüber vom Altar, eine Loge für die Schlossbewohner reserviert ist. In der Kirche ist es eigentlich immer kalt, besonders im Winter, aber wenn wir sonntags dort in die Messe gehen, brauchen wir den Mantel nur während der heiligen Kommunion. Denn nur dann verlassen wir die samtbezogenen Logenplätze und laufen mit der ganzen Gesellschaft die Empore entlang nach vorn, steigen eine extra zu diesem Zweck eingebaute kleine Treppe hinunter und gelangen in den Altarraum, um dort die heilige Kommunion zu empfangen. Anschließend geht es mit klappernden Absätzen und lautem Getrappel, weil viele genagelte Schuhe tragen, den ganzen langen Weg zurück, eine für mich von Kindheit an Quelle nicht enden wollender möglicher Peinlichkeiten, denn wer weiß, ob man dabei nicht etwas falsch macht oder vielleicht auf den glatten Steinen ausrutscht, gar über eine Treppenstufe stolpert. Womöglich purzelt man dann als Schlossbewohner unter der Beobachtung der gesamten Dorfbevölkerung vor den Altar, kollert über den Läufer und kommt so schnell nicht wieder hoch.

Keiner muss also gewöhnlichen Boden oder gar das Pflaster betreten, niemand Sonne, Wind oder Regen auf der Haut spüren. Wer wissen möchte, wie das Wetter draußen ist, muss das Fenster öffnen oder auf einen Balkon treten. Den wird er aber nicht so leicht finden, denn davon gibt es, wenn überhaupt, generell nicht viele. Will der Schlossbewohner das Haus verlassen, beschränkt er sich auf das Schlossgelände, tut es also unter Ausschluss der Öffentlichkeit. Da gibt es durchaus Freiräume, einen hübschen Garten, vielleicht mit Schwimmbad, einen Tennisplatz. Auch Reiten ist in manchen Häusern möglich, dann geht es durch die angrenzenden Wäldereien oder Felder und Wiesen.

Wer sein Schloss verlassen will, besteigt ein Auto. Dieses ist sehr elegant und hält mit geöffnetem Wagenschlag nebst passendem Chauffeur unten auf dem kiesbestreuten Hof, denn natürlich fährt man das Auto nicht selbst. Der Chauffeur trägt Livree oder zumindest eine Dienstmütze mit passender Jacke. Die Mütze trägt er nur, um die Herrschaft stehend am Wagen zu erwarten, ihr beim Ein- oder Aussteigen behilflich zu sein und die Türen zu schließen, wenn alle in den weichen Ledersitzen Platz genommen haben. Sobald er am Steuer sitzt, also während des längsten Teils seiner Arbeit, setzt er die Mütze ab und legt sie auf den Beifahrerplatz.

Dann öffnet sich feierlich das große Schlosstor und es geht ab über die elegante Auffahrt hinunter in die Ortschaft, auf die Landstraße oder gar bis in den Rest der Welt. Wenn mein Onkel abreiste, mit oder ohne Tante, das war egal, dann pflegte der Chauffeur so loszufahren, dass der Kies spritzte und man in die Sitze des Wagens zurückgedrückt wurde. Ja, mein Onkel liebte es, wenn rasant gefahren wurde. Jede Wegstrecke musste so rasch wie möglich bewältigt werden, regelmäßig wurden die eigenen Zeitrekorde gebrochen und stolz davon berichtet. »Zwei Stunden für die Strecke Stuttgart – München«, hieß es dann, oder: »Zu den Festspielen nach Salzburg? Keine ganze Stunde. Ich bitte dich. Höchstens 40 Minuten.« Als sei es ein Schande, wenn man zu lange unterwegs gewesen war. Selbst nach Köln oder Hamburg durfte die Fahrtzeit höchstens sechs oder sieben Stunden betragen, gern auch weniger. Wenn mein Onkel heute noch lebte, würde er sicher versuchen, regelmäßig die Zeitberechnungen seines Navigationssystems zu unterbieten.

So braust man kreuz und quer durch Deutschland. Oder auch nach Österreich, bisweilen in die Schweiz und Frankreich. Aber das ist schon fast zu weit. Dorthin benutzt man den Flieger. Dann geht es wieder nur um die Strecke bis zum Flughafen. Aber auch die muss in Höchstgeschwindigkeit absolviert werden. Sonst macht das Leben keinen Spaß.

Schon mein Großvater liebte das beschleunigte Autofahren. Selbst im hohen Alter saß er gespannt auf dem Beifahrersitz und legte Wert auf einen sportlichen Fahrstil. Als ich ihn in seinem Wagen an den Bodensee kutschierte, beging ich den Fehler, eine Sekunde zu lang hinter einem Auto zu verharren, das man gerade noch hätte überholen können, bevor auf der gegenüberliegenden Fahrbahn ein entgegenkommender Wagen auftauchte. »Mit ein wenig mehr Verve hättest du es noch ge-schafft«, meldete sich eine strenge Stimme von meinem Nach-barsitz. Um dem sportlichen Fahrstil dieser Familie gerecht zu werden, ging der Chauffeur meines Onkels vor längeren Weg-strecken tausendmal auf die Toilette und trank tunlichst kei-nen Schluck, damit er unterwegs nur ja nicht deshalb anhalten musste, weil ausgerechnet er den Drang verspürte, auszutreten.

Doch zurück ins Schloss. Abgeschieden und umgeben von hohen Mauern lebt der Adlige, das ist nicht zu übersehen, aber nur von außen wirkt das allgemein selig machend und an-genehm. Von innen betrachtet, ist vieles an dieser Lebensform eine echte Plage und erfordert bedingungslose Anpassung. Die Wege sind lang, die Türen schwer, die Treppen steil, die Zim-mer und Wände so hoch und weit, dass man die Decke kaum erkennen kann. Der Schlossbewohner muss mit vollkommen anderen Dimensionen zurechtkommen. Und wohin mit so viel Raum? Als mein Vetter, der älteste Sohn des Hauses, heiratete, ließ seine Frau vor Schreck in den Kinderzimmern Zwischen-decken einziehen, damit ihr Nachwuchs nicht glaubt, er lebe unter freiem Himmel. Mein Vetter ließ es mit sich geschehen, kennen doch alle Schlossbewohner diese kulissenartigen Ein-bauten in Schlössern, deren Architektur man als Kind nicht unbedingt durchschaut, die man aber nichtsdestotrotz ganz selbstverständlich benutzt. Insbesondere was Bäder, Klos und auch Küchen anbetrifft, gibt es in den Schlössern die abson-derlichsten innenarchitektonischen Lösungen. Sie werden in der Mehrzahl erst nachträglich eingebaut, haben einen rein funktionalen Zweck und passen überhaupt nicht zu den übri-gen räumlichen Gegebenheiten.

Im Schloss meiner Großeltern betrat man, wollte man die Toilette benutzen, wie selbstverständlich mitten auf dem Gang einen weißen Schrank und fand dahinter das, was man suchte. Zum Glück waren die Schrankwände von innen mit Hochzeits-

bildern ausgekleidet und man konnte die Zeit, die man gemeinhin an solchen Örtlichkeiten frei- oder unfreiwillig verbringt,
nutzen, um die unendlich vielen Gesichter zu studieren, die auf
den Bildern zu sehen waren. Das hatte den erfreulichen Begleiteffekt, dass man vergaß, wie dünn die Wände dieses Schrankes
waren und wie groß die Wahrscheinlichkeit, dass gerade jetzt
draußen auf dem Gang jemand vorüberging und Zeuge der Ge-
räuschemissionen wurde, die naturgemäß mit den Geschäften
einhergehen, die an diesem Ort abgewickelt werden.

Zu allem Überfluss befand sich dieser Schrank gerade
dort auf dem Gang, wo es in den Salon ging. Dieser Abschnitt
wurde also relativ stark frequentiert. Aber das spielte überhaupt keine Rolle. Niemals wurde auch nur einmal ein Wort
über die zugegebenermaßen befremdliche Platzierung dieses
Örtchens verloren. Im Gegenteil, es wurde auf Nachfrage mit
an Ausgelassenheit grenzender Fröhlichkeit auf einen weiteren
Schrank verwiesen, der nur wenige Meter entfernt seinerseits
so gut in die Wand eingebaut war, dass man ihn gar nicht er-
kannte, und in dem sich das Handwaschbecken befand. Diese
beiden geheimnisvollen Schränke mit ihrem höchst profanen
Inhalt wurden als Gästeklo bezeichnet, ein Ort, in dem man
sich als Hausherrin gemeinhin bemüht, eine gewisse Eleganz
und Abgeschiedenheit zu bewahren.

Das Klo im Schrank zeigt die Selbstverständlichkeit, die
bei allen möglichen architektonischen Absonderlichkeiten an
den Tag gelegt wird. Zwar sind die Decken hoch und die Mauern in Schlössern und Burgen stehen vielfach viele Meter weit
voneinander entfernt, zwar wirken die Häuser von außen ab-
weisend und undurchdringlich, aber innen bemüht man sich
um einen möglichst unkomplizierten Umgang mit den örtlichen Gegebenheiten und Unwohnlichkeiten. Man nimmt sie
an und macht es sich darin gemütlich. Schließlich hat man sich
den Ort nicht freiwillig ausgesucht. Kein oder nahezu kein ad-

liger Schlossbewohner lebt in einem Haus, das er selbst für sich gebaut oder gekauft hat. Er hat es geerbt, er hat es zu bewohnen, er muss sich irgendwie damit zurechtfinden und darin einnisten. Dabei hat er alle Freiheiten, einfach ist es dennoch nicht.

Hier ist es nun einmal selbstverständlich, dass man vom Bett zur Tür zehn Schritte braucht, nicht zwei. Hier ist man lange unterwegs, sucht man das Bad oder das Klo, und folgt endlosen Gängen, will man vom Schlafzimmer ins Wohnzimmer gelangen. Es ist auch absolut selbstverständlich, dass man viele Gänge, zahlreiche Türen und Treppenstufen und zuletzt eine sehr schwere Tür passieren muss, wenn nicht mehrere, um endlich nach draußen und ins Freie zu gelangen. Das sind Dimensionen, die ein Normalsterblicher höchstens von einer Übernachtung im Hotel kennt. Das Drinnen ist weit und das Draußen weit weg.

Aber man gewöhnt sich an alles. Es war für uns Kinder zwar ärgerlich, aber durchaus normal, dass wir bei den meisten Türen nicht die Klinke erreichten. Es gab viele Zimmer, in die wir auch noch im Schulalter nicht ohne die Hilfe eines Erwachsenen kamen. Und nachts gingen wir natürlich lieber nicht aufs Klo. Sonst hätten wir ja zweimal den kalten Gang mit diesen schrecklichen überdimensional großen Bildern passieren müssen, auf denen Jagdszenen mit geifernden Hunden und von Todesängsten gepeinigtes Wild zu sehen war. Da wartete man lieber, bis es wieder hell war.

Wer im Schloss aufgewachsen ist, hat eher Schwierigkeiten, mit normalen Wohnverhältnissen umzugehen. Ein entfernter Vetter erzählte mir, wie er seinen Schulfreund im Dorf besuchen durfte. Nach der Schule ging es also nicht den steilen Burgweg durch den Wald bis hinauf ins Schloss, auf dem er jeden Tag gut eine halbe Stunde lang nach Hause unterwegs war, sondern zwei Straßen weiter zu einem gewöhnlichen

Mietshaus. Dort klingelten die beiden Freunde an der Haustür, per Summer wurde ihnen von oben geöffnet und sie stiegen die Treppe hinauf in den dritten Stock. Die Tür stand schon offen, die Jungen betraten die Wohnung und der Besucher musste genau wie sein Schulfreund die Schuhe ausziehen. Schon das war befremdlich, denn in Schlössern ist es zu kalt, um auf Socken oder in dünnen Pantoffeln herumzulaufen. In vielen Räumen gibt es Steinböden, auch die Treppen sind nicht alle mit Läufern versehen. Man müsste die Pantoffeln im Wechsel mit den Straßenschuhen an einem Band um den Hals tragen oder in einer Tasche dabeihaben, um den unterschiedlichen Bodenbeschaffenheiten jeweils gerecht zu werden. Das tut kein Mensch. Im Schloss wechselt man nur die Schuhe, wenn man aus dem Wald oder von der Jagd kommt und dreckige Gummistiefel getragen hat.

Anpassungsfähig wie ein Schlossbewohner nun einmal ist, zog mein Vetter anstandslos seine Schuhe aus und folgte dem Schulfreund in die Küche. Dort war der Tisch gedeckt, die Mutter tat den beiden auf und sie aßen zu Mittag. So weit, so gut. Aber anschließend wollten die beiden Kinder noch im Zimmer gemeinsam spielen, der Freund hatte in der Schule immer von seiner umfangreichen Matchbox-Sammlung geschwärmt, und mein Vetter erhob sich und lief nach draußen. Statt einer Zimmer- erwischte er allerdings die Wohnungstür, stürmte, wie er es von zu Hause gewohnt war, die Treppen hinunter und stand auf einmal vor einer Tür ohne Klinke und mit Namensschild. Das verstand er nun überhaupt nicht. Warum waren hier die Türen verschlossen? Er wollte gerade auf den Klingelknopf drücken, da pfiff ihn sein Freund aufgeregt zurück. »Bist du verrückt geworden? Da wohnen doch ganz andere Leute.« »Was für Leute«, erwiderte mein Vetter und kam verlegen die Treppe wieder hinauf. »Warum wohnen in deinem Haus andere Leute?« Bis er begriffen hatte, wie ein gewöhnliches Wohnhaus mit mehreren Mieterparteien funktioniert, verging einige Zeit.

Adlige sind in ihren Schlössern viel unterwegs, sie legen tagtäglich Hunderte von Metern zurück, um allein vom Schlaf- ins Esszimmer oder vom Esszimmer in den Salon zu gelangen. Da geht es treppauf, treppab, da geht es lange Gänge entlang, und das meist mehrfach am Tag. Bei derlei Entfernungen versucht man die Zahl der Orte, die man an einem Tag aufsucht, zu reduzieren. Es gibt viele Räume im Haus, die sie nur einmal im Jahr oder viele Jahre gar nicht besuchen. Manche sind nicht einmal möbliert.

Für Kinder ist das herrlich. Wenn wir bei meinen Groß- eltern die Eisenbahn aufbauen oder einmal wieder die Zinn- soldaten in Reih und Glied aufstellen und marschieren lassen wollten, wurde uns nicht etwa eine Ecke im Salon zugewiesen, sondern immer gleich ein ganzes Zimmer oder sogar mehrere. Vollkommen allein und in Ruhe gelassen spielten wir Stunden um Stunden, versanken in einer Welt aus Berg und Tal, Schie- nen und Tunnel und merkten gar nicht, wie die Zeit verging. Wenn das Mittagessen auf dem Tisch stand, reichte allerdings auch nicht, wie bei anderen Wohnverhältnissen, ein kurzer Zuruf. Dazu musste sich schon einer der Erwachsenen auf den Weg machen und uns aus dem Flügel des Hauses holen, in dem wir uns gerade befanden.

So ist man in Schlössern eben pausenlos unterwegs. Kein Wunder, dass viele Adlige schon in jungen Jahren lernen, auf den Fingern zu pfeifen. Meist haben sie es nicht aus dem Pfer- destall, sondern der eigenen Mutter abgeschaut.

Für ältere Menschen, insbesondere wenn sie nicht mehr gut zu Fuß sind, ist das Bewohnen eines Schlosses allerdings schwierig. Aber sie machen aus der Not eine Tugend. Als die Familie von Wietersheim nach der Wende ihr einstiges Schloss in Polen erwerben konnte, mussten sich die Geschwister zusammensetzen und überlegen, wer von ihnen dort dauerhaft wohnen könnte. Eine Schwester bot sich an, weil ihr Mann verstorben und ihre Kinder längst erwachsen waren, allerdings war sie zu diesem Zeitpunkt schon weit über siebzig. Die Reaktion war ebenso prompt wie ablehnend. »Was willst du mit deinem Rheuma in einem alten Schloss ohne Aufzug?« Die alte Dame ließ sich nicht verunsichern, zog nach Polen, und das Rheuma ging von dannen. Durch das viele Treppensteigen sind ihre Gelenke nun so oft in Bewegung, dass sie keinerlei Beschwerden mehr hat. Heute ist sie froh über ihre Entscheidung, denn sie lebt glücklich in dem Ort, an dem sie geboren wurde, und hat zudem kein Rheuma mehr.

Ähnlich ist es mit der lausigen Kälte, die in Schlössern und Burgen gemeinhin herrscht, denn noch nie konnte man es sich dauerhaft leisten, Örtlichkeiten zu beheizen, die nicht ununterbrochen benutzt werden. Adlige sehen darin auch gar keinen Sinn. Wie aus vielem, das qua Geburt zu ihren Aufgaben zählt, machen sie auch aus dem Wohnen mit kalten Fluren kurzerhand ein Privileg. Sie behaupten, es würde abhärten. Oder sie verweisen auf Wolle und Pelze. Wer ein altes Gemäuer bewohnen will, ja muss – denn so wurde es einem nun mal von seinen Vorfahren aufgetragen –, der muss sich eben entsprechend kleiden. Zu jedem anständigen Schlossbewohner gehört eine warme Jacke, ein wolliger Pullover, fast zu jeder Jahreszeit ein paar Strumpf- oder wenigstens lange Unterhosen. Man läuft nicht im dünnen Hemdchen herum oder gar mit nackten Beinen. Auf die Idee, der Mode mit freiem Bauchnabel zu folgen, würde man in Adelskreisen nie im Leben kommen, ganz abgesehen davon, dass sie (vielleicht gerade deshalb) als spießig bezeichnet wird.

Adlige Freunde von mir sind unverhofft noch im Erwachsenenalter zu Schlossbewohnern geworden. Während der Herr des Hauses mir bei meinem ersten Besuch frierend sein neues Heim zeigte und sich in fast jedem Raum darüber mokierte, wie kalt es darin sei, meinte seine Ehefrau nur: »Das sind normale Schlosstemperaturen. Du musst dich wärmer anziehen, Schatz.« Natürlich trägt sie mitten im Sommer über ihrer gestreiften Bluse einen warmen Walkjanker.

Es ist wie mit der Anpassungsfähigkeit aller Lebewesen, sie stimmen ihre Lebensgewohnheiten auf die naturgegebene Umgebung ab. Menschen entwickeln daraus gar eine eigene Kleidermode. Adlige, die nicht im Schloss aufwachsen, sind im Umgang mit dieser Mode relativ verloren, denn sie passt einfach nicht zu den Bedingungen einer Etagenwohnung mit Zentralheizung und ununterbrochen flächendeckend beheizten Räumen. Vielleicht liegt es auch an der Diskrepanz zwischen dem Land- und dem Stadtleben. Vielleicht sind die Temperaturen in der Stadt prinzipiell höher als auf dem Land. Fest steht jedenfalls, dass ich mit vielen Kleidungsstücken, die ich für meine Kinder aus der Verwandtschaft erbe, nichts anzufangen weiß. Weder die Stadtwohnung, die ich inzwischen mit meiner Familie bewohne, noch Kindergarten- oder Schulräume sind im Allgemeinen so mangelhaft beheizt, dass man den ganzen Tag dicke Wollstrumpfhosen und Shetlandpullover tragen müsste. Auch nachmittags auf dem Weg mit der U- oder S-Bahn in den Zoo oder womöglich in einem Kaufhaus (Gott bewahre!), in dem man rasch ein Paar Schuhe anprobieren möchte, sind derlei wunderbare und eigentlich qualitativ sehr anspruchsvolle Kleidungsstücke absolut unbrauchbar. Auch Erbstücke wie Pelze und schwere Wollmäntel sind kaum zu gebrauchen. Man fährt eben nicht mehr in offenen Kutschen in die nächste Stadt, um dort auf dem Markt einen Muff oder ein Paar Mützen zu erwerben. Und Kaufhausleiter haben zusätzlich den Ehrgeiz, ihre Räumlichkeiten so stark zu beheizen, dass ihre Verkäuferinnen und Verkäufer selbst im Winter die Kundschaft im Unterhemd bedienen können. Darunter leiden selbst nichtadlige Kunden.

4. Lerne verlieren!

Da der Adlige seine Latifundien nur mit Mühe verlässt, müsste man eigentlich davon ausgehen, dass er an einem gewissen Bewegungsmangel leidet. Wer unentwegt in seinem Haus bleibt, hat gemeinhin wenig Auslauf. Bei den Adligen ist das nicht so. Von den kilometerlangen Gängen und meterhohen Treppen war schon die Rede, die zu bewältigen sind, will man von einem Teil des Hauses, in dem die Kinderzimmer untergebracht sind, in den anderen, wo der Salon ist, um seinen Eltern beispielsweise »Gute Nacht« zu sagen. Dabei haben Adlige durchaus die Fähigkeit, sich in einer Ecke des Gebäudes kuschelig einzurichten, in der dann alles vorhanden ist, was sie zum täglichen Leben brauchen: Schlafzimmer, Badezimmer, Ankleidezimmer und Salon. Dieser Teil des Hauses wird wiederum so stark frequentiert, dass man meinen könnte, das Schloss müsste sich an dieser Stelle irgendwann senken. Mit Rissen, die sich senkrecht durch das ganze Bauwerk ziehen und ähnlichen Kalamitäten haben Schlossherren hin und wieder durchaus zu kämpfen. Ob das tatsächlich an der unterschiedlichen Belastung liegt, der das Schloss ausgesetzt ist? Wer weiß?

Meist befindet sich in dieser Ecke auch die Kapelle, denn Adlige sind fast ausnahmslos von tiefer Gläubigkeit. Ähnlich haben die meisten dort auch ihre Garderobe und sowieso den Waffenschrank. Es ist zwar nicht so, dass der Adlige, wie man es sich gemeinhin vom braven Schweizer denkt, mit der Waffe unter dem Bett schläft, um jederzeit und auf Befehl – nur bitte nicht im Nachthemd – zum Volkssturm zu eilen und mobilzu-machen. Aber viele Adlige sind nun einmal Jäger, zumindest der männliche Teil der Sorte, und wann geht man normaler-weise auf die Jagd? Frühmorgens und spätabends. Und was tut man danach beziehungsweise zuvor? Schlafen. Also gehören die Waffen in die Nähe von Kleiderständer, Bett und Bad. Selbst wer die Mittagshitze nutzt, um dem Rehbock zur Blatt-zeit im Waldesinneren aufzulauern, wo er ermattet von hoch-sommerlichen Temperaturen sein Heil im Schatten sucht, kommt gern vom oder geht anschließend zum Mittagschlaf, wenn er diesem nicht schon auf dem Hochstand erlegen ist. Ein Rehbock, der verschlafen durch den Forst stakt, um sich zur Ruhe zu begeben, wirkt ja durchaus ansteckend.

Auch das Esszimmer liegt meist in der Nähe. Allein die Küche befindet sich weit weg, außer sie wurde nachträglich und modern im späten 20. Jahrhundert eingebaut. Meist ist sie in einem ganz anderen Gebäudeteil oder jedenfalls irgendwo weit unten. In vielen Häusern müssen die dampfenden Speisen hi-naus und über den Hof getragen werden, weil die Küche so weit vom Esszimmer entfernt ist, aber das spielt keine Rolle. Für das Kochen und insbesondere den Transport der Speisen und Getränke ist schließlich das Personal zuständig.

Trotzdem wäre es einseitig, den Adligen auf die Bewe-gungsabläufe zu reduzieren, die ihm seine angestammten Räumlichkeiten abverlangen. Der Adlige treibt durchaus Sport, und das nicht zu knapp. Mein eigener Urgroßvater war ein so wilder Tennisspieler, dass er in den Wintermonaten den hauseigenen Rittersaal zum überdachten Tennisplatz umfunk-tionierte. Wer darum weiß, für den sind die Begrenzungslinien heute noch auf den Dielen zu erkennen. Dazu muss man wis-sen, dass dieser Rittersaal eine historische Sehenswürdigkeit ist, die ihresgleichen sucht. Er misst 52 Meter, spannt sich in voller Größe über einen ganzen Flügel des Schlosses und ist allein wegen seiner Architektur ein Anziehungspunkt für alle Kunsthistoriker und Historiker, die sich auch nur ansatzweise mit Stil und Bauweise des Barock beschäftigen. Der Saal ist nicht nur sehr groß, zu allem Überfluss befindet er sich auch noch im zweiten Stock und hat keinerlei Zwischenwände. Bei seiner Entstehung musste eigens eine Konstruktion entwickelt werden, die es erlaubt, dass er quasi am Dach des Hauses aufgehängt wurde. Nicht nur die darunterliegenden Räume und Mauern stützen den Saal, der Druck verteilt sich über das Dach auf die Außenmauern und das ganze Haus trägt mit an seiner Last.

Zusätzlich war der Boden einer überdurchschnittlich großen Belastung ausgesetzt, denn in diesem Raum versammelten sich, wie der Name schon sagt, Ritter, und das zu Pferde. Die Bauherren hatten eigens ein Treppenhaus mit Stufen entwickelt, die es nicht nur Rittern und ihrer tonnenschweren Garderobe, sondern auch ihren Streitrössern ermöglichte, zu Fuß, beziehungsweise zu Huf, in den zweiten Stock zu gelangen. Allein der Anmarsch der Herrschaften, der Lärm, der dabei entstand, muss ein Schauspiel ganz besonderer Güte geboten haben.

Aber was soll man heute mit derartigen Räumlichkeiten anstellen? Heute treibt dort kein Ritter mehr mit Helm und Rüstung seine Spielchen und keiner würde auch nur auf die Idee kommen, sein edles Pferd über mehrere Etagen in das oberste Stockwerk eines Hauses zu jagen. Im Sommer finden regelmäßig Konzerte statt, und hin und wieder wird der Rittersaal für Familienfeste genutzt, ein Einfall, auf den auch nur Adlige kommen können, denn in der Tat weisen ihre Familien Mitgliederzahlen auf, die durchaus derartige Räumlichkeiten notwendig machen, will man alle an einem Ort versammeln. Da war die Idee, den Saal zwischenzeitlich zum Tennisspiel zu nutzen, nicht einmal die schlechteste.

Selbstverständlich pflegt der Adlige nur ganz bestimmte Sportarten. Er würde sich nie triefend vor Schweiß dem Laufen widmen und es schon gar nicht Joggen nennen. Er würde niemals knappe Gymnastikkleidung anlegen und sich hopsend mit wild rudernden Armbewegungen zu hektischen Musikrhythmen bewegen oder gar Aerobic, Jazzdance oder Ähnliches betreiben. Schwitzen gilt nicht, das tun andere. Der Adlige versucht, Schweißausbrüche zu vermeiden. Sie zeugen von Unkontrolliertheit, überdurchschnittlich hohem Wasserkonsum oder falscher Garderobe. Wer schwitzt, lässt es sich gefälligst nicht anmerken. Ich werde nie vergessen, wie bei dem Empfang nach der Beerdigung einer alten Tante – zahlreiche Gäste waren ordnungsgemäß in Cutaway und schwarzer Weste erschienen – plötzlich die Sonne hervorbrach und ihre wärmenden Strahlen auf die Trauergemeinde schmetterte. Einer der Anwesenden, ein Onkel von mir, trug einen Wintercut, der besonders warm war, aber den Mann schien das nicht zu tangieren. Er hielt ein Glas Weißwein in der linken Hand und unterhielt sich angeregt mit seinem Gegenüber. Nur wer den Blick senkte, sah, dass sich auf seinem rechten Handrücken ein feines Rinnsal Bahn brach und langsam zu Boden tropfte. Der Onkel schwitzte.

Die Sportarten der Adligen sind Tennis, Reiten, Golf oder natürlich Jagd und Tanz, wenn man das überhaupt hinzuzählen mag. Segeln und Polo bleibt den reicheren Familien vorbehalten, denn wer hat schon so viele Pferde für ein ganzes Polospiel, und nicht jeder besitzt ein Segelboot. Manch ein Adliger geht auch schwimmen, aber selbstredend nur in haus- oder familieneigenen Gewässern. Man begibt sich nicht mit Krethi und Plethi ins öffentliche Bad. Im Sommer geht die Reise durchaus an die See, selbstverständlich, und einige werfen sich dort auch in die Fluten, aber das bevorzugt an privaten Stränden und alles, nur nicht in der Öffentlichkeit. Das

liegt in der Natur der Sache. Es gibt nun einmal kaum Bade-
bekleidung, die auch nur ansatzweise einer standesgemäßen
Garderobe entspricht. Wer baden gehen will oder schwimmen,
sollte Sachen tragen, die eng anliegen und sich im Wasser nicht
aufplustern. Eng anliegende Kleidung ist aber unschicklich. Sie
wirkt nicht etwa bekleidend, sondern entblößend, gilt also als
extrem peinlich. Zudem sind die meisten Badeanzüge knapp
geschnitten oder gar entzweigeteilt. Im Bikini müsste man den
Bauch entblößen! Und das wäre noch peinlicher, nicht nur
weiblichen Adligen.

Wer gezwungen ist, ganz gewöhnliche, öffentlich zugän-
gige Badestellen zu benutzen, tut dies ausschließlich, um zu
schwimmen, nicht etwa um ein Sonnenbad zu nehmen. Er
zieht sich um, schaut nicht rechts, nicht links und geht schnell
ins Wasser. Geschützt von himmlischen Fluten ist durchaus
wieder Kontaktaufnahme, zumindest verbaler Art, zu anderen
Adligen möglich. Wer ganz frech ist, wird womöglich mit Wasser spritzen, und wer noch frecher, wird lachen, womöglich
schreien oder sogar zurückspritzen, aber eigentlich soll geschwommen werden, in kräftigen, regelmäßigen Zügen. Wie
pflegte meine Tante zu sagen, wenn sie bis an die Halskrause
bekleidet und vor allem mit einer herrlich geblümten, turban-
artigen Kopfbedeckung vorsichtig und Schritt für Schritt ganz
langsam ins Wasser glitt, um dann mit vornehmen Schwimm-
bewegungen, den Kopf weit aus dem Wasser gereckt, ihre Runden zu drehen: »Kinder, bitte keine Tobe!«

Es gibt unter Adligen auch den Spaziergang. Und es gibt
das Tontaubenschießen, zu dem man sich gleichermaßen an die
frische Luft begeben muss und gewissermaßen standardisier-
ten Bewegungsabläufen folgt, aber schweißtreibend ist das alles
nicht. Sport sollte eben tunlichst nicht anstrengen, sondern
amüsieren, verlustieren, ablenken. Mir fällt dazu das wunderbare französische Wort *loisir* ein, was unmöglich nur mit »Frei-

zeitbeschäftigung« oder Muße zu übersetzen ist. *Loisir* erzählt von Leichtigkeit, Amüsement, Unbekümmertsein. *Loisir* ist wie ein Zauber, ein nicht enden wollendes Vergnügen, ein Ausflug ins Grüne mit Picknick, ein Blick in frühlingshaft belaubte Bäume, ein sommerlich glitzernder See. Wenn Adlige Sport treiben, muss es *loisir* sein: Vergnügen, gute Unterhaltung.

Dabei geht es auch nicht um Leistung oder Konkurrenz, um Wetteifer oder Kampf. Hier sind Fairness gefragt, Eleganz, Geschicklichkeit und Witz. Im Grunde ist Sport lediglich die Fortsetzung der Konversation. Ein guter Tennisspieler ist wie ein guter Unterhalter. Mit jedem Ball schickt er eine witzige Bemerkung über das Netz, jede Rückhand ist eine originelle Antwort, jeder Schlag ein Kommentar zu dem, was sein Gegenüber gerade gesagt hat. Natürlich spielt man Turniere, zählt man die Bälle, die ins Netz oder ins Aus geflogen sind, und rechnet am Schluss die Punkte zusammen, aber niemals verbissen. Wer nicht konstruktiv und fair, sondern gar aggressiv spielt, hat nicht verstanden, worum es eigentlich geht. Und niemals, auch nicht ein einziges Mal im ganzen Leben, darf sich ärgern, wer verloren hat. Wer nicht verlieren kann, hat alles verloren, alle Anerkennung, allen Respekt, alle Bewunderung. Niemand wird je wieder mit ihm spielen wollen.

Das ist hart, ich weiß, besonders für Kinder ist diese Regel fast unmöglich zu erwerben. Sie ist hart und zieht sich durch alle Bereiche des spielerischen Miteinanders. Auch beim Brettspiel, bei Memory, Monopoly, ja, beim Kartenspiel darf man sich nie ärgern, wenn man verloren hat. Meine Mutter wurde als Kind übel ausgelacht, wenn sie nicht verlieren konnte. Uns wurde das als ewige Mahnung vor Augen gehalten. Die Vorstellung war so furchtbar, sie machte uns so große Angst, dass wir am liebsten gar nicht mehr gespielt hätten.

Das heißt nicht, dass es keinen Adligen gibt, der sich nicht ärgert, wenn er verloren hat. Im Gegenteil, Adlige sind durchaus auch Menschen. Und es gibt sehr ehrgeizige und verbissene Spieler und Sportler unter ihnen. Aber sie dürfen es nicht zeigen, sie müssen, wie in so vielen Fällen, um alles in der Welt die Contenance bewahren. Das ist nun einmal die Regel: Sport ist Spiel, und beim Spielen muss man verlieren können.

Neben typischen Sportarten gibt es unter Adligen auch typische Spiele, insbesondere Kartenspiele. Wer adlig ist und kein Bridge spielen kann, hat wenig Chancen. Er sollte wenigstens versuchen, hin und wieder den vierten Mann zu mimen. Sobald die Karten verteilt sind und alle ihre Ansagen gemacht haben, legt er sein Blatt auf den Tisch und geht eine rauchen. Den Rest besorgt sein Gegenüber.

Aber es gibt auch zahlreiche andere Kartenspiele, die unter Adligen gepflegt werden, Rommé, Canasta, Stiche, insbesondere die Unterart: »Es steigt der riesenrote Rülpser: Silentium!« Bei Letzterem geht es lediglich darum, in absoluter Stille zu spielen, aber wir praktizieren es mit großer Begeisterung. Sobald die Karten verteilt sind und jeder die Zahl seiner Stiche angesagt hat, darf keiner mehr ein Wort verlieren.

Spielabende dauern meist bis spät in die Nacht und fangen oft schon vormittags an. Ähnlich wie es Regeln gibt, die besagen, dass man gewisse Getränke nicht vor Sonnenuntergang zu sich nehme, zum Beispiel Alkohol, gibt es Adlige, besonders Frauen, die so versessen auf Bridge sind, dass ihre Ehemänner ihnen verbieten, sich vor zwölf Uhr zum Kartenspiel zu verabreden. Mit Spielsucht hat das nichts zu tun, nein, gar nichts. Man pflegt nur Traditionen. Von meiner Großmutter wurde erzählt, sie habe meinen Großvater beim Kartenspiel kennengelernt. Das sei ganz schnell gegangen. Abends nach dem Essen hätten sie sich gemeinsam zum Bridge hingesetzt und am nächsten Morgen seien sie schon verlobt gewesen. Bliebe vielleicht schnell noch zu erwähnen, dass die beiden ein sehr harmonisches Paar waren, bis ins hohe Alter glücklich vereint. Das kann nur am gemeinsamen Kartenspiel gelegen haben.

Zum Beweis muss ich aus dem Buch *Die Kunst des stilvollen Verarmens* zitieren, das mein Vetter Alexander von Schönburg geschrieben hat, mit dem ich schließlich über diese meine wunderbare Großmutter verwandt bin: »Nach der Jagd folgte in der Wertschätzung der männlichen Mitglieder meiner Familie lange nichts und dann das Kartenspiel. Sobald mehr als drei Mitglieder meiner weiteren Großfamilie, Onkel, Tanten, Vettern, beisammen sind, werden die Karten ausgeteilt. Fehlt ein ›vierter Mann‹, gibt es keine Entschuldigung, auch schwerstbehinderte Familienmitglieder haben mitzuspielen. Tante Eule zum Beispiel: Wegen eines nervösen Augenleidens konnte sie ihre Lider immer nur kurz öffnen. Also spielte sie mit geschlossenen Augen und blinzelte nur manchmal, um das Gesehene sozusagen zu fotografieren. Mein Vater spielte auch im fortgeschrittenen Stadium der Parkinson'schen Krankheit bis zuletzt. Als er kurz vor seinem Tod, schon stark sprachbehindert, seinen jüngeren Bruder Georg besuchte und sagte, er wolle an den ›Gartentisch‹, führte Onkel Georg ihn nach draußen. Darauf reagierte mein Vater sehr unwirsch, denn natürlich wollte er an den ›Kartentisch‹.«

Eine weitere Lieblingsbeschäftigung unter Adligen ist das Puzzlen, genannt »Pöseln«, mit Betonung auf der ersten Silbe und deutlich verkürztem »ö«. Es wird meist in der Weihnachtszeit oder gar an Ostern praktiziert, wenn winterliche Temperaturen in Kombination mit zahlreichen Feiertagen mehrere Familienmitglieder für lange Zeit ans Haus fesseln. Dann werden hundert-, fünfhundert-, ja tausendteilige Puzzles auf einen Kartentisch gekippt, und die gesamte Großfamilie ist einträchtig damit beschäftigt, aus hundert bläulich gefärbten Stücken einen Himmel zu formieren, aus zweihundert

grünen und braunen den Wald und aus dem weitaus geringe-
ren Rest in Rot, Schwarz oder Weiß die dazugehörige Jagdgesellschaft zu Pferd plus Hundemeute. Nichts auf der Welt ist
überzeugenderes *Loisir*, als ein großes Bild zusammenzusetzen,
das hinterher wieder zerstört werden kann. Nichts ist ziello-
ser, zweckfreier, nichts entbehrt stärker einem Sinn und kann
daher nur der Unterhaltung und Entspannung dienen.

Und immer sind auf den Puzzles Landschaften, die zum
Großteil aus Wasser oder Himmel bestehen, Städte, die nur
Dächer zu haben scheinen; und beim Puzzlen kommt es schon
nach kurzer Zeit nicht mehr auf das einigermaßen sinnvolle
Kombinieren möglicher Zusammenhänge oder menschlicher
Handlungsweisen an, sondern nur noch auf geistarmes Anei-
nanderreihen ähnlich-, wenn nicht gar gleichfarbiger Stücke,
die sich höchstens in der Form ein ganz klein wenig voneinander unterscheiden. Da wird dann probiert und gedreht, ein
Stück an alle möglichen offenen Enden gesetzt, dann wieder
verworfen, um kurze Zeit später wieder neu zum Einsatz zu
kommen. Da entwickelt der menschliche Geist eine Versessen-
heit auf winzige Ecken und Rundungen, versucht das Hirn,
Formationen und Umrisse zu speichern, die allein in diesem
konkreten und komplett eingeschränkten System von Bedeutung sind. Da reduziert sich das Denken auf die stupide und
sich immerzu wiederholende Frage: Passt dieses Stück oder
nicht, und wenn nicht, was passt bitte schön stattdessen?

Ja, das Puzzle wird in dieser Zeit zum allgemeinen
Thema. Beim gemeinsamen Mittagessen wird debattiert, ob
der Jäger auf dem Bild das Horn gerade an den Mund hebt
oder ob es noch locker an seinem Bein schwingt, ob es 18
Hunde sind, die in der Meute zum Einsatz kommen, oder nur
13, ob der Fuchs zu sehen ist oder nicht. Selbst beim Abendessen erhitzen derlei Fragen noch die Gemüter. Ein Glück, dass
es meist einen Deckel gibt, auf dem die Szene abgebildet ist,

denn auf das Erinnerungsvermögen Einzelner kann man sich hierbei unmöglich verlassen. Jeder, der ein neues Stück Himmel vollendet hat, wird gelobt oder beneidet. »Du Tausendsassa«, heißt es, oder: »Das ist ja fabelhaft«, in einer üblicherweise lang gedehnten Betonung, die immer einen Hang zum Ironischen hat. Obwohl es bei dem Spiel eigentlich um nichts anderes geht, als das Puzzle endlich fertigzustellen, müssen die letzten Teile unbedingt für den aufgehoben werden, der es auch angefangen hat. Den Schlussstein darf allein der Meister setzen. Sollte es frühzeitig, in seiner Abwesenheit sozusagen, fertig geworden sein, muss es zu diesem Zweck noch einmal stellenweise zerstört werden. Nun, das hört sich einigermaßen anstrengend an, aber das »Pöseln« ist und bleibt unter Adligen eine große Leidenschaft. Mein Onkel war sogar Mitglied in einem Puzzleverein und nahm mit mehr oder weniger erfolgreichem Ausgang an diversen Wettbewerben teil.

Und kaum ein Spiel ist so friedlich, keines dauert so endlos an und bei keinem anderen kann man sich derart prächtig unterhalten wie beim Puzzlen. Die Nase tief über den Kartentisch gesenkt, die Finger eifrig probierend in Puzzlestücke vergraben, der ganze Mensch hoch konzentriert auf der Suche nach dem passenden Stück – das sind ideale Voraussetzungen für ein intensives Gespräch über das letzte Fest, die kommenden Bälle, den Tod von Tante Zwilli, die Verlobung von Fritzi und Gaggi oder die Treibjagd am vergangenen Samstag.

Die Krönung der »Pöselei« sind die Puzzles von Tante Christl Lobkovicz. Tante Christl war meine Patentante, sie ist längst verstorben, leider, denn sie war ein Original. Sie lebte allein in einem uralten Wasserschloss bei Münster und nahm nach dem Krieg viele adlige Flüchtlinge aus dem Osten bei sich auf. Entsprechend zahlreich sind die Geschichten, die man sich von ihr erzählt. Wenn Tante Christl morgens auf dem Weg zur Kirche auf die Schnelle ihre Mütze nicht fand, setzte sie kurzerhand den Teewärmer auf den Kopf. Der Pfarrer hatte sich längst daran gewöhnt. Ein Teewärmer ist eine Art wattierte Tasche, die man über die Teekanne stülpt, um sie warm zu halten. Meist ist sie aus kariertem oder geblümtem Stoff, der bald bräunliche Flecken aufweist, weil irgendwann doch einmal Tee darüberfließt. Auf der Spitze hat der Teewärmer eine kleine Quaste, damit man ihn von der Kanne ziehen kann. Diese Quaste fand meine Tante besonders praktisch. Danach konnte sie bequem greifen, wenn sie ihre sonderliche »Mütze« wieder abziehen wollte.

Tante Christl konnte auch auf dem Kamm blasen, ganze Melodien beherrschte sie, insbesondere Quadrille spielte sie ausgezeichnet. Die Jüngeren lernten auf diesem Weg bei ihr tanzen. Man hätte das aufnehmen sollen. Wie oft fehlt heute die musikalische Begleitung, wenn auf einem Ball »Lancier« getanzt werden soll. In ihrer Freizeit bastelte die Tante Krippenfiguren. Das waren wahre Kunstwerke, 20 Zentimeter große Puppen, regelrecht kleine Personen. Aus Wachs formte sie ihre feingliedrigen Hände und ausdrucksstarken Gesichter, dazu kombinierte und baute sie Kleider und Accessoires, wie für den Hirten eine Flöte, für die drei heiligen Könige die Kronen oder auch die Krippe für das Jesuskind. Höhepunkte ihrer Fingerfertigkeit aber waren ihre Puzzles. Nichts ging über ein Puzzle von Tante Christl. Dazu klebte sie geschickt ein Bild, das sie zuvor sorgfältig aus einer Illustrierten herausgesucht hatte, auf die dafür vorgesehene Spanplatte und zersägte es dann sorgfältig mit der Laubsäge in Einzelteile. Dabei ging sie so präzise vor, dass man später unmöglich herausfinden konnte, wie die Teile wieder zusammengehören. Jedenfalls dauerte es immer ungemein lang. Denn sie schnitt keine regelmäßigen Stücke, wie man sie von industriell gefertigten Puzzles kennt, sondern zersägte das Holz nach einem ganz außergewöhnlichen Prinzip. Sie trennte Hüte und Tücher von den

Köpfen, die Köpfe von den Leibern, die Hände von den Armen. Sie sägte ein Hundebein so aus, dass es mühelos die Krücke eines Bettlers sein konnte, sägte den Münsterplatz von Freiburg so sorgfältig aus dem Fensterrahmen, durch den er aufgenommen worden war, dass man sich lang fragte, wo um alles in der Welt nur die dunklen Rahmenstücke hingehören könnten.

Naturgemäß gab es kein Vorbild, auf das man schauen konnte, wenn man absolut nicht weiterkam, denn selbstverständlich erwarb meine Tante die Illustrierte nicht in doppelter Ausfertigung. Außerdem wäre das nur der halbe Spaß gewesen. Jedes einzelne Puzzle war und bleibt bis heute ein immer wieder neu zu lüftendes Geheimnis. War es einst gelüftet, das Puzzles fertig und alle Rätsel gelöst, musste man es wieder zerstören und einpacken. Genialerweise schuf die Tante aber Puzzle, deren Lösung man anschließend gleich wieder vergisst. Man kann das Puzzle noch so oft in seinem Leben zusammengefügt haben, wenn es von vorne losgeht, ist es schwierig wie beim ersten Mal!

Jedes Puzzle kam in einer kleinen Schachtel an, der Deckel war geblümt. Bis heute stapeln sich die verheißungsvollen Kistchen zuhauf in unseren Spiele- und Puzzleschränken. Eine eng geschnürte Kordel schmückt das kleine Päckchen, und auf jedem Deckel klebt ein weißer Zettel. Der Zettel trägt einen rätselhaften Titel, den die Tante erfunden und eigenhändig mit der Schreibmaschine daraufgetippt hat, dazu eine Nummer für jedes Puzzle und die Anzahl der Stücke. Selbstredend gibt der Titel keinerlei Auskunft über das Bildmotiv, nichts, gar nichts besagt er. Meist ist es ein Scherz, allerhöchstens eine winzig kleine Hilfestellung. Da finden sich Aufschriften wie »Beim ersten Frühstück« oder »Flucht nach Ägypten«, »Prager Frühling« oder »Sonnenblumen«.

Am übelsten sind die Puzzles, die auf beiden Seiten ein

Bild haben. Sie verbergen sich hinter Titeln wie »Brueghel –
und noch mal Brueghel« oder »Blick auf Tarasp – Schloss
Spiez in der Schweiz«. Es versteht sich von selbst, dass man
diese Puzzles wieder auseinanderreißen muss, bevor man sich
an die zweite Seite macht. Sonst ist man ein Spielverderber.
Und es versteht sich gleichermaßen von selbst, dass beide Seiten sehr ähnlich sind und man lange rätseln muss, ob das Ge-
birgsmassiv, das man gerade mühevoll zusammengesetzt hat,
zu der Seite von Tarasp oder zu Schloss Spiez gehört.

Ja, sie war nicht ohne, die Tante, und jegliches Puzzeln
dieser Art war und ist von wüstem Geschimpfe begleitet. Wie
kann man nur so gemein sein! Wie soll das ein Mensch nur jemals herausfinden und zusammenbringen! Unmöglich. Aber
es war die Krönung, und alle Welt bat und bettelte um immer
noch ein neues, ein diesmal bitte besonders schwieriges Puzzle. Und Tante Christl klebte und sägte, und als ihr das Holz-
mehl mit der Zeit die Lunge zustaubte, gab sie keineswegs auf,
sondern nahm einen Staubsauger zu Hilfe, legte sich den
Schlauch um den Hals, klemmte das Ende unter den Arm und
sägte fleißig weiter. Not macht erfinderisch. Die Späne ver-
schwanden, kaum waren sie entstanden, gleich wieder im leise
summenden Sauger.

Leider lebt die gute Tante Christl nicht mehr. Bittere Tränen haben wir bei ihrer Beerdigung geweint. Aber ihre Krippen
und vor allem die Puzzles bleiben uns erhalten. Sie werden
heiß gehandelt. *Loisir* ohne Ende ist damit gesichert.

Meine Großmutter hatte zwei Lieblingsspiele, die die adlige Kultur und Lebensweise vortrefflich dokumentieren und
unter uns Enkeln zu einer gewissen Berühmtheit gelangten –
auch wenn wir sie ab einem gewissen jugendlichen Alter nur
noch zu unserer absoluten Verlegenheit spielten. Man konnte
darauf warten. Nach dem Mittagessen zogen sich die Erwachsenen zum Schwarzen Kaffee in den Salon zurück. Es breitete

sich eine gewisse Geruhsamkeit aus, der Konversationston wurde allmählich leiser, manch ein Gesprächsteilnehmer verstummte höflich, weil sein Gegenüber unverhofft die Augen geschlossen hatte, einnickte und womöglich sogar begann, leise zu schnarchen. Ganz im Gegenteil dazu die Kinder. Wir waren unruhig, denn beim Essen hatte man stundenlang still sitzen müssen, und wir wollten beim besten Willen nicht den Funken einer Müdigkeit aufkommen lassen, den Mittagschlaf um Himmels willen, die schlimmste Strafe überhaupt, vermeiden. Wir tollten also mit den Hunden unter dem Tisch herum oder begannen, uns zu jagen. Da schlug meine Großmutter mit frohlockender Stimme, ja so, als wolle sie einen Kanon anstimmen, so fröhlich und voller Vorfreude klang ihre Stimme, sie schlug uns vor, hinüber in den Großen Saal zu gehen und »Falsche Komplimente« zu spielen. »Falsche Komplimente« oder »Scharade« – das waren die ultimativen Lieblingsspiele meiner Großmutter.

Voraussetzung dafür ist immer die Anwesenheit vieler Menschen, aber das ist bei Adligen eigentlich nie ein Problem, im Gegenteil. Meine Mutter hatte viele Geschwister, und obwohl sie nicht alle verheiratet waren, hatte meine Großmutter allein 21 Enkel. Dazu kamen Verwandte und entferntere Verwandte, meist spielte der ein oder andere unverheiratete Onkel mit. An Mitspielern mangelte es also nie.

Bei »Falsche Komplimente« teilt man die Spieler in Männlein und Weiblein, die Jungen und Männer verlassen den Raum. Die Mädchen setzen sich ordentlich und dicht nebeneinander auf eine lange Reihe von Stühlen, die selbstredend in adligen Häusern immer in großer Stückzahl vorhanden sind. Dann wählt sich jede der Anwesenden leise flüsternd einen der draußen auf dem Gang lauernden Jungen aus. Die männlichen Mitspieler werden unter den weiblichen aufgeteilt.

Sobald diese Phase abgeschlossen ist, darf ein Mann nach

dem anderen hereintreten, gleichgültig in welcher Reihenfolge, und sich vor einer der Frauen verbeugen. Ist es diejenige, die ihn sich ausgesucht hat, wird sie aufstehen und sich auch vor ihm stumm verbeugen, sein Kompliment erwidern. Alle klatschen und er darf im Saal bleiben. Die draußen Stehenden hören diesen Applaus und der Nächste wird hineingeschickt.

Ist die Frau, vor der er sich verbeugt hat, allerdings nicht die zu ihm passende, was ungemein viel wahrscheinlicher ist und tausendmal öfter passiert, wird sie sich umdrehen, ihm ihre Rückenpartie zuwenden, im Wesentlichen den unteren Teil dieser Partie, und sich zu ihrem Stuhl hin verbeugen: Sie macht ein falsches Kompliment. Wieder lacht alles, aber diesmal gibt es keinen Applaus, entmutigt zieht der Mann von dannen und der Nächste ist dran. Das Spiel geht so lange, bis jeder Mann »seine« Frau gefunden hat.

Auf jeden Fall ist draußen ein Mitspieler mehr als drinnen, denn nicht genug, dass keiner der Männer damit rechnen kann, gleich die »richtige« Frau zu finden, am Schluss geht auch noch einer leer aus. Ein armer Mensch bekommt gar keine Frau und wird am Ende ausgelacht. Zwar kann er sich noch schnell verstecken, bevor die geifernde Menge über ihn herfällt, aber sie wird schon beim letzten Treffer nur mehr sehr leise klatschen, damit draußen nichts zu hören ist, sie wird sofort losstürmen und ihn finden. Und dann kommt der krönende Abschluss: Alle zeigen mit dem Finger auf den armen Verlierer und rufen anhaltend, lauthals und sich gegenseitig fröhlich übertönend: »Ätschibätschi.«

Ja, so ist das, so spielt man »Falsche Komplimente«, und obwohl es keineswegs so klingt, obwohl niemand erwarten würde, dass ausgerechnet dieses bizarre, fast böse Spiel unter Adligen so eine Rolle spielt, und schon gar niemand ausgerechnet von meiner Großmutter denken würde, dass sie es liebte, denn sie war die Liebenswürdigkeit und Güte in Person – wir spielten es mit ganzer Leidenschaft, haben Tränen dabei gelacht, ja wir bekamen Seitenstechen davon. Sobald mehr als fünf aus der Verwandtschaft beisammen sind, wird bis heute und immer wieder mit großer Freude »Falsche Komplimente« gespielt. Scheinbar gibt es nichts Dringenderes, als die Regeln gerade dieses Spieles allen Kindern und Kindeskindern, Nichten und Neffen weiterzugeben.

Selbstverständlich spielt man »Falsche Komplimente« mehrfach hintereinander, es gibt immer viele Runden, und natürlich bleiben bei der zweiten Runde die Männer sitzen und die Frauen gehen hinaus. Dann hat jeder Gelegenheit, sich bitterlich zu rächen. Auch sind die Gruppen immer stark altersgemischt, man kann »Falsche Komplimente« eigentlich in jedem Alter spielen, und es ist besonders amüsant, wenn eine kleine Dreijährige sich ausgerechnet den größten und ältesten Onkel ausgesucht hat, der bei seiner Verbeugung kaum bis zu ihr herunterkommt. Unvorstellbar immer wieder neu die Spannung, wenn der erste Mann den Raum betritt – erwartungsvolle Stille. Wen wird er sich aussuchen, vor wem wird er sich zuerst verbeugen? Verlegen sind die Männer angesichts dieser gespannten Damenriege, nur ganz schnell und möglichst unauffällig macht jeder sein erstes Kompliment. Unvorstellbar groß der Ausbruch von Heiterkeit, wenn die Dame mit einem »falschen« Kompliment erwidert. Sie mimt die Arrogante, Hochmütige, der abgelehnte Mann macht daraus eine Tragödie und versucht ihr zornig beim »Falschen« Kompliment eins auf den Po zu geben. Entsprechend schnell muss sie sich wieder umdrehen, damit er nicht zu viel Freifläche geboten bekommt. Umso größer die Begeisterung, großes Gelächter, was auch immer geschieht. Draußen werden die anderen unfreiwillig Zeugen dieser Heiterkeitsausbrüche, wüssten gerne, was passiert ist. Aber wer unverrichteter Dinge zurückkehrt, erzählt natürlich nicht, wem er seine Reverenz erwiesen hat. Wer spricht schon gern über seine Niederlagen, und spicken ist natürlich wie beim Kartenspiel absolut verboten. So wächst die Spannung.

Das andere Lieblingsspiel meiner Großmutter war »Scharade«, das werden die meisten kennen. Man spielt es gemeinhin in zwei Gruppen. Die eine Gruppe denkt sich für jeden Mitspieler der anderen Gruppe je einen Begriff aus, den er seinen eigenen Mitspielern so lange vorspielen muss, bis sie ihn erraten haben. Die eigentliche Herausforderung ist, dass man dabei Hände, Füße, Finger und Gesicht benutzen kann, alles, was einem dazu einfällt, nur keine Worte. Stumm muss jeder die zu erratende Vokabel seiner Gruppe vorspielen, pantomimisch sozusagen. Erst wenn alle Begriffe erraten wurden, ist das Spiel zu Ende. Gewonnen hat die Gruppe, bei der es am schnellsten ging.

Vollkommen begeistert und unbefangen, ja mit einer gewissen Stoik sozusagen, stellte meine Großmutter uns zum Beispiel wortlos das südfranzösische Gericht »Ratatouille« dar, indem sie rhythmisch stampfend, beide Fäuste abwechselnd hebend und senkend und in ähnlicher Trommelmanier die Knie abwechselnd hoch und runter bewegend durch das Zimmer marschierte, eine Dame immerhin von sechzig, siebzig Jahren, eine Fürstin! Sie wollte uns wohl durch Bewegungen, die denen eines Tamburins ähneln, lautmalerisch auf den gesuchten Begriff »Ratatouille« bringen: »Ratatatam, Ratatatam.« Dabei musste sie so lachen, dass sie ihr Spiel mehrfach unterbrach, innehielt, hilflos mit den Schultern zuckte, um anschließend unverdrossen weiterzumarschieren. Erraten haben wir das gesuchte Wort nicht, aber gelacht haben wir bis an den Rand der Erschöpfung.

Scharade ist im Grunde nichts anderes als Theater. Das Spiel hat ähnlich wie »Falsche Komplimente« viel mit Mimik, Körpersprache und Körperbeherrschung zu tun. Das sind wesentliche Bestandteile der Erziehung zur korrekten adligen Lebensart. Der Adlige muss seine Bewegungsabläufe unter Kontrolle halten. Er muss früh in der Lage sein, sich zu verstellen, höflich zu sein, wenn er eigentlich müde ist, gerade zu sitzen, wenn er eigentlich nur Hunger hat. Er muss lernen, eine Rolle zu spielen und sich einzufügen. Auch seine Kleidung trägt er eher wie ein Kostüm und nicht als freiwillig gewählte oder gar bequeme Körperbedeckung.

Da sind entsprechende Spiele, aber auch das Einstudieren von Theaterstücken, seien es echte oder frei erdachte, genau die richtige Übung. Es gibt kaum ein adliges Haus, kaum ein Schloss, in dem nicht irgendwo eine Kostümkiste existiert, in der sich alte Hüte, Perücken, unbrauchbar gewordene Ballkleider oder zerschlissene Samthosen fänden. Selbst Lederhandschuhe kommen hier zum Vorschein, Gürtel oder kaputte Schuhe, Federboas und bunte Tücher, vielfach sogar richtig geschneiderte Kostüme. Zu den Festlichkeiten, die Adlige gemeinsam begehen, gehören ja durchaus auch Kostümbälle, zu denen man in ähnlich formvollendeter Abendgarderobe erscheint wie bei einem richtigen Ball, nur eben verkleidet.

Im Kostümkoffer meiner Eltern befand sich ein Bärenkostüm. Es war kein notdürftig zusammengeflicktes Teil aus künstlichem Material, sondern ein maßgeschneiderter Anzug aus wolligem, hellbraunem Fell, mit eng anliegender Kapuze und zwei kleinen Ohren, passend für ein fünf- bis achtjähriges Kind. Wir konnten es kaum tragen, weil uns darunter so heiß wurde. Aber es kam regelmäßig zum Einsatz.

Ein beliebtes Motto unter Adligen auf Kostümbällen ist *Tête parue*. Es verlangt, dass man lediglich die Kopfpartie verkleidet. Viele bedienen sich dazu einfach einer Maske, die allerdings sehr unpraktisch ist, weil man darunter fürchterlich ins Schwitzen gerät. Auch Hut oder Perücke, ja Schleier oder eine aufwendige Bemalung des Gesichtes sind erlaubt. Hauptsache, man erkennt den anderen nicht auf Anhieb wieder. Diese Art Feste haben große Ähnlichkeit mit der Operette *Eine Nacht in Venedig* und sind durchsetzt von Versteckspielen und amüsanten Täuschungsmanövern, die sich über den ganzen Abend hinziehen. Jeder nutzt seine Verkleidung zur eigenen Verfremdung, und keiner würde den anderen verraten, wer sich unter welcher Maske verbirgt. Manchmal errät man bis zum nächsten Morgen nicht, mit wem man gegessen, gesprochen oder getanzt hat.

In den Wochen, die wir im Sommer bei meiner Großmutter verbrachten, studierten wir immer wenigstens ein Theaterstück ein, denn ihr Geburtstag fiel in diese Jahreszeit, und es gab für meine Großmutter nichts Herrlicheres, als wenn wir ihr etwas vorspielten. Meist wurden schon Monate vorher die Rollen verteilt und Texte in alle Himmelsrichtungen versendet, je nachdem, wo wer zu Hause war, und wochenlang geprobt. Wenn ein runder Geburtstag anstand, sei es, dass die Großmutter oder der Großvater sechzig, siebzig, fünfundsiebzig oder gar achtzig wurden, steigerte sich diese Art der Vorbereitungen bis aufs Äußerste. Ein ungeheurer Organisationswirbel entwickelte sich um uns Kinder herum. Schon in den Winter- und Osterferien fuhren wir zu den Vettern und Cousinen, mit denen wir sonst eigentlich immer nur den Sommer verbrachten. Bei den Proben widmeten wir uns allen möglichen Unsinnsformen und Vergnügungen, nur nicht dem einzustudierenden Theaterstück.

Als der Siebzigste anstand – oder war es die Goldene Hochzeit? –, hatte sich einer der Onkel ausgedacht, wir könnten doch *Die kleinen Verwandten* von Ludwig Thoma aufführen. Das Stück handelt im Wesentlichen davon, dass ein junger Kaufmann feierlich im Hause des Regierungsrates Häßler um die Hand dessen Tochter anhalten möchte. Überraschend kommen dabei Häßlers Schwester Babette und ihr Mann vom

Land zu Besuch und stören das sorgfältig inszenierte Zeremoniell auf das Empfindlichste. Das ungeplante Zusammentreffen sorgt nicht nur für Irritation seitens der jungen Leute, sondern auch für eine wüste Auseinandersetzung, in der Tante und Onkel sich bitterlich und im breitesten Bayerisch darüber beklagen, dass man sie nie einladen würde. Sie seien der Familie wohl nicht fein genug.

Zu dem Geburtstag meiner Großmutter waren mehrere Hundert Leute in einen riesigen Saal geladen. Es war sehr voll. Auch die Sitzreihen, die vor unserer provisorischen Bühne aufgestellt wurden, waren zahlreich, sehr lang und dicht besetzt. Wir spielten tapfer vor versammelter Mannschaft unsere Rollen, hatten schließlich das ganze Jahr über geprobt, die Texte auswendig gelernt; und die Tante, die uns dabei unterstützt hatte, war eigens in einen echten Münchner Kostümverleih gezogen, um Häubchen, Schürzchen, Biedermeierkleider, Gehröcke und Zylinder zu besorgen. Wir müssen fabelhaft ausgesehen haben, wie zu klein geratene Erwachsene.

Aber wir achteten selbstredend nicht im Geringsten auf die gesellschaftskritische, will meinen sozialpolitisch brisante, um nicht zu sagen brandaktuelle oder zumindest aktualitätsbezogene Note in dem Stück. Wer weiß, wie viele der Anwesenden unter Umständen sogenannte »kleine Verwandte« waren oder sich bisweilen schon so vorgekommen waren. Im Nachhinein kommt es mir vor, als hätten wir bei der Themenauswahl nicht ganz richtig gelegen. Und ich bin bis heute froh, dass mein Großvater praktisch nichts von dem Stück verstanden hat. Die Batterien in seinem Hörgerät waren leer und es gab keinen Ersatz.

5. Tanze Walzer!

Wenn es ein Mittel gibt, das die adlige Gesellschaft zusammenhält, eine Art Kontaktfett, das die Begegnungen, ja das Kennenlernen erleichtert und ihre Verbindungen selbst über viele Jahre lang stabil hält, dann ist es der Tanz. Adlige tanzen gern, und sie tanzen viel. Auf den Festen wird ein wenig gegessen und getrunken, ein bisschen geredet und Konversation gemacht, aber vor allem wird auf den Festen getanzt. Man kann sagen, Tanzen ist die einzige Form der Fortbewegung, bei der Adlige mit gutem Gewissen ins Schwitzen geraten dürfen.

Dabei sind es keine außergewöhnlichen Tänze, die sie pflegen, Rumba und Cha-Cha-Cha gelten als superspießig, Twist oder Charleston sind zu ausgefallen. Manch einer pflegt noch den Tango, aber eigentlich gibt es nur drei Varianten: Foxtrott, Rock and Roll und Walzer. Und Walzer wird besonders intensiv gepflegt. Walzer rechts herum, Walzer links herum, Walzer auf der Stelle oder Walzer mit wehenden Frackschößen rund um den ganzen Saal. Wer keinen Walzer tanzen kann, ist arm dran, und wer überhaupt nicht tanzt, erst recht.

Und wenn es sonst nichts gibt, das einer Adligen fehlt, die dem Adel bewusst den Rücken gewandt hat und aus politischen, sozialen oder sonstigen Gründen mit ihren Standesgenossen nur noch sporadisch verkehrt – die stilvollen Feste, die großartigen Bälle, den Tanz, das wird sie ihr Leben lang vermissen. Nicht umsonst schreibt Ghislaine Windisch-Graetz in ihrem Buch *Kaiseradler und rote Nelke* über Erzherzogin Elisabeth Marie, die Tochter des österreichischen Kronprinzen Rudolf:

»Elisabeth gab ein Diner, zu dem sie wichtige Persönlichkeiten, die sie seit der Revolution kannte, eingeladen hatte. Ihre Namen haben in Österreichs Geschichte für alle Zeiten ihren Platz gefunden: Karl Renner, Karl Seitz, Julius Deutsch, Otto Bauer, J. Schober. Diese Herren hatten ihre Ehefrauen mitgebracht; alle waren begeistert von der Gastfreundschaft dieser außergewöhnlichen Genossin. Nach dem Essen, bei dem die köstlichsten Speisen und auserlesensten Weine serviert worden waren, folgte das Orchester der alten Tradition und eröffnete den folgenden Ball mit einem Walzer von Strauß, den Elisabeth mit Leopold Petznek tanzte.

Nachdem sie ihm solcherart die Ehre des Eröffnungswalzers erwiesen hatte, sah man einen groß gewachsenen, hübschen jungen Mann, sehr elegant in einem gut sitzenden Frack, der sich der Hausherrin näherte, sich tief vor ihr verneigte, rasch den Arm um sie legte und sie dann in einem wirbelnden Walzer entführte. Die anderen Paare drückten sich an die Wand, um die beiden, deren rhythmische Bewegung geradezu perfekt war, nicht zu behindern. Den ganzen Abend lang tanzte Elisabeth mit ihrem jungen Tänzer. Sie strahlte und lächelte, wie auf ihrem ersten Hofball, als sie achtzehn Jahre alt gewesen war. Sie schien ebenso unermüdlich wie ihr junger Partner; die anderen Gäste klatschten begeistert Beifall.

Wer war nun dieser unbekannte junge Mann? Er war Lehrer an der berühmten Wiener Tanzschule Ellmayer. Elisabeth hatte ihn für diesen Abend für sich persönlich kommen lassen, um während des ganzen Balles mit ihm Walzer tanzen zu können.«

Dass die im Zitat erwähnte Tanzschule Ellmayer heute noch den Wiener Opernball gestaltet und mit immer frischen, perfekt gerichteten Debütantinnen versorgt, die ganz in Weiß unten auf dem Parkett mit ihren ebenso vollendet gekleideten Partnern den Eröffnungswalzer tanzen, sei hier nur nebenbei bemerkt. Österreich ist eben ein traditionsbewusstes Land.

Interessanter erscheint, dass Erzherzogin Elisabeth Marie, Enkelin des letzten österreichischen Kaisers Franz Joseph I. und sehnsüchtig erwartetes, einziges Kind des Thronfolgers, bis ins hohe Alter so gerne tanzte. Dabei tat sie alles andere als dem traditionellen Lebensweg zu folgen, der ihr von ihrem Elternhaus und ihrer kaiserlichen Verwandtschaft bestimmt war. Verheiratet mit Otto Fürst zu Windisch-Graetz und Mutter von vier Kindern, wurde sie streitbare Vorkämpferin der Emanzipation, sympathisierte mit den Sozialisten, trennte sich von ihrem Mann und wurde Lebensgefährtin und Ehefrau des Lehrers und sozialdemokratischen Politikers Leopold Petznek. 1925 trat sie der Sozialdemokratischen Partei bei und ging als »die rote Erzherzogin« in die Geschichte Österreichs ein. Gleichzeitig widmete sie sich der Magie und Parapsychologie und fand Aufnahme im Forscherkreis um Albert Freiherr von Schrenck-Notzing. Trotz ihres facettenreichen und vielschichtigen Lebensweges und dem offensichtlichen Bruch mit den gesellschaftlichen Konventionen ihrer Herkunft – einen schwungvollen Walzer wollte sie bis ins hohe Alter nicht missen.

Tanzen will natürlich gelernt sein. Auch Adlige beherrschen es nicht von Geburt an. Das wäre schön. Die wenigsten aber lernen es in der städtischen Tanzschule um die Ecke, zu der es den Bürgerlichen hinzieht, der – außergewöhnlich genug – seine Freizeit dem Tanzsport widmen möchte. Der Adlige lernt seine Tänze beim Tanztee oder bei einem Séjours, einem längeren Aufenthalt im Kreis von Adligen, der meist auf einem Schloss stattfindet.

Dort ist hinreichend Platz, dort gibt es nicht nur viele kleinere Zimmer für die Übernachtung und Raum für viele

Betten, sondern auch mindestens einen großen Saal, in dem die Tanzerei ausgiebig praktiziert werden kann. Gastgeber ist die Familie, die auf dem Schloss lebt, Motivation ist die Tatsache, dass die eigenen Kinder ins Ball- und tanzfähige Alter gekommen sind. Eingeladen werden normalerweise acht bis zehn junge Damen und Herren aus bestem Hause, insgesamt 20 junge Leute. Vormittags studieren sie Tänze ein, nachmittags kann jeder machen, was er will, und abends wird abgehottet, dass sich die Saalbalken biegen, sprich, das Erlernte geübt und angewendet. Wenn entsprechende Einrichtungen oder Vierbeiner vorhanden sind, darf nachmittags auch Tennis gespielt, geschwommen oder geritten werden. Solche Voraussetzungen haben Schlossherren oft zu bieten. Teil des Programms ist durchaus auch der ein oder andere Ausflug in die Umgebung. Sowieso gehört zu dem Anwesen ein größeres Gelände, wie der Park oder Garten oder natürlich Wald, in dem man sich lustwandelnd verlieren kann. Schwerpunkt aber bleibt das Tanzen, ferner die ordnungsgemäße Vermischung, der aktive Umgang mit Standesgenossen. Bürgerliche haben zu solcherart Veranstaltungen selbstverständlich keinen Zutritt.

Die einzigen Bürgerlichen sind der Tanzlehrer oder die Tanzlehrerin. Meist kommen sie aus der nächstgelegenen Kleinstadt, werden eigens für diesen Kurs engagiert und sind Inhaber einer Tanzschule. Fast nirgendwo fallen die Unterschiede zwischen zwei sozialen Gruppen so stark auf wie bei dieser Gelegenheit. Zauberhaft der Anblick, wenn die Tanzlehrerin, eine meist unerschrockene Mittvierzigerin mit platinblond gefärbten Haaren, sich kurzerhand einen der begriffsstutzigen und wahnsinnig genierten sechzehnjährigen Junggrafen greift, um ihm den Foxtrott-Schritt im Nahkampf beizubringen. Eine Vielzahl von Adligen sind Landwirte oder Förster, ihre Söhne fahren in ihrer Freizeit Traktor oder stapfen schwer beschuht mit geschulterter Waffe durch den Wald. Dann vereinen sich für wenige Takte Streifenhemd, grob gestrickter Shetlandpullover, derbe, braune Cordhose und klobige, schwarze Schuhe mit einem sonnenbankgebräunten Rücken im paillettendurchwirkten Kleid, hohen Stilettos und muskulösen Damenbeinen in Nylon zum Paar. Da flattern grellrote Kleiderzipfel und flotter Hüftschwung über das Parkett, während ungelenke Glieder mühsam versuchen, mit ihnen Schritt zu halten. Knallrot wird da der arme, schwer pubertierende Jüngling, das unterdrückte Kichern in den Reihen der Lernenden scheint gar kein Ende mehr zu nehmen, im Gegenteil, es nimmt exponentiell zu. Der Anblick ist einfach traumhaft. Wer aufmerksam genug ist und in der Nähe der Anlage steht, stellt kurzerhand die Musik lauter.

So vergeht die Zeit, eine Woche ist schnell um, und am Ende lockt der Hausball, wohin auch die sogenannten Nachbarn eingeladen werden sowie die Eltern der anwesenden Jugend. Nachbarn sind bei schlösserbewohnenden Adligen natürlich nicht die Leute, die zufällig auf dem Grundstück nebenan wohnen, sondern die adligen Familien, die in der Nähe, also ein Schloss oder Gutshaus weiter, leben. Das kann 100 Kilometer weit weg sein. Die Nachbarn eben.

Der Hausball ist die Krönung des Tanzkurses. Wurde eine Quadrille einstudiert, dann kommt sie jetzt zur Aufführung. Alle sind elegant gekleidet und zeigen, was sie gelernt haben. Meist liegt über diesem Abschlussball leise Trauer, denn schon am nächsten Tag heißt es wieder abreisen. Auf den Sonntag folgt wieder Schule, Internat oder Bundeswehr – alles keine angenehme Perspektive. Für viele ist der Abschluss aber auch eine Erleichterung. Schließlich ist Tanzen für Adlige keine Kür, sondern eine schweißtreibende Pflicht.

Neben den typischen Gesellschaftstänzen, bei denen immer nur paarweise getanzt wird, pflegt der Adel, wie oben angedeutet, noch eine besondere Tanzform: die Quadrille. Verbreitet ist die »Française«, bei der sich Männer und Frauen in je zwei langen Reihen gegenüberstehen. Zu allseits bekannter Melodie bewegt man sich aufeinander zu und voneinander weg, nickt höflich, knickst oder dreht sich kurz umeinander, doch im Großen und Ganzen bleiben Männer und Frauen streng nach Geschlecht getrennt.

Weitaus verbreiteter ist der »Lancier«. Für diese Art der Quadrille müssen sich Paare bilden, aber man tanzt nicht allein. Jeweils acht Personen, also vier Paare, tun sich zu einer Einheit zusammen, stellen sich je zwei und zwei gegenüber auf und bilden miteinander ein Quadrat. In der Regel ist der Tanz fünfteilig, er besteht aus den Teilen »Les tiroirs«, »Les lignes«, »Les moulinets«, »Les visites«, »Les lanciers«, und sie werden einzeln angesagt. In manchen Quellen wird behauptet, die Abschnitte würden nie kommandiert, man setze die Kenntnisse voraus. In meinem Tanzunterricht war das nicht so. Wir hörten die Ansage, dann ertönte die passende Melodie und wir taten, was wir zu tun hatten.

Die Anzahl der geplanten »Lanciers«, meist sind es zwei oder drei, wird zu Beginn des Festes angesagt, und viele verabreden sich dann gleich zur ersten Runde. Abgesehen von der Paarbildung läuft der Lancier ähnlich wohlsortiert und geordnet ab wie die Française. Die vier Paare bewegen sich nach strengen Vorgaben und Regeln aufeinander zu, voneinander weg, drehen sich hin, drehen sich her. Man grüßt nach rechts und links, grüßt nach vorn und hinten und dreht in gespreizter Haltung miteinander seine Runden. Im besten Fall übernimmt einer die Rolle des Tanzmeisters und ordnet die Quadrate zu Beginn symmetrisch zueinander im Raum an, sodass sie alle gemeinsam ein einziges großes Rechteck bilden.

Schön ist es, wenn die Quadrille aufgeht und sich die Paare in den Abschnitten, die das ermöglichen, aus ihrer Viererkombination lösen und in ganzen Reihen aufeinander zu bewegen oder alle miteinander in eine Art Ringelreihen verfallen. Einzelne Abschnitte der Quadrille erinnern dabei nahezu an Volkstanz. Das Ganze hört sich ungemein steif und langweilig an, in der Tat ist die Musik, die man dazu hört, relativ statisch und hat nichts mit flotter Tanzmusik zu tun. Lancier wird auch nicht auf allen Festen gefeiert, man muss ihn kennen, schon einmal geprobt haben, die Melodie muss rechtzeitig organisiert worden sein oder wenigstens die Noten, falls eine Kapelle für die musikalische Untermalung des Festes zuständig ist. Es ist eher eine Sache des Rheinlandes. Im Süden oder in Österreich wird selten zur Quadrille aufgerufen. Nur beim alljährlichen Opernball in Wien tanzt man offenbar zu Mitternacht eine Quadrille, aber wer geht schon auf den Wiener Opernball? Ich jedenfalls nicht!

Gewöhnlich fehlt einfach die Musik dazu. Schon zu meiner Zeit gab es nur genau eine Aufzeichnung, eine alte Schallplatte, die schon so alt war, dass sie knarzte und ächzte, wenn sie gespielt wurde. Pausenlos musste man fürchten, dass ein Kratzer die gesamte Tanzordnung durcheinanderbringt. Einer kam schließlich auf die Idee, die Platte auf Band aufzunehmen, aber das Knarzen und Ächzen wurde dadurch nicht besser, nur lauter. Es war, als hätte das Aufnahmegerät den Ehrgeiz gehabt, insbesondere die Begleitgeräusche hervorzuheben, bloß nicht die Musik. Mit der Zeit kannten wir die Knarzer besser als die Kommandos. Ähnlich rau wie die Begleitgeräusche klang die Stimme des Tanzmeisters, unwillig geradezu schien er seine Ansagen zu machen. Er sprach französisch, wie könnte es anders sein, und ich wusste lange nicht, was er eigentlich sagte. Wir tanzten also Lancier zu einer nahezu unverständlichen Melodie und zu den Kommandos eines offenbar alten, zornigen Herrn, aber das war völlig egal. Wir waren vollkommen glücklich, geradezu ausgelassen.

Der eigentlich Reiz im Lancier liegt darin, angesichts

einer strengen Form und Förmlichkeit offenkundig zu beweisen, wie gerne man bereit ist, mit diesen Formen zu spielen und
das Regelwerk zu unterlaufen. Da werden beim »Les moulinets« Damen aus dem benachbarten Quadrat geklaut oder
schnell einmal Partnerinnen getauscht, da wird die Anzahl der
Drehungen beim »Les tiroirs« um ein Mehrfaches erhöht, dass
der Dame ganz schwindlig wird, da werden verführerische Bli-
cke getauscht und in Richtungen gegrüßt, die gar nicht vorge-
sehen sind. Da verbeugen sich alte Männer mit steifem Bein
nicht nur mit einem Kopfnicken, sondern indem sie vor der
Dame flach auf den Boden fallen. Aus der vornehmen Gesellschaft in ihrer streng reglementierten Kleiderordnung wird
plötzlich ein quirliger, kichernder und ungeordneter Haufen
junger und alter Menschen, die fröhlich durcheinanderhüpfen
und alles tun, sich nur nicht an die Tanzordnung halten. Nur
am Schluss, beim letzten Kommando, da muss wieder alles
seine Richtigkeit haben! Da müssen die Quadrate komplett
sein und symmetrisch zu den anderen stehen. Und eigentlich
sollten auch die Paare, vor allem die Damen, wieder alle in ihre
ursprüngliche Anordnung zurückgefunden haben.

Den Abschluss vom Lancier bildet immer ein Walzer.
Meist ist es ein schubsiger, ungeordneter Walzer, denn beim
Lancier machen so viele mit wie nur irgend möglich und der
Saal ist vollkommen überfüllt. Solange die Tänzer in geordne-
ter Aufstellung ihre Lancier-Figuren ausführen, ist noch alles
in Ordnung, aber wenn dieselbe Menge Menschen anschließend Walzer tanzt, platzt der Raum auf einmal aus allen Näh-
ten. Schließlich ist der Lancier der einzige Tanz, zu dem man
sich schon zu Beginn des Festes verabreden kann. Er erfreut
sich starker Beteiligung, bei Alt und Jung. Trotzdem kann man
von Glück sagen, dass sich inzwischen der Walzer als Abschlusstanz eingebürgert hat. Früher, also im 19. Jahrhundert,
endete der Lancier immer mit einem Galopp, da war dann

Land unter. Da löste sich alles auf, Kleider, Haare, ganze Paare wurden auseinandergerissen. Der Galopp (auch *die* Galopp) ist ein lebhafter, aufgeregter Tanz im Zweivierteltakt, der verwandt ist mit der Schnellpolka. Ich möchte kurz zitieren: »Die Durchführung des Galopps bedarf im Vergleich zu vielen anderen klassischen Tänzen keinerlei Übung. Die Paare gehen auf der Tanzfläche in Tanzhaltung und bewegen sich sprunghaft von einer Seite der Tanzfläche zur anderen, wo sie die Tanzhaltung umkehren und wieder zurücktanzen. Fortlaufender, rascher seitlicher Nachstellschritt mit leichtem, federndem Absprung. Während des Sprunges wird das nachsetzende Bein herangezogen (Galoppsprung).« Zeitgenossen beschreiben diesen Tanz als geradezu unangenehm, jedenfalls als in höchster Form anstößig. Der Abschlusstanz ist eben ähnlich ausgelassen wie die gesamte Quadrille, ein absoluter Höhepunkt des Abends. Niemand will ihn verpassen. Kein Wunder, dass man sich schon frühzeitig dazu verabredet.

Früher, zu den Zeiten, in denen meine Großmutter ausging, wurden alle Tänze verabredet. Das lag wahrscheinlich nicht zuletzt daran, dass die Musik nicht aus der Büchse oder vom Plattenspieler kam, sondern ausschließlich original von einer Kapelle gespielt wurde. Dadurch waren die Reihenfolge der Musikstücke und die entsprechenden Tänze von vorneherein festgelegt. Aber die Verabredung war auch eine Frage des guten Stils. Die Männer hatten die Freiheit, um einen Tanz zu bitten. Die Damen konnten entscheiden, ob sie zusagen oder wem sie den Tanz lieber reservieren wollten.

Wenn wir die Sommerferien bei meiner Großmutter verbrachten und es draußen regnete, durften wir auf dem Dachboden oder in der sogenannten »Rumpelkammer« spielen. Das war keineswegs eine Kammer, denn der Raum entsprach in seinen Ausmaßen exakt dem Großen Saal, der ein Stockwerk darunter lag. Auch befanden sich darin kein Gerümpel, sondern viele alte, aber durchaus wertvolle Möbel, für die man zurzeit einfach keinen Raum und keine Verwendung hatte. Ja, selbst Schlossbewohner haben bisweilen Platzprobleme.

Die Rumpelkammer war einer unserer Lieblingsspielplätze. Wir durften die Möbel herumrücken, wie wir wollten, und bauten uns herrliche Höhlen und Häuser. Einzelne Schränke und Kommoden waren randvoll gestopft mit abgelegten Sachen: Schulhefte meiner Onkel und Tanten, Bücher, Fotos, alte Zeitschriften. Es war ein Vergnügen, darin herumzustöbern. In einer der Schubladen fand ich ein weißes Heftchen, höchstens fünf Zentimeter breit und zehn hoch, es passte also gerade so in eine Hand, war aber fein bedruckt und schmuck verziert mit geschwungener Linie. Am Rand befand sich eine goldene Metallfeder, in der sicher einmal ein winziger Bleistift gesteckt hatte. In dem Heft waren zahlreiche Tänze aufgeführt: Wiener Walzer, Langsamer Walzer, Tango, Foxtrott, erste Polonaise, zweite Polonaise, dahinter zarte Punktlinien, auf denen man den Namen desjenigen verzeichnen konnte, dem man den Tanz versprochen hatte. Das Heftchen war noch ganz leer. Man konnte förmlich die Aufregung spüren, die davon ausging, die Spannung, die unverheiratete Frauen empfunden haben müssen, wenn sie das Heftchen zu Beginn des Festes erhielten. Oder wurde es ihnen vielleicht schon einige Tage vor dem Fest zugeschickt, vielleicht gleich, nachdem sie zugesagt hatten? Wie schwierig muss es gewesen sein, sich zu entscheiden. Wem verspricht man welchen Tanz? Und wann? Wie lange wartet man auf den Lieblingstänzer, bevor man dem Drängen eines anderen nachgibt? Und was geschah, wenn keiner um einen Tanz bat, wenn das Heftchen leer blieb? Oder hielt man sich extra einige Tänze bis zum Schluss offen? Was für eine Aufregung!

Heute gibt es solche Heftchen nicht mehr. Es herrscht Herrenwahl. Das macht es Männern und Frauen nicht unbedingt leichter, doch das sei nur am Rand bemerkt. Adlige wachsen mit einem klaren Gefühl für Hierarchien auf. Darin sind die jüngeren Menschen eindeutig den Älteren nachgeordnet, sie haben ihnen mit Respekt und Zurückhaltung zu begegnen. Gleichermaßen sind die Frauen den Männern untergeordnet, auch Schwestern haben letztlich nicht so viel zu sagen wie Brüder. Die einzige Freiheit, die der Dame bleibt, ist die Absage. Aber die wird eigentlich nicht praktiziert. Ich habe noch nie erlebt, dass eine Dame einem Herrn einen Korb gibt. Eher tanzt sie mit ihm eine Runde und sagt dann, sie sei müde, ob man nicht etwas trinken gehen könne.

Nur ganz selten verabreden sich einzelne Frauen zu Beginn des Festes mit einem Freund oder Lieblingsvetter, damit er schnell mit ihr zu tanzen beginnt, bevor der andere, der Ungewünschte, seine Aufforderung ausgesprochen hat. Dann handelt es sich allerdings um einen Notfall. Denn es gibt einzelne, chronisch unverheiratete und mühsame Onkel, die noch bis ins hohe Alter versuchen, bei den jungen Damen Land zu gewinnen. Alles kennt sie, alles witzelt darüber und jede Frau trifft bei den Gleichaltrigen auf Verständnis, wenn sie sich vorab vor den Avancen dieser Herren schützen möchte. Aber das ist wirklich die Ausnahme.

Normalerweise ist es umgekehrt, normalerweise warten die Damen nur darauf, aufgefordert zu werden, nichts ist schlimmer, als sich nicht in regelmäßigen Abständen auf der Tanzfläche zu drehen und womöglich als »Mauerblümchen« zu gelten. Es geht sogar so weit, dass die Frauen selten beieinanderstehen, denn welcher Mann würde sich schon trauen, in eine Traube kichernder Mädchen vorzustoßen und eine von ihnen zum Tanz aufzufordern. Da stellt man sich als Frau lieber allein in einen Alkoven oder an einen Tisch und mimt Verlorenheit. So wird sich schnell ein Kavalier finden, der einen aus dieser Lage befreit. »Schimmeln« nennt man es auch, wenn eine Frau den ganzen Abend nicht zum Tanzen aufgefordert wird, »Brotbüchse« die Ecke, in der sich die Mädchen sammeln, die sich nicht auf der Tanzfläche drehen. Keine einzige möchte einen Abend lang in der Brotbüchse vor sich hin schimmeln.

Schließlich gibt es klare Zeichen, mit denen man seine Tanzbereitschaft signalisieren kann, jede Adlige kennt sie oder lernt sie schnell. Sie sucht das Gespräch zu einem Mann, der allein steht, trippelt bald wie eine Bachstelze neben ihm auf und ab, bewegt sich unauffällig zu der Melodie, die gerade gespielt wird, oder singt das Lied leise mit. Dann muss es mit dem Teufel zugehen, wenn der Mann sie nicht zum Tanz auffordert.

Wahrscheinlich klingt es ziemlich anachronistisch und auch ungerecht, dass bei den Adligen immer nur Herrenwahl gilt. Aber wahrscheinlich würden die Frauen bald allein tanzen, wenn es nicht so wäre. Da sie den tanzlustigeren Teil der Menschheit ausmachen, müssen sie die Männer auf den Festen dazu animieren. Schlimm sind die Bälle, die unter Männermangel leiden, aber fast schlimmer noch sind die Feste mit Männerüberschuss, denn dann stehen die Männer zusammen, reden, trinken, womöglich viel Bier, werden allmählich müde und tanzen gar nicht mehr. Wenn einzelne Frauen dann auf die Idee kommen, zur Damenwahl überzugehen, kommt es schon mal zu so chauvinistischen Sprüchen wie: »Jetzt werden die Mädel mühsam.«

Bei einem einzigen Fest im Jahr herrscht offiziell Damenwahl. Der sogenannte »Möhnenball« ist eine großartige Einrichtung, findet immer in der Fastnacht statt und wird seit Jahren von ein- und derselben Familie ausgerichtet. Zum Möhnenball müssen alle im Kostüm erscheinen, die Frauen möglichst verkleidet bis zur Unkenntlichkeit, denn sie dürfen an diesem Abend nicht nur frei zum Tanz auffordern, sondern dabei auch noch unerkannt bleiben. Die Herren sind in der befremdlichen, aber absolut spannungsreichen Situation, mit Frauen zu tanzen, von denen sie oft den ganzen Abend lang nicht erfahren, wer sie eigentlich sind.

Es gibt unter Adligen, wie schon erwähnt, viele verschiedene Kostümbälle, zu manchen muss man nur mit verkleideter Kopfpartie kommen, andere Gastgeber wiederum geben ein festes Motto aus wie »Barock«, »Zirkus« oder »Blumenreigen«. Oft finden diese Feste im Fasching statt, zwischen Januar und Aschermittwoch. In der Fastenzeit wird generell nicht getanzt und gefeiert. Und meist gilt bei diesen Winterbällen das Diktat der großen Robe. Selbst verkleidet tritt jeder in einer Garderobe auf, die der Kleiderordnung Smoking beziehungsweise langes Ballkleid entspricht.

Allein beim Möhnenball ist Hexenaufmachung gefragt, da darf sich jeder vollkommen verunstalten. Viele Frauen kommen ganz in Schwarz oder tragen wilde Perücken. Außerdem ist das Licht gedämpft, ein weiteres Mittel, um die Unkenntlichkeit bis in den Morgen aufrechtzuerhalten. Keiner weiß, mit wem er tanzt, viele werden es auch später nie erfahren, und die Macht liegt an diesem Abend eindeutig in der Hand der Frauen.

6. Sei vergnügt!

Eigentliche Höhepunkte im Leben der Adligen sind ihre Feste. Dort versammeln sie sich, dort lernen sie sich kennen und sehen sich wieder, und im Grunde wissen alle: Es geht dabei um nichts anderes, als den richtigen Ehepartner zu finden. Schließlich leben Adlige nicht in abgezirkelten Siedlungen Tür an Tür oder in sonstiger geballter Formation eng beieinander, sondern, wie schon berichtet, an relativ schwer zu erreichenden Orten. Ihre Wohnstätten befinden sich – ähnlich einem Adlerhorst – auf hohen Bergen, im tiefen Wald oder gut versteckt in tiefster Provinz. Doch auch in Städten wie Wien, München oder Köln trifft man einen Adligen nicht einfach so auf der Straße. Man würde ihn unter Umständen nicht einmal als solchen identifizieren, außer man ist zufällig verwandt miteinander und kennt sich vom letzten Familientreffen. Also werden auch in den Städten kleinere und größere Festlichkeiten veranstaltet und verabredet. Ohne Einladung zu kommen, gilt als Fauxpas. Schon sich selbst vorher einzuladen oder gar jemand anderen mitzubringen, erfordert wortgewandte Rechtfertigungen. Man bleibt eben gern unter sich.

Auf den Festen kann man sich dann ungeniert begrüßen und unbefangen miteinander sprechen. Niemand muss sich verstellen. Außerdem haben Feste den glücklichen Nebeneffekt, dass man dort sogar die Adligen trifft, mit denen man nicht verwandt ist. Und das ist wichtig, denn auch wenn Adlige möglichst nur untereinander heiraten, sollten sie tunlichst keine Verwandten zur Frau oder zum Mann nehmen, zumindest keine Verwandten ersten oder zweiten Grades.

Kaum einer weiß so schöne Feste zu feiern wie die Adeligen. Schon die Einladung gibt einen Vorgeschmack. Wochen vorher kommt sie mit der Post, sie ist gedruckt auf dickem Papier und formvollendet in altbekannter Schrift, der Briefumschlag meist wattiert. Es ist eben nicht irgendeine Party, zu der sie auffordert, es ist nicht irgendein beliebiger Termin, an den sie mahnt, und sie steht für die Ehre, die einem zuteilwird, denn schließlich sind nicht alle eingeladen. Wohlwollend hebt sich von den gedruckten Angaben die geschwungene Handschrift ab, in der der Name des Eingeladenen auf die Karte geschrieben wurde. Auch sie zeugt von Zuwendung, Freundschaft und löst verheißungsvolle Freude aus. Der Name steht immer handgeschrieben auf der Einladung und gibt ihr die persönliche Note. Gebeten sind zwar viele, und das, wie der gedruckte Teil belegt, in festlichem Rahmen, aber jeder bekommt seine eigene Einladung. Vielleicht war es die Gastgeberin selbst, die den Namen geschrieben hat, Mutter oder Tochter, vielleicht auch ein männlicher Teil der Familie, doch die haben meist keine hübsche Handschrift. Vielleicht war es auch die Sekretärin, das zeugt von Stil und Ehre, denn es sind nur die ganz hohen Häuser, die sich ein eigenes Sekretariat leisten. Niemals, nie im ganzen Leben würde man diese Aufgabe einer Agentur überlassen. Das wäre viel zu unpersönlich, ja unfreundlich, nebenbei bemerkt auch ein viel zu großer Aufwand.

Die Einladungen kommen immer schon Monate vor dem Fest, dafür ist die Frist für Zu- oder Absagen knapp bemessen. Man kann meist noch wenige Wochen vorher entscheiden, ob man kommt oder nicht. Die erste Reaktion ist immer eine schriftliche, man bedankt sich in jedem Fall für die Einladung und schreibt, ob man kommen kann oder nicht. Oft sind den

Einladungen gedruckte Antwortkarten beigelegt; wenn sie aus sehr vornehmen, vor allem reichen Häusern kommen, sind sie sogar schon frankiert.

Nach erfolgter Zusage gilt es, die Unterbringung und vor allem die Anreise zu organisieren. Das ist nicht einfach, besonders nicht für jugendliche Gäste, die noch keinen Führerschein, geschweige denn ein Auto besitzen. Wenn man Glück hat, verkehrt zufällig in der Nähe eine brauchbare Bahnlinie, aber gewiss ist der Bahnhof so weit entfernt, dass man mit dem Auto abgeholt werden muss. Wenn man mehr Glück hat, liegt das Anwesen in der Nähe einer Autobahn. Dann findet sich meist ein Wagen, der zu dem Fest fährt. Wer das größte Glück hat, kennt sogar den Fahrer des Wagens. Man ruft ihn an, verabredet sich mit ihm und die Anreise ist geklärt.

Um den Fahrer beziehungsweise in dem Wagen bildet sich rasch eine Fahrgemeinschaft, die sich benimmt, als würde sie schon auf der Anreise ein ausgelassenes Fest feiern. Mit großem Hallo und Holdridü erreicht der Wagen nach stundenlanger Reise, natürlich niemals pünktlich, den Austragungsort, sein Inhalt entknittert und entfaltet sich sanft, während man aus dem Auto klettert, und eilt dann aufgebracht, weil unter Zeitdruck, in die entsprechenden Gemächer und Badezimmer, um von dort in vollendetster Form und prächtigster Garderobe nach etwa einer Stunde zurückzukehren. Falls man das Glück hat, direkt auf dem Anwesen zu übernachten, in dem das Fest gefeiert wird. Das aber gelingt nicht immer. Dann muss man sich irgendwo in der Nähe eine Bleibe suchen, weshalb der Einladung oft eine kleine Hotelliste beiliegt. Meist jedoch übernachtet man bei anderen Adligen, die in der Nähe wohnen.

Viel wichtiger ist es, die richtigen Kleider parat zu haben. Die Damen tragen immer elegante Abendgarderobe und echten Schmuck, sie sind geschminkt und wohl frisiert. Es ist unglaublich, wie sie sich verwandeln. Wer eine junge Frau bislang vom Studium oder aus dem Internat kennt, praktisch nur von draußen, ist bass erstaunt, wenn er sie auf einem Fest in großer Robe wiedersieht. Das lange Seidenkleid, auf Taille geschnitten, der schöne Schal, womöglich ein teures Parfüm oder das Make-up haben wirklich nichts mehr mit der Dame zu tun, die im ausgeleierten Wollpullover und normaler Jeans montagmorgens verschlafen in die Vorlesung kommt. Höchstens ihre Perlenkette oder die Perlenohrringe, »Knopf im Ohr«, wie die Adligen sagen, trägt sie vielleicht auch dann.

Aber diese Verwandlungskünste sind unter Adligen vollkommen normal. Auch die jungen Männer richten sich her, sehen plötzlich ganz erwachsen aus. Sie treten prinzipiell im Smoking an, manche noch im Blazer, aber dunkler Anzug ist eigentlich nicht drin. Lieber leiht man sich einen schlecht sitzenden, womöglich auch mittelmäßigen Smoking, der nicht der konventionellen Linie entspricht, als zu versuchen, den Abend mit einem dunklen Anzug zu retten. Was gar nicht geht, sind Kommunions- oder Konfirmationsanzüge. Abgesehen davon, dass es wohl nichts Peinlicheres gibt als ein Anzug, aus dem man herausgewachsen ist, wäre das ein klassischer Fall von: »He was underdressed.«

Sobald die Garderobe stimmt und der Großteil der Gäste anwesend ist, kann es losgehen. Dann wird gefeiert, dass die Schwarte kracht. Zu Beginn gibt es noch ein kleines Essen, oft nur ein Buffet, an dem man sich in streng eingehaltener Reihenfolge selbst bedient, und jeder Dame wird ein Tischherr zugeteilt, ein junger Mann, mit dem sie gemeinsam isst und an dessen Arm sie auch zu besagtem Buffet geleitet wird. Er hat die Aufgabe, sie während des Essens gut zu amüsieren und zu unterhalten, Konversation mit ihr zu führen und – das Allerwichtigste – den ersten Walzer mit ihr zu tanzen. Wer mit seiner Tischdame nicht tanzt, hat verloren, bevor der Abend überhaupt angefangen hat. Da hilft gar nichts. Auch wenn es die unmusikalischste, uninteressanteste, ungelenkigste Dame des Abends ist, auch wenn der Mann selbst nicht gern tanzt, der Tischherr muss sich mindestens ein Lied lang mit ihr auf der Tanzfläche drehen. Männer, die nach dem Dessert aufstehen und sagen, sie gingen jetzt erst einmal eine rauchen, oder sogar behaupten, sie könnten nicht tanzen, gelten als das Allermieseste und Unhöflichste, was es unter jugendlichen Adligen gibt. Und wer in diesem Moment sagt, »er müsse mal kurz verschwinden«, sollte gar nicht erst versuchen, jemals wieder zurückzukehren.

Nein, es muss getanzt werden! Und es wird auch getanzt. Bei den Adelsfesten wird so wahnsinnig und ausgelassen getanzt, dass manch einer, der das zum ersten Mal miterlebt, einen Schreck bekommt. Allein die Ströme von Schweiß, die über die Gesichter derer fließen, die von der Tanzfläche zurückkehren, um sich ermattet an die Bar oder das Getränkebuffet zu werfen und den Flüssigkeitsverlust so schnell wie möglich wieder auszugleichen, ist schockierend. Ein Freund von mir, der am Montag nach so einem Fest seinen Smoking in die Reinigung brachte, bekam ihn glatt retour. Die dralle Wäscherin beschied im breitesten Rheinisch: »Der ist ruiniert. Den können Sie wegschmeißen.« In der Tat: Wer seinen klatschnassen Smoking am Abend nach dem Ball in eine Tüte stopft und so wieder mit nach Hause bringt, wird Schwierigkeiten haben, ihn je wieder anziehen zu können.

Und die Tanzwut reißt nicht ab. Während andere Menschen, die miteinander feiern und gerne länger als bis Mitternacht aufbleiben, unter Umständen sogar bis zum Morgengrauen zusammensitzen und sich um nichts in der Welt aus dem Sofa erheben wollen, in das sie ermattet gegen zwei Uhr früh gesunken sind, um schließlich die Horizontale aufzusuchen, schlägt sich der durchschnittliche Adlige auf seinen Festen nicht nur die Nacht um die Ohren, sondern er treibt Hochleistungssport. Zu einem Zeitpunkt, zu dem ein Großteil der Menschheit längst an der Matratze horcht, hüpft er, tobt er, dreht er sich und schwenkt die Arme, rennt er mit seiner Dame im Galopp quer durch den ganzen Saal und schleudert sie um die Ecken, er lacht und redet, schreit übermütig die Refrains altbekannter Schlager mit. Er tanzt und tanzt und tanzt.

Das Fest ist erst zu Ende, wenn die Musik schweigt. Solange die Musik noch spielt, gehen nur die nach Hause, die einen weiten Heimweg haben oder einfach nicht mehr können. Bevor die letzten Lieder ertönen, wird feierlich angesagt, dass das Ende naht, was jedes Mal, zu welcher Uhrzeit auch immer, mit Murren und unwilligem Knurren aufgenommen wird. Aber hier waltet der strenge Arm des Hausherrn. Er entscheidet über die Länge der Ballnacht, und leider wissen die meisten Gäste nicht, was für ein Zeitlimit die Gastgeberkinder mit ihrem Vater ausgemacht haben. Nach dem letzten Tanz wird so lange geklatscht, bis es noch eine Zugabe gibt, vielleicht auch zwei oder drei, doch irgendwann — manchmal schon um drei Uhr, manchmal erst um sechs — ist es einfach zu Ende.

Und dann ist es auch eine Erlösung. Wer sich jetzt nicht gleich verabschiedet und umgehend auf den Weg in die Kissen macht, wer sich jetzt in einen bequemen Sessel sinken lässt, um noch ein wenig zu schwatzen oder auch nur zu sinnieren, hat keine Chance, sein Bett je zu erreichen. Denn jetzt kommt die Erschöpfung, jetzt melden sich plötzlich Müdigkeit und Ermattung. Wer dem nachgibt, kommt nicht noch einmal hoch.

Irgendwann erreicht man sein Zimmer, irgendwann schält man sich aus seinen klatschnassen Kleidern, legt den Schmuck ab und schaut noch einmal in den Spiegel, putzt die Zähne, schminkt sich ab und sinkt auf die Matratze. Ein letzter Blick auf den Wecker, wie viel Stunden Nachtruhe bleiben noch, draußen zwitschern schon die Vögel. Wenn man Pech hat, sind es nur drei Stunden. Oder vier?

Am nächsten Morgen geht es gleich weiter. Da gibt es Katerfrühstück. Erst geht es in die Kirche, denn meist ist inzwischen Sonntag, und dann wankt man geschlossen zu Semmelkorb und Kaffeetrog. Das Katerfrühstück ist fast ebenso wichtig — rein gesellschaftlich gesehen — wie der Ball selbst. Das sollte man nicht verpassen. Auch hier ist angemessene Garderobe gefragt, ein sozusagen klassisches »casual« mit Tweedjacke (ohne Krawatte!), beiger Hose beziehungsweise Schottenrock und heller Bluse und Pullover, die nur an den Ärmeln über die Schulter gehängt und über der Brust verknotet werden. Selbstredend hält man sich auch hier strikt an die Gesetze der Konventionen und Konversation. Sollten sich am Vorabend zwischen einer Frau und einem Mann gewisse Sympathien entwickelt haben, wird man das nicht zu deutlich zeigen. Wir wollen nicht gleich über die Stränge schlagen. Man pflegt Selbstironie und gekonnte Frotzelei, man vermittelt Gefühle füreinander dadurch, dass man den anderen fröhlich auf den Arm nimmt. Bloß keine Sentimentalitäten, ja nicht zu viel Nähe. Bis es so weit kommt, müssen einige Jahre vergehen. Abitur, Bundeswehr, Studium — was alles so dazugehört. Wer will denn schon an Heirat denken, bevor der heimatliche Besitz übernommen worden ist? Solange man als Mann nichts zu bieten hat, darf man adligen Damen nichts versprechen.

Echten Kater haben bei dieser Art Frühstück eigentlich nur die, die nicht genug getanzt haben. Denn irgendwie musste man den Abend ja herumkriegen. Sie haben also doppelt verloren: in der Nacht bei den Damen keine Punkte gemacht und jetzt auch noch Kopfschmerzen. Sie sind nicht zu beneiden.

Macht sich allmählich gemütliche Schläfrigkeit unter den Gästen breit, wenn sich jeder nach einer wohlverdienten Nachmittagsruhe sehnt, wenn man — allein der Uhrzeit wegen —

schon wieder Tee trinken könnte, gilt es, Abschied zu nehmen. Viele haben eine kilometerreiche Heimreise vor sich. Entfernungen von sechs bis acht Autostunden sind keine Seltenheit. Da fährt man für ein Wochenende aus dem Rheinland kurzerhand nach München oder Regensburg, von Hannover oder Dresden ungeniert bis Freiburg oder Saarbrücken. Dabei treffen Adlige bei den Bällen auch Freunde und Verwandte, die sie schon lange kennen, mit denen sie unter Umständen gar am selben Ort leben. Manch einer legt eine Tagesreise zurück, um sich eine Nacht lang ausgerechnet mit der Person zu unterhalten, mit der er Tag für Tag dieselbe Studienbank drückt. Es grenzt an Wahnsinn.

Trotz aller fröhlichen Ausgelassenheit geht es auf den meisten Bällen aber durchaus gesittet zu. Niemand fängt an, auf den Tischen zu tanzen oder mit den Semmeln vom Buffet Fußball zu spielen. Das kennt man nur aus München oder Österreich. Da ist die Dekadenz bis heute zu Hause. Auch die unterschiedlichen Dessertsorten vom Buffet sind dort eher Bestandteil lustiger Gesellschaftsspiele, als dass sie der Nahrungsaufnahme dienten. Mit Erdbeeren wird vergnügt durch die Luft geworfen, die Schlagsahne kommt gleich per Löffelpost hinterher. Getanzt wird sowieso nicht. Die Musik spielt einen fröhlichen Wiener Walzer nach dem anderen, aber die Tanzfläche bleibt konsequent leer. Lieber spielt die Jeunesse dorée kichernd Haschen oder verschwindet paarweise in den Parkanlagen. Damit es unter den Ballgästen zu keinen Querelen kommt, werden Büsche und Sträucher zuvor nummeriert und ausgelost. Andere Gäste sind lieber gemütlich. Sie sitzen in breiten Sesseln, rauchen Zigarren, die Frauen dazu auf die Lehnen drapiert, und ziehen sich gegenseitig auf.

Die Kärntner, so sagt man, schlagen die Salzburger oder Burgenländer im Ausdenken und Realisieren von Unsinn und schaurigen Streichen um Längen. Aber die Wiener sind auch nicht ohne. Allseits bekannt ist der »Stenz«. Ein Kärntner Stenz ist die Dekadenz in Person. Er ist frech, ungeniert und oberflächlich bis zur Gleichgültigkeit. In Wien darf man nicht zur »House-Warming-Party« einladen, sonst wird die Wohnung nicht nur eingeweiht, sondern dem Gastgeber in der Tat eingeheizt. *Warming* heißt schließlich »wärmen«. Man muss die Feier Fest, Tee oder Cocktail nennen. Sonst kann es einem passieren, dass die Dusche oder das Handwaschbecken kiloweise mit Waschmittel gefüllt wird oder dass einer der Gäste auf die Idee kommt, den Champagner nicht etwa zu trinken, sondern flaschenweise in die Badewanne zu gießen und dann ein Bad zu nehmen. Jedenfalls sollte man die Wohnung erst nach dem Fest renovieren und einrichten, nicht schon vorher.

Die Höhepunkte solcher Feste und vor allem die Namen der Beteiligten, Anstifter und Ideengeber sind in den nachfolgenden Wochen und Monaten Tischgespräch. Noch Jahre später erzählt man sich im Salon ihre Geschichten. Jeder noch so wilde Schabernack wäre vollkommen vergeblich, wenn anschließend nicht überall davon erzählt würde. Ja, man muss sagen, die Übeltäter erlangen dank dieser furchtbaren Späße oft eine gewisse Berühmtheit. Ihre Namen sind in aller Munde, und sie gelten als besonders lustig und amüsant.

Wie leicht könnte man die Ärgsten unter ihnen einfach nicht mehr einladen. Warum holt man sich jemanden ins Haus, bei dem man Gefahr läuft, dass er die Mäntel und Pelze der Anwesenden in der Kühltruhe versenkt oder den Damen den Sekt nicht in ihr Glas, sondern knapp daneben in den Ausschnitt gießt? Nun, solche Scherze entbehren eben nicht einer gewissen Situationskomik, insbesondere wenn schon einige betrunken sind. Und wer möchte schon ein Fest geben, von dem nachher alle sagen, es sei eher langweilig gewesen. Außerdem kommen die Übeltäter oft ausgerechnet aus den ältesten und angesehensten Familien des Landes, deren Namen man zu gerne auf seiner Gästeliste lesen möchte – wer verzichtet schon freudig auf die Anwesenheit eines Mitglieds der kaiser- oder königlichen Familie? – oder die man aus Gründen der Verwandtschaft einladen muss. Sie gehören einfach dazu. Da kann man gar nichts machen.

Die schlimmste Geschichte, die ich je gehört habe, ist auf einem privaten Ball passiert. Dort soll ein Dreiertrupp, angeführt von einer jungen Philologiestudentin, in die hauseigene Bibliothek vorgedrungen sein. Die jungen Leute sollen sich einige der alten, ungemein kostbaren Folianten und Inkunabeln gegriffen und ganze Pralinen zwischen den Seiten zerdrückt haben. Ungeniert steckten sie die Bücher samt Schokolade anschließend wieder in die Regale zurück. Das ist allerdings wirklich die schrecklichste Geschichte, an die ich mich erinnern kann. Scherze dieser Kategorie kommen nur selten vor.

Obwohl schon ein Ball an sich aus der Perspektive eines Außenstehenden eine ungeheuer vornehme Veranstaltung ist, gibt es unter Adligen hierbei noch gewisse Hierarchien und Unterschiede. Der gewöhnliche Haus- oder Jugendball ist nicht zu verwechseln mit einer Hochzeit oder gar einem großen Ball, wie dem Standesherrenball in München oder den vier Winterbällen im Rheinland und Westfalen. Letztgenannte werden Herrenclub respektive Damenclub genannt, sind Doppelfeste, finden also an einem Freitag und Samstag, außerdem meist an zwei rasch aufeinanderfolgenden Wochenenden zwischen Neujahr und Aschermittwoch statt. Insgesamt handelt es sich also um vier feierliche Feste. Während auf anderen Bällen durchaus der eine oder andere Bürgerliche unter der Schar der Gäste zu finden ist, werden hier nicht nur Adlige, sondern sogar nur bestimmte Adlige gebeten. Sie dürfen nicht unehelich geboren und schon gar nicht geschieden sein, außerdem müssen sie zu einer Familie gehören, die ursprünglich aus dem Rheinland beziehungsweise, was den Damenclub anbetrifft, aus Westfalen stammt. Jeder Ball hat seinen Verein und seinen Vorsitzenden, der streng darüber wacht, dass all diese Gebote eingehalten werden. Meist versammeln sich seine Mitglieder an dem Samstagmorgen zwischen den beiden Bällen zu einer Sitzung.

Die Süddeutschen betrachten die Winterbälle mit Argwohn, außer sie stammen qua Geburt aus dem Rheinland oder Westfalen und haben nur in den Süden geheiratet. Dann kommen sie mit Freude zurück, mit Heimatgefühlen sozusagen, müssen sich allerdings alle naselang verteidigen und erklären, warum sie eigentlich hier sind. Ja, selbst in kleinen gesellschaftlichen Gruppierungen gibt es Regionalismen, unterschiedliche Zugehörigkeiten und entsprechende Überheblichkeiten. Ich denke, sogar in einer Gruppe von drei Menschen, die innigst miteinander befreundet und auch verwandt sind, weiß jeder Einzelne nicht nur um das, was ihn mit den anderen beiden verbindet, sondern auch um das, was ihn unerbittlich von ihnen trennt. Um mit Gregor von Rezzori zu sprechen: »Das Standesressentiment richtet sich nicht gegen oben oder unten schlechthin, es verbeißt sich für gewöhnlich am krampfhaftesten in die jeweils nächsthöhere oder nächstniedrigere Schicht.« Rezzori ist ein bemerkenswerter Autor, von dem hier noch oft die Rede sein wird. Er schrieb voll Witz und Scharfsinn, gleichzeitig zeugen seine Bücher von wunderbarer Leichtigkeit. Zu Berühmtheit gelangte er mit seinen *Maghrebinischen Geschichten*, die er in den Nachkriegsjahren spätabends im Radio erzählte. Die Geschichten waren Legenden und Maghrebinien ein balkanesisches Fantasieland, aber die Zuhörer hingen an seinen Lippen beziehungsweise ihren Rundfunkgeräten. Ausgestrahlt wurde die Sendung vom Nordwestdeutschen Rundfunk (NWDR), schon 1952 erschienen die Geschichten in Buchform.

Auch Rezzoris *Idiotenführer durch die Deutsche Gesellschaft* entsprang einer siebenteiligen Radioserie. Es ist ein Buch, das ähnlich wie der *Gotha* adlige Nachtkästen und Coffeetables ziert, auffallend geschmückt von Rezzoris eigenen bunten Illustrationen und einer Schrift aus der Feder von Werner Rebhuhn. Bekannt sind in diesen Kreisen selbstredend nur Folge I und II, sie handeln von Hochadel und Adel. Was soll sich ein Adliger auch mit Schickeria, Prominenz oder Spießern beschäftigen, wie weitere Buchtitel aus der Serie heißen? Immerhin zeugt schon die Lektüre von gewisser Selbstironie, gar nicht zu reden vom Inhalt. Rezzori war selbst von Adel, seine Familie hieß ursprünglich d'Arezzo und ist sizilianischer Herkunft. Über Norditalien gelangte sie schon im 18. Jahrhundert nach Wien. Doch damit nicht genug, Rezzoris Vater war k. u. k. Beamter in Czernowitz und Sohn Gregor wechselte unfreiwillig von rumänischer zu sowjetrussischer Staatsangehörigkeit. Schließlich war er Staatenloser, dann Österreicher, ab 1938 Wahlberliner.

Neben Feinheiten wie regionaler Zugehörigkeit und familiärer Herkunft geht es auf den Winterbällen auch wieder um korrekte Kleidung. Die Herren haben im Frack zu erscheinen und mit Orden, die Damen in langem Kleid. Wenn in der Familie traditionell vorhanden, gilt es, ein Diadem aufzusetzen, und alle müssen Handschuhe tragen, zumindest beim Tanzen. Manche Damen tragen Handschuhe, die bis über die Ellenbogen reichen. Was die Jüngeren angeht, ist die Kleiderordnung weniger streng, denn von einem jungen Mann kann man nicht erwarten, dass er schon mit Orden ausgezeichnet wurde, und das Diadem der Familie trägt immer die Herrin des Hauses und nicht irgendeine ihrer Töchter oder gar Nichten. Trotzdem ist man als Jüngere immer sehr aufgeregt bei den Bällen und hat große Angst, etwas falsch zu machen. Als ich zum Beispiel einmal den Fehler beging, einen Ring über meinen Handschuh zu ziehen, entdeckte eine meiner zahlreichen Tanten sofort den Fauxpas. Sie zischte mir zu, Ringe trage man gefälligst unter dem Handschuh. Ich sei doch kein Kardinal.

Außerdem gilt das absolute Kleiderlängengebot für die Damen. Sie müssen, auch wenn sie noch sehr jung sind, auch wenn es ihnen womöglich nicht steht, sie müssen knöchellange Ballkleider tragen. Kurze Kleider sind verboten, streng verboten sind Hosen. Vor ein paar Jahren gab es eine Mode, wirklich wunderschöne Kleider, die eine Art orientalisches Gewand darstellten, aber, ich wage es kaum auszusprechen geschweige denn aufzuschreiben, Beinkleider integrierte. Diese Beinkleider waren zwar wohlverborgen unter weich darüberfallenden Rockschößen, auch diese aus herrlichster Seide oder Taft in prächtigsten Farben, aber sie ähnelten eben im Allerentferntesten, nein, eben leider nicht im hinreichend Entferntesten einer Hose. Und die ist und bleibt verboten. Seit Hunderten von Jahren ist die erste Frage des Vorsitzenden bei der Vereinssitzung am Samstagmorgen: Gab es eine Hose? Sollte eine Dame auf dem Ball eine Hose getragen haben, sollte sie sich tatsächlich über dieses strenge Verbot hinweggesetzt und die Kleiderordnung missachtet haben, ist Materni am Abend. Dann ist alles zu spät. Die Dame wird ausfindig gemacht, der Vorsitzende zückt feierlich seinen Stift, und der Name dieser frechen Person wird für immer und ewig aus der Liste der Einzuladenden gestrichen. Da gibt es kein Pardon. Hosen sind ein Affront, sie sind ein fundamentaler Angriff auf die ältesten Traditionen seit Menschengedenken.

Trotzdem sind der Damen- und der Herrenclub durchaus amüsante Feste, sie sind neben Jagden und Tees die einzige Veranstaltung, die den Adligen die Möglichkeit gibt, sich zwischen Herbst und Frühsommer wiederzusehen, denn im Advent geht man nicht aus und in der Fastenzeit, wie gesagt, schon gar nicht. Jeder heranwachsende Adlige versucht, mindestens einmal in seinem Leben auf den Herren- oder Damenclub eingeladen zu werden, die meisten, insbesondere die Kinder der Mitglieder, gehen mehrfach dorthin. Während auf die gewöhnlichen Feste nur Jüngere gehen, sind die Winterbälle ein generationsübergreifendes Fest. Geladen werden Jüngere und Ältere, Verheiratete und Unverheiratete, Debütantinnen, unschwer zu erkennen am blütenweißen Ballkleid, aber auch alte und sehr alte Menschen.

Altersgrenzen gibt es nur nach unten. Auf die Bälle dürfen Männer erst nach dem Abitur, die Mädchen immerhin schon ab achtzehn Jahren, denn die Frau darf bei der traditionellen Eheschließung ein wenig jünger sein als der Mann (und muss nicht unbedingt das Abitur erreicht haben). Am seltensten finden sich dort Ehepaare, deren Kinder noch nicht im heiratsfähigen Alter sind. Schon bei einem verlobten Paar fragt sich manch einer insgeheim, wozu die beiden noch auf Bälle gehen. Immerhin kostet der Abend ja auch ein gewisses Geld. Einige wollen den Abend eben nutzen, um die Verlobte stolz der Verwandtschaft zu präsentieren. Für den Rest gilt wahrscheinlich bei der Verlobung die Devise: festhalten und weitersuchen.

Die ältesten Gäste sind naturgemäß weiblichen Geschlechts, Frauen werden ja im Durchschnitt älter als Männer, und sie sitzen hier eng beisammen, möglichst nah der Tanzfläche. Sie bilden den sogenannten »Drachenfels«. Obwohl die meisten von ihnen sowieso taub sind, beschweren sie sich unermüdlich über die Lautstärke der Musik, ja wenn nicht pausenlos Walzer gespielt wird, schimpfen sie gleich noch hinterher, das sei gar keine Musik, was da aus den Lautsprechern ertöne, das sei nur Lärm. Kein Wunder, dass sie sich gestört fühlen, denn sie haben brisante Themen zu besprechen. Alles, was im Saal geschieht, wird beobachtet, jede Person wird besprochen und ihre Herkunft analysiert, jede Verbindung ausführlich diskutiert. Hier wird an einem Abend unter Umständen über das Geschick einer gesamten Generation entschieden. Wer dreimal mit derselben Dame am »Drachenfels« vorbeitanzt, muss sich, so gilt es, mit ihr verloben. Wer noch öfter mit ihr tanzt, sollte längst mit ihr verheiratet sein oder versuchen, seine Schwünge und Drehungen möglichst in der Ecke zu vollziehen, in die die Damen vom »Drachenfels« keinerlei Einblick haben. Sonst ist er verloren. Ja, man kann sagen: Wer fünf bis sieben Jahre lang die Winterbälle überstanden hat, ohne sich zu verloben, hat es weit gebracht. Oder er hat versagt, je nachdem, wie man es sieht und was man im Leben so vorhat.

7. Heirate den Richtigen!

Vornehmer noch als die Winterbälle oder zumindest einge-schränkter, was die Wahl der Gäste angeht, sind Hochzeiten. Zwar heiraten Adlige im ganz großen Stil, unter 100 Gästen geht gar nichts, meist sind es dreimal so viel, also 300, aber sie müssen auch einfach sehr viele Menschen einladen, weil ihre Verwandtschaft ausgesprochen zahlreich ist und sie über jedes Mitglied Bescheid wissen. Schließlich gibt es den *Gotha*. Darin kann man alles präzise nachlesen. Unter Adligen kann man schlecht behaupten, man habe jemanden nicht eingeladen, weil man nicht wusste, dass er zur Verwandtschaft gehört.

So kommt es, dass zu Hochzeiten oft mehr und vor allem andere Menschen eingeladen werden müssen, als das Brautpaar gerne einladen würde. Nicht dass einem der eigene Onkel, die Tante oder auch die Cousine ersten Grades der Großmutter nicht am Herzen läge, Gott bewahre, aber sie stehen einem viel-leicht doch nicht ganz so nah wie die Freunde, mit denen man studiert hat oder gemeinsam gereist ist oder die man unter Um-ständen gar mit der Angetrauten teilt. Doch wie immer gilt auch hier Verwandtschaft mehr als Freundschaft, Blut ist dicker als Wasser. Sowieso hat das junge Glück bei der Zusammenstel-lung der Gästeliste eigentlich nicht viel zu sagen. In einer so patriarchalisch geprägten Gesellschaftsgruppe wie dem Adel hat selbstverständlich der Vater die höchste Entscheidungsge-walt, und zwar der Vater der Braut. Da gibt es keine Widerrede. Er bezahlt ja in der Regel auch den ganzen Spaß.

Immerhin gibt es bei Hochzeiten die Möglichkeit zu differenzieren. Sie dauern gewöhnlich drei Tage lang, es gibt mehrere Festivitäten hintereinander, und das Brautpaar kann versuchen, die Gäste so zu verteilen, dass es wenigstens an einem der Abende ganz und gar auf seine Kosten kommt. Das ist meist der Polterabend. Er ist am Vorabend der Hochzeit, für gewöhnlich am Donnerstag- oder Freitagabend, die Kleiderordnung ist leger gehalten, und während sehr viel getrunken wird (insbesondere der Bräutigam sollte tunlichst dermaßen unter den Tisch getrunken werden, dass er es am nächsten Morgen nicht rechtzeitig an den Trаualtar schafft, das finden die jüngeren Anwesenden alle lustig), werden Theaterstücke aufgeführt, die Braut oder Bräutigam, im besten Fall beide, durch den Kakao ziehen.

Bei einigen Hochzeiten ist das streng verboten, da gibt es kein »Gepolter«, wie diese Theaterstücke oder Sketche gemeinhin genannt werden, sei es, weil die Brautleute es nicht wünschen, sei es, weil die Familie einer der beiden sich derlei verbietet. Das hat zuweilen seine Gründe. Man wird sich doch nicht bei seiner Hochzeit vor versammelter Anwesenheit aller Erbtanten von den Freunden, Vettern und Cousinen lächerlich machen lassen! Wer weiß, was die für Geschichten ausgraben! Und wer will schon wegen einiger unbedeutender Jugendsünden auf sein wohlverdientes Erbe verzichten? Beliebt macht man sich damit nicht. Wo nichts zu erben ist, gibt's mehr zu lachen.

Wo solche Gebote nicht gelten, wird also theatert, gesketcht und nachgeahmt, dass es eine rechte Freude ist. Man kann an dieser Stelle wiederholen: Adlige spielen gern Theater. Das Alter setzt ihnen dabei keinerlei Grenzen. Da verkleiden sich Männer als Frauen und tragen plötzlich Schürzen, um die Braut zu mimen, da werden Geschwister zu Tieren, der Vater zum Walross. Und jeder hält einen Zettel in der Hand, denn keiner hat seine Rolle auswendig gelernt. Da werden

Witze erzählt, die keiner versteht, und Geschichten nachge-stellt, die sich so sicher nie ereignet haben. Da wird gesungen, getanzt, gesteppt. Da boxt der Papst im Kettenhemd – die Stimmung ist grandios. Das ist Laientheater vom Feinsten. Der Bräutigam weint, die Braut hält sich vor Lachen die Seiten oder umgekehrt. Der Rest der Gesellschaft schüttelt entgeis-tert den Kopf oder klatscht sicherheitshalber Beifall. Wer jetzt nicht lacht, gilt als spießig und humorlos.

Fest steht, dass eigentlich nur das Brautpaar alle Witze verstehen kann, bisweilen nur einer von beiden, und bei vielen Witzen ist das auch besser so. Es geht weniger um eine ge-lungene, sagen wir einmal von Anfang bis Ende konsequent durchkonstruierte Darbietung. Es ist vielmehr ein letzter Gruß, den die Studienfreunde oder Altersgenossen dem scheidenden Paar entrichten, ein Erinnern an unbeschwerte Jahre und Zei-ten, an ein anderes Leben. Denn alle sind sich darin einig: Nach der Hochzeit ist es damit schnell vorbei. Dann kommen die Kinder, Beruf und Arbeit. Nach den Flitterwochen fängt der Ernst des Lebens an.

Manche wollen deshalb gar nicht erst heiraten, doch das wird, zumindest bei den männlichen Nachkommen, nicht gern gesehen. Wer einen Besitz zu vererben hat, soll sich gefälligst trauen. Wer einen guten Namen weiterzugeben hat, und das ist schließlich bei allen Adligen der Fall, soll gefälligst zahlreiche und ausschließlich eheliche Nachkommen in die Welt setzen. Die Familie darf nicht aussterben!

Streng genommen beginnt dieser Ernst des Lebens schon am nächsten Morgen. Jetzt gilt es nämlich zu heiraten, und Vater und Schwiegervater in spe sehen es keinesfalls gern, wenn die erste Hilfestellung des Trauzeugen an diesem Tag darin be-steht, den Bräutigam mehr oder weniger zum Altar zu tragen. Wer verkatert aussieht, bekommt erst einmal Druck. Die Braut hat es da leichter. Die kann sich mit Make-up aushelfen. Aber so viel Bier, Schnaps oder Wein am Vorabend auch geflossen ist, nur sehr selten sind die Brautleute am Tag der Trauung noch betrunken. Allein der Anlass soll gewöhnlich schon morgens früh schlagartig zur Ernüchterung führen.

Auf die Trauung, die selbstverständlich immer in der Kirche stattfindet, folgt der Empfang. Das ist die offenste Veranstaltung im Rahmen einer Hochzeit. Wenn man Glück mit dem Wetter hat, findet sie im Freien statt und dauert bis in die Nachmittagsstunden. Zum Empfang sind die meisten Gäste geladen, keinesfalls nur Verwandte und Freunde, sondern unter Umständen auch der Bürgermeister, der Leibarzt, der Grundschullehrer oder die Mitglieder vom ansässigen Schützenverein.

Die Kleiderordnung ist wieder sehr streng, ja, man kann sagen, Hochzeiten sind die festlichste Form adliger Versammlungen bei Tageslicht. Die Herren tragen Cutaway und Zylinder, die Damen elegante, kurze Kleider mit Hut, man hat großen Schmuck umgelegt, die prächtigsten Ohrringe, herrliches Geschmeide. Alles verschwimmt zu einem Meer von fabelhaften Schnitten mit passenden Handtaschen in edelsten Stoffen und wunderbaren Farben. Allein die Hüte könnten jeder Modeschau Ehre machen. Die alljährlichen Rennen in Ascot sind nichts dagegen. Da wippen die Federn, da tanzen täuschend echte Blumen, glänzen geschickt gewundene Schleifen. Es gibt hier Hüte, die so groß sind, dass keiner mehr daneben in die Kirchenbank passt, andere sind so klein, dass sie wie eine Haarspange aussehen. Eine Hochzeit unter Adligen gibt durchaus ein prächtiges Bild ab. Selbstverständlich bleiben Hüte die ganze Zeit auf dem Kopf, allein die Männer setzen natürlich in der Kirche ihre Zylinder ab, und es kommt zu diesen zahlreichen, für den Anlass absolut archetypischen Begrüßungsszenen zwischen Frauen, bei denen beide den Kopf zur Seite legen, jede ihren Hut festhält, damit er nicht zu Boden geht, und hingebungsvoll versucht, mit gespitzten Lippen die Wange der jeweils anderen zu erreichen. Dabei wird gleichzeitig über das sinnlose Unterfangen gelacht und die Hutmode verwünscht, aber keine von beiden käme auf die Idee, sich kurzerhand der störenden Kopfbekleidung zu entledigen. Vielleicht verbirgt sich dahinter lediglich der Ehrgeiz, um Himmels willen nicht die des Nachts zerstörte Frisur zu offenbaren. Unter einem breitkrempigen Hut lässt sich einiges hilfreich verbergen.

Der Empfang ist ein Moment, in dem wieder tüchtig gebechert werden darf. Die meisten Hochzeitsgäste haben es inzwischen aufgegeben, an diesem Wochenende jemals wieder nüchtern zu werden. Die wichtigste Aufgabe ist allerdings, zu gratulieren. Zu diesem Zweck haben Braut, Bräutigam und die jeweiligen Eltern längst Aufstellung genommen, und die gesamte Gesellschaft reiht sich in eine nicht enden wollende Schlange, die an diesem Sechsergespann gefälligst vorbeizudefilieren hat. Ja, man bringt oft die gesamte Zeit des Empfangs damit zu, in dieser Schlange zu stehen. Gut ist es, wenn sie im Schatten verläuft, und nett ist es, wenn vor und hinter einem einigermaßen amüsante Gesprächspartner warten. Ist man nach Stunden an ihrem Ende angelangt, fällt man erst der Braut, dann dem Bräutigam um den Hals, wünscht das, was alle Vorhergegangenen schon gewünscht und was auch alle noch Folgenden wünschen werden, nämlich alles, alles Gute, gratuliert dann noch den Eltern mit Handschlag, Kuss oder Handkuss und darf sich anschließend endlich entspannen.

Wehe dem, der es wagt, diese Aufgabe nicht zu erfüllen. Wehe dem, der wirklich und ernsthaft glaubt, eine Braut würde es nicht merken, wenn einer ihrer drei- bis sechshundert Empfangsgäste ihr nicht persönlich gratuliert hat. Oh, er wird dafür schrecklich im Fegefeuer braten, es wird ihm nicht gut gehen. Nie wird sie es vergessen! Brautleute sind die aufmerksamsten Geister unter dem Himmel, ihre Sinne sind an diesem Tag gespannt wie Winnetous Bogensehne kurz vor dem Abschuss, ihre Ohren gespitzt wie die Lauscher eines Luchses, und ihre Rache für alle begangenen Missetaten wird furchtbar sein. Da bewaffne man sich lieber rechtzeitig mit zwei Gläsern Champagner, belade seinen Teller mit Bergen von idiotischem, weil sogenanntem Fingerfood und stelle sich brav in die Schlange. Das Schlimmste, was einem jetzt noch passieren kann, ist, dass man sein Frühstück mit den amüsanten Begleitern vor und hinter sich teilen muss. Das ist allerdings das geringere Übel!

Die Gratulation darf keiner verpassen, die Honneurs (Ehrenbezeugungen), wie die Adligen es nennen, müssen unbedingt eingehalten und vollzogen werden. Wer das versäumt, kann nur noch beichten gehen, denn er wird keine Gelegenheit haben, seinen Fehler je wieder gutzumachen. In Adelskreisen heiratet man nur einmal. Man heiratet einmal, betrügt den anderen nicht, trennt sich nicht und bleibt sein Leben lang zusammen. Selbst wenn der Ehepartner stirbt, heiratet man nicht neu, sondern erduldet in Würde die Witwenschaft. Nur in ganz seltenen Fällen verheiraten sich Witwe oder Witwer erneut, aber dann gewiss nicht in so prächtigem Rahmen wie beim ersten Mal.

Außerdem muss man sich schließlich beschäftigen. Wer schon auf den Polterabend geladen wurde, sieht beim Empfang die meisten Gäste inzwischen zum zweiten Mal und wird sie an diesem Wochenende bestimmt noch ein weiteres, ja unter Umständen gar noch ein viertes oder ein fünftes Mal treffen. Ein Wunder, dass man bei so einem Hochzeitsfest überhaupt Zeit findet, irgendjemanden nicht zu begrüßen oder zu übersehen.

Auf den Empfang folgt das Essen im engsten Familienkreise. Bei dem werden die großen Reden geschwungen und es fließen viele Tränen der Rührung. Das Essen geht lückenlos in den eigentlichen Hochzeitsball über, und am nächsten Morgen gibt es, wie nach jedem anständigen Ball, ein Katerfrühstück, nicht zu vergessen den Fototermin zwischendurch, möglichst nach dem Empfang und noch vor dem Familienessen, der ebenfalls seine Zeit und vor allem präzise Organisation braucht. Bei großen Hochzeiten wird zu diesem Zweck eigens eine Tribüne errichtet, auf der alle, aber auch alle Gäste Platz zu nehmen haben. Hierbei gilt es darauf zu achten, dass die Eltern von Braut und Bräutigam rechts und links des Brautpaars Platz nehmen und auch die restliche engste Familie nicht allzu weit von diesem zentralen Ort zugegen sein sollte. Alles andere gruppiert sich locker drumherum. Diese Fotos sind ein Ereignis für sich, auf ihnen sind unglaublich viele Menschen zu sehen und sie spielen ein Leben lang eine große Rolle. Sie erinnern an einen Höhepunkt des Lebens, sind nicht nur für Braut oder Bräutigam ein wichtiges Zeitzeugnis, sondern auch für die Eltern, Großeltern oder später die eigenen Kinder. Nicht umsonst stehen bei Adligen überall Fotos in Silberrahmen auf den Kommoden und Regalen. Sie feiern solche Höhepunkte, beweisen, dass man dazugehört, dass man die Regeln einhält und die Traditionen wahrt. Standesgemäße Hochzeiten gilt es nicht nur in großem Rahmen zu feiern, sondern auch ausführlich und hingebungsvoll fotografisch zu dokumentieren.

Eine Hochzeit ist ein langwieriger Prozess. Die Tage, an denen sie stattfindet, ziehen sich unendlich in die Länge, dabei muss der Zeitplan streng eingehalten werden, sonst geht bei der Fülle an Ereignissen, die in die vorgegebenen 24 oder 48 Stunden gepresst werden, sofort alles schief. Es gibt Familien, bei denen Polterabend und Hochzeitsball zusammenfallen, die das Katerfrühstück ausfallen lassen oder die das Essen im engsten Familienkreis mit dem abendlichen Ball kombinieren. Unpraktisch an letztgenannter Variation ist nur, dass dann alle Hochzeitsgäste die Braut weinen sehen, aber das kann durchaus schon in der Kirche passieren. Genau genommen habe ich im Verwandtenkreis noch nie eine Hochzeit ohne Rührung erlebt. Im Gegenteil, bei einer Cousine brach der Pfarrer sogar urplötzlich seine Predigt ab, weil die Braut keine Taschentücher mehr hatte. Nur eine Cousine von mir überstand ihre Hochzeit, ohne auch nur eine Träne zu vergießen. Als ich sie später fragte, wie sie das geschafft habe, gestand sie, sie habe Angst gehabt, dass ihr die Wimperntusche verläuft.

Wer vom ersten bis zum letzten Fest geladen ist, wie beispielsweise die Geschwister der Brautleute, ihre Eltern und deren Geschwister oder die Trauzeugen, wer schon Donnerstagabend anfängt zu feiern und sich selbst am Sonntag noch frisch, vergnügt und fröhlich durch das Frühstück jodelt, hat sehr viel Zeit investiert und ist anschließend entweder gottfroh, dass es endlich ein Ende hat, oder sehr traurig. In zweitem Fall setzt das ein, was viele auch von normalen Bällen kennen, der sogenannte Katzenjammer. Es ist eine schreckliche Angelegenheit, sie befällt einen spätestens am Montag, eigentlich schon am Sonntagabend. Meist ist man dann zum ersten Mal seit Stunden wieder allein, hat also auch niemanden, der einen trösten oder ablenken könnte. Der Adlige ist eben ungern ohne seinesgleichen.

Wie gut, dass diese Höhepunkte aller adligen Festlichkeiten über das ganze Jahr verteilt in großer Zahl stattfinden. Jeder Adlige feiert in seinem Leben bei zahlreichen Hochzeiten mit. Mit zunehmendem Alter begegnet man sich eher auf den Hochzeiten als bei Bällen. Später sind es Taufen, ab den Sechzigern aufwärts runde Geburtstage und schließlich Beerdigungen, die Gelegenheit bieten, sich wiederzusehen. Damit geht Hand in Hand, dass auch hierzu jeder die entsprechende Ausstattung hat. Natürlich gibt es Unterschiede, was Qualität und Vielzahl der einzelnen Kleidungsstücke angeht, aber jeder männliche Adlige besitzt irgendwann einen eigenen Cut, sowieso jeder einen Smoking und viele einen Frack. Jedes weibliche Mitglied der Zunft verfügt über einen ganzen Schrank voll Ballkleider, eleganter Tagesseidenkleider oder Kostüme, Hüte und passender Schuhe. Wer nicht richtig angezogen ist, geht ungern auf ein Fest.

Manch einem kommt diese Art zu feiern vielleicht übertrieben vor, doch gegen früher ist das rein gar nichts. Die Verehelichung von Friedrich August III. von Sachsen, Sohn und Thronfolger Augusts des Starken, mit der österreichischen Erzherzogin Maria Josepha im Sommer 1719 – um nur ein winziges Beispiel zu nennen – dauerte einen ganzen Monat lang. Es begann mit der Trauung am 20. August in Wien und ging in einen nicht enden wollenden Festakt in und um Dresden über, der allein sechs Millionen Taler verschlang. Opern, Feuerwerke, Festtafeln und Bälle an verschiedenen Plätzen, Turniere und Jagden, mehrere Umzüge kreuz und quer durch die Stadt, Kostümbälle und festliche Aufzüge, die kaum von den zusätzlich zahlreichen Theater- und Musikinszenierungen zu unterscheiden waren. Man möchte nicht darüber spekulieren, wann das arme Brautpaar endlich die erste Nacht miteinander verbringen durfte.

Davon sind Hochzeiten in Adelskreisen heutzutage ein lumpiger Abklatsch. Das Heute hat ausnahmsweise mal fast nichts mehr mit dem Gestern zu tun. Bleibt zu unterstreichen, dass Hochzeiten wie Bälle großartige Ereignisse sind. Sie bleiben nicht nur durch die zahlreichen Fotos unvergessliche Höhepunkte, sie ziehen oft ähnliche Ereignisse nach sich. Wie glücklich darf sich jener schätzen, der auf seinem Fest oder seiner Hochzeit durch die geschickte Zusammenführung zweier junger Menschen dank klugen Placements eine Ehe gestiftet hat. Ob es absichtlich oder unabsichtlich geschah, ist in diesem Zusammenhang vollkommen gleichgültig.

Wie herrlich ist es, wenn ein jung vermähltes Glück unverhofft auf eine Hochzeit eingeladen wird, auf der das neue

Paar dann feierlich verkündet: »Wir haben uns auf eurer Hochzeit kennengelernt.« Da hupft einem doch glatt das Herz in der Hose. Es geht die Geschichte von einer Hochzeit, bei der die Braut nicht nur kleine Schleppenträger und Blümchenstreuer aus Nichten, Neffen und Patenkindern im Cortège mit sich führte, sondern auch sogenannte »Kranzl«. Das sind drei oder vier unverheiratete junge Frauen, meist die Schwestern oder engsten Freundinnen der Braut, die alle dasselbe Kleid tragen und mit drei oder vier Herren kombiniert werden, die meist Brüder oder engste Freunde des Bräutigams sind, den sogenannten Brautführern. Sie begleiten die Braut nebst Brautvater in Form einer Prozession in die Kirche und führen das frischvermählte Paar anschließend gemeinschaftlich wieder hinaus. Vielerorts nennt man die »Kranzl« auch Brautjungfern. Oft tragen die jungen Damen zusätzlich Hüte oder winden sich Kränze ins Haar, manche tragen gar Handschuhe und zum Kleid passende Pumps. Erlaubt ist alles, Hauptsache, es wurde untereinander abgesprochen, die Aufmachung ist bei allen dieselbe und es ergibt ein einheitliches Bild.

Auf einer amerikanischen Hochzeit würden sich die Brautjungfern nach der Trauung mit anderen typischerweise zu einem quirligen, kichernden Haufen zusammenfinden und versuchen, den Strauß zu fangen, den die Braut nach der Vermählung mit Schwung hinter sich schleudert. Diejenige, die ihn auffängt, wird, so sagt man, als Nächste heiraten.

Auf der oben erwähnten Hochzeit wurde kein Strauß geschleudert, das ist auch längst nicht bei allen Adligen Usus. Dennoch tat die Feier ihre Wirkung. Wenige Jahre später waren zwei von den drei Kranzl-Paaren, die auf der Hochzeit unbekannterweise zusammengeführt worden waren, miteinander verlobt. Das sind doch Erfolge, auf die man durchaus stolz sein kann.

8. Übe Konversation!

Eines der wichtigsten Kennzeichen der Adligen ist die Fähigkeit zu vollendetster Gesprächsführung. Adlige müssen sich nicht nur korrekt kleiden und gute Manieren an den Tag legen, sondern auch fähig sein, Konversation zu führen. Sie müssen in der Lage sein, sich mit jedem und eigentlich über alles gut unterhalten zu können. Wem es nicht gelingt, mit seinem Gegenüber ins Gespräch zu kommen, hat bei Adligen wenig Chancen. Dabei gilt die eiserne Regel: Worüber man plaudert, ist eigentlich egal. Es gibt kein Thema, über das man nicht miteinander reden könnte, und es gibt niemanden, der kein Thema hat, für das er sich interessiert. Es gilt lediglich herauszufinden, welches.

Also holt man höflich Erkundigungen ein, im besten Fall schon vorher, damit man nicht bei null anfangen muss, stellt dann später im Gespräch freundliche Fragen und tastet sich allmählich an die Seele des anderen heran. Will derjenige nicht recht reden, ist er vielleicht schüchtern oder einfach nur stur, dann erzählt man erst ein wenig von sich selbst, redet über das Wetter, berichtet von der Fahrt, die einen an den Ort der Begegnung geführt hat, von gewissen Vorkommnissen unterwegs, von der Verkehrsdichte vielleicht, etwaigen Staus oder Unfällen oder von einem Missgeschick, das einem unter Umständen beim Erwerb der Zugfahrkarte widerfahren ist. So kommt man sich allmählich näher.

Taut der andere auf und liefert selbst den ein oder anderen Gesprächsbeitrag, so hört man ihm aufmerksam zu und antwortet freimütig und wortreich. Dabei geht es keinesfalls darum, Vertraulichkeiten auszutauschen oder gar persönliche Fragen zu stellen. Das ist unhöflich, ja geradezu streng verboten. Keine Intimitäten, bitte! Bei der klassischen Konversation wird Vertrautheit vermittelt, Verwandtschaft im Geist, aber selbstverständlich bleiben Adlige innerlich immer auf Distanz. Die Kunst ist es gerade, ein gesundes Verhältnis zwischen der Nähe im Gespräch und persönlicher, vor allem körperlicher Distanz zu wahren. Auch wenn der andere einem noch so sympathisch erscheint, man würde sich deshalb nicht plötzlich berühren oder sich etwa gegenseitig um den Hals fallen. Selbst wenn der andere vollkommen abwegige und vielleicht sogar respektlose Bemerkungen macht, man würde ihn nicht beschimpfen oder ihm gar eine Ohrfeige erteilen. Das Wichtigste ist, dass das Gespräch nicht abbricht. Solange es nur so weiter vor sich hin plätschert, ist man Herr der Lage und macht alles richtig.

Das ist sehr schwierig, anstrengend geradezu, ein Balanceakt. Gute Konversation ist ein Meisterwerk, will geübt und intensiv praktiziert werden, bis man sie wirklich beherrscht. Sie erfordert hohe Konzentration, aufgewecktes Mienenspiel und ein gutes Gedächtnis. Man kann nicht mitten im Gespräch wieder das abfragen, was schon zu Beginn beantwortet wurde. Man muss sich merken, was der andere gesagt hat, muss es einordnen, muss das Gespräch geistesgegenwärtig am Laufen halten. Eigentlich merkt man immer erst nachher, wie wahnsinnig anstrengend es wieder war. Man merkt es an der tiefen Müdigkeit, die einen nach großen Festen und Empfängen schlagartig überfällt, an der anschließenden Heiserkeit, denn oft findet Konversation in großen Sälen oder sogar im Freien statt und jeder muss gegen den Geräuschpegel anbrüllen, der sich gemeinhin einstellt, wenn mehr als zwei Menschen gleichzeitig versuchen, ein Gespräch miteinander zu führen.

Man merkt es nicht zuletzt an der vollkommen erschlaff-
ten Gesichtsmuskulatur, ja dem leichten Kopfschmerz, der sich
einstellt, wenn man vier bis sechs Stunden lang hintereinander
überrascht die Augenbrauen hochgezogen und wieder fallen
gelassen hat, wenn man mehrfach plötzlich in Gelächter aus-
gebrochen ist, um dem anderen höflich zu signalisieren, dass er
gerade einen absolut komischen Witz erzählt hat (selbst wenn
er nicht sonderlich witzig war), oder auch wenn man sich lediglich bemüht hat, stundenlang Aufmerksam- und Freundlichkeit zu mimen. Gar nicht zu reden von den Verspannungen in
den Mundwinkeln und rundherum um den ganzen Mund, ja
von vollkommen ausgeleierten Lippen und einer scheinbar bis
ins Unendliche verlängerten Zunge. Die Verspannungen ziehen
sich oft weit über das Kinn in die Halspartie und den Brust-
korb hinunter, über den ganzen Nacken, der allein vom fort-
wahrenden Nicken und Grüßen hart und steif geworden ist wie
ein hölzernes Brett. Eigentlich bräuchte jeder Adlige nach
einem Fest, gleichgültig ob der Anlass eine Hochzeit, eine Beerdigung oder auch nur ein runder Geburtstag gewesen war, wenigstens eine Rückenmassage. Besser noch wären ergänzende
Wärmebehandlungen, Fangopackungen oder Elektroanwen-
dungen zur Revitalisierung der oberen Muskulatur. Sowieso
nehmen die meisten anschließend erst einmal eine tüchtige
Mütze Schlaf. Wer es sich zeitlich leisten kann, schläft nach
einem Fest zwei bis drei Tage lang durch.

Vielen ist Konversation zu anstrengend. Sei es aus eben
genannten Gründen, sei es aus einer gewissen angeborenen Unlust, allzu viel mit anderen Menschen verbal zu kommunizieren. Es gibt ja Leute, die einfach nicht gerne reden. Wir wollen sie nicht gleich als maulfaul bezeichnen, aber manch einer
bekommt einfach nicht die Zähne auseinander. Das ist unter
Adligen schlechterdings unmöglich oder jedenfalls sehr unge-
hörig, zumindest sehr langweilig. Es ist ungefähr so abwegig,

wie wenn man nicht mit Messer und Gabel essen oder keinen Walzer tanzen will. Dann gehört man einfach nicht dazu, und wer nicht dazugehört oder nicht dazugehören will, ist eigentlich auch kein Adliger.

Nicht zuletzt ist gute Konversation eine echte Herausforderung, ein Schlagabtausch, ein schnelles Hin und Her, ein eiliges Auf und Ab. Schon unter Geschwistern wird es jahrelang trainiert. Wer hat die originellste Antwort, wer sagt gleich das Allerwitzigste? Es ähnelt einem Tennisspiel, einem harten Ballwechsel. Je schneller man reagiert, desto besser.

Kompliziert ist das im Ringgespräch, da ist die Konkurrenz wesentlich größer. Rasch mendelt sich heraus, wer hier der Bessere ist, wer die amüsantesten Anekdoten parat hat, wer der Schlagfertigste ist. Die meisten ziehen sich schnell zurück, sie übernehmen die Rolle des Zuhörers, die Aufgaben der Lacher, Applaudierer und Beipflichter. Sie sind die eigentlichen Richter, die Beobachter und Beurteiler. Sie sind das Publikum. Die Redner fühlen sich dadurch erst recht in ihren Rollen bestätigt. Schnell bleiben zwei übrig, höchstens drei. Dazu braucht es keine Absprachen, das entscheidet sich in Sekunden.

Oft machen die Kontrahenten einen kleinen Schritt nach vorn, scheinen in einen imaginären Ring zu treten und sich dem Kampf zu stellen. Ihre Aufgabe ist es, wie immer bei guter Konversation, das Gespräch fortzuführen, aber sie hat den zusätzlichen Reiz, andere damit zu unterhalten. Es gilt, die Lacher auf seine Seite zu kriegen. Die anderen schauen den Redner aufmerksam an, hören ihm zu, unterbrechen nicht und sagen auch nichts. Sie lachen nur rechtzeitig.

Absolut unbeliebt sind die sogenannten »Bodenscharrer«. Sie äußern sich nicht, halten womöglich sogar den Blick gesenkt, treten von einem Fuß auf den anderen und scharren mit den Füßen im Kies. Sie haben tatsächlich die Stirn, ihre Aufmerksamkeit eher den Formationen zuzuwenden, die sie mit ihren Füßen im Boden erstellen, als mit gespanntem Blick dem Gespräch zu folgen. Das ist absolut daneben, ja auch einfach ungünstig, denn erstens hilft es dem Redner nicht weiter, womöglich wird durch das Verhalten dieser einen Person das Gespräch zunichtegemacht, zweitens wird der Kies zerstreut. Wer soll das wieder glatt harken? Der arme Gärtner? Nicht zuletzt schadet das Gescharre den Ledersohlen. Wie soll man in solchen Schuhen noch tanzen?

Unbeliebt sind die Bodenscharrer auch, weil sie einerseits durch Unbeteiligtheit glänzen, andererseits die Intimität stören. Längst könnten die Redner sich ein wenig vertrauter austauschen, den Plauderton des unbedarften Zwiegesprächs anschlagen, doch solange noch jemand dabei ist, muss man den mit unterhalten, die Spannung aufrechterhalten, die für das Ringgespräch symptomatisch ist. Man kann ja schlecht so tun, als sei man allein.

Für den Außenstehenden gilt: Wer sich im Umgang mit Adligen nicht in der Lage sieht, ihren Konversationskünsten Paroli zu bieten, sollte das Gespräch wenigstens mit wachem Blick verfolgen und im richtigen Moment lachen. Das ist eigentlich das Allerwichtigste. Denn die gute Konversation zeichnet sich dadurch aus, dass sie fröhlich stimmt, dass sie Leichtigkeit vermittelt. Sie soll alle Beteiligten amüsieren. Der lockere Konversationsstil ist der einzig richtige Ansatz. Er hat den schönen Begleiteffekt, dass er Problemgesprächen oder gar Analysen gar keine Plattform bietet. Er dient der Unterhaltung, der freudigen, unbeschwerten Begegnung, er ist das Öl im Getriebe, das Gemütliche im Beieinander.

Wer sich mit Adligen angeregt unterhalten möchte, sollte nicht anfangen zu politisieren, jedenfalls nicht ernsthaft, er sollte auch keine Sorgen äußern, jedenfalls keine echten, besonders keine finanziellen. Gespräche über Krankheiten, persönliche Krisen, Befindlichkeiten oder sogar Ängste sind an dieser

Stelle nicht gefragt, jedenfalls nicht zu Beginn. Erst wenn der Abend spät wird, die Vertrautheit größer, der Alkohol zu wirken beginnt, kann man ganz allmählich die eine oder andere persönliche Bemerkung fallen lassen. Wann allerdings besagte Vertrautheit erreicht ist, wann der Moment kommt, in dem man von höflicher Konversation zu gewisser Nähe und Ungeniertheit übergehen kann, ist schwer zu sagen. Mein Onkel erzählt zu dem Übergang von höflicher Distanz zu Vertrautheit gerne folgende Geschichte: Früher, als in Ostpreußen noch Feste gefeiert wurden in Samt und Seide, als im Winter mit Pferdeschlitten vorgefahren wurde, die Zudecken aus echten Pelzen waren und die Adligen noch in den Häusern wohnten, in denen ihre Familien immer schon gelebt hatten, stand eines Abends ein junger, unverheirateter Junker frisch rasiert und ballfertig gemacht vor seinem alten Onkel, der Art Onkel, von der es in fast jeder größeren Familie ein Exemplar gibt. Diese Onkel haben nie geheiratet, sind nichtsdestotrotz oder gerade deshalb ausgesprochen festfreudig geblieben, sehr beliebt und kennen einfach alle Regeln, alle Formen und Vorgehensweisen, mit denen die Damenwelt zu beglücken ist. Der Onkel sah das sorgenvolle Gesicht seines Neffen, korrigierte dem Jungen gutmütig die Fliege und sagte: »Na, mein Guter, was ist mit dir? Was schaust du so verzweifelt? Spannt der Gürtel, piekt der Kragen? Freust du dich denn gar nicht auf dein erstes Fest? Oder denkst du darüber nach, worüber du dich heute Abend mit deiner Tischdame unterhalten sollst?«

Der junge Mann nickte verlegen. Ah, das war also das Problem. Der Onkel lachte. »Da mach dir mal keine Gedanken, das ist ganz einfach: Erst sprecht ihr ein wenig über das Wetter. Dazu fällt einem immer etwas ein. Dann erzählste, was du heute so gemacht hast, na, von deiner Arbeit erzählst du ihr. Das ist auch nicht schwer. Und dann, wenn der Abend ein wenig vorangeschritten ist, wenn das Gespräch schon eine

Weile lang gedauert hat, dann kannste schon ein wenig vertraulicher werden. Das kriegste schon hin, mein Junge.«

Der Junker machte sich wohlgemut auf den Weg zum Fest, nahm dort nach dem üblichen Begrüßungszeremoniell die ihm zugeordnete Dame in Empfang und führte sie in stiller Eintracht mit den anderen Gästen formvollendet zu Tisch. Dort schließlich holte er, nachdem die Suppe serviert worden war, tief Luft und nahm feierlich das Gespräch auf und sagte: »Schönes Wetter heute, nicht wahr?«

Die Dame, in ähnlicher Zurückhaltung, ja Schüchternheit versunken wie ihr Tischherr, schrak zusammen, wurde tiefrot und hauchte ein leises »Ja«.

Beide verfielen in Schweigen und löffelten konzentriert ihre Suppe. Es folgte der Hauptgang, das Fleisch, die Kartoffeln, das gekochte Gemüse. Nachdem die Teller gefüllt worden waren und der erste Bissen auf der Gabel, holte der Junker wieder tief Luft: »Habe heute Mist gefahren.«

Die Dame ist immer noch verhalten, scheint sich geradezu vor der Wiederaufnahme des Gespräches zu fürchten, macht einen tiefen Seufzer und haucht erneut ein »Ach ja?«.

Die beiden essen weiter, schweigend, wie es in Ostpreußen und auch anderswo auf dem Land nun einmal Sitte ist. Lieber gar nichts gesprochen, als ein Wort zu viel gesagt. Innerlich atmet der Junker erleichtert auf: Bis jetzt ist doch alles ganz gut gegangen, denkt er. Die Zeit geht dahin, das Dessert wird serviert, die Gläser nachgefüllt. Inzwischen ist man schon lustig geworden, Lachen, Gläserklirren tönt durch den Speisesaal, von einem der anderen Tische vernimmt der Junker den dröhnenden Bass seines Onkels. Man prostet sich übermütig zu. Da holt der Junker noch einmal all seinen Mut zusammen, pikt der Dame mit seinem Zeigefinger in die Seite und sagt laut: »Kieks.«

So viel zu den Vertraulichkeiten, die in Adelskreisen üblich sind. Wahrscheinlich war der Junker mit seinem unverhofft plötzlichen Übergang von Distanz zu Nähe weit über sein persönliches Ziel hinausgeschossen. Die Dame sprang womöglich mit einem spitzen Schrei auf, gab ihm eine Ohrfeige und verließ umgehend den Raum, das Haus, den ganzen Ort. Nie wieder haben die Familien zueinandergefunden, nie wieder auch nur ein Wort miteinander gesprochen.

Vielleicht war es aber nicht so. Vielleicht hat er Glück gehabt, errötend hat ihn die Dame angeschaut, und beim ersten Walzer waren die beiden schon verlobt. Unmöglich ist das nicht. Schließlich werden männliche und weibliche Mitglieder der Gesellschaft beim feierlichen Dinner extra so platziert, dass sie zueinander passen. Wozu sonst sollte sich ein schwer arbeitender junger Mann auf den weiten und steinigen Weg in ein herrschaftliches Haus machen, in das er zum Fest geladen wurde, wenn nicht, um eine Dame seines Herzens zu finden, sie umgehend zu ehelichen und in das Haus seiner Väter zu führen, welches sie, so Gott will, alsbald mit einer munteren Kinderschar füllen möge. Nur dann hat die Konversation auch einen Sinn gehabt und zu einem sichtbaren Ergebnis geführt. Es fällt lediglich schwer, den Zeitpunkt auszumachen, an dem man beginnen kann, Vertraulichkeiten auszutauschen: möglichst nicht zu früh und keinesfalls zu plötzlich.

Neben dem großen Schweigen gibt es noch eine andere Art, dem Druck der Konversation zu entkommen. Das ist die schnoddrige Bemerkung, die ironische, wenn nicht gar sarkastische Erwiderung. Das kann den Gegenpart erschrecken, meist tut das dem, der den Witz gemacht hat, später leid. Er hat im Grunde nur sein Heil in der Flucht nach vorn gesucht. Er schweigt nicht, sondern redet, führt eine Art Nicht-Gespräch. Die Rede ist von Bitterkeit erfüllt, gallig sind die Anekdoten und es fällt schwer, den Witz darin zu entdecken. Hier kursiert der böse Spaß, der Spott, der beißende Humor. Wer darüber nicht lachen kann, sollte lieber gleich gehen.

Das kann übrigens immer jeder. Niemand ist verpflichtet, ein Gespräch unendlich lang weiterzuführen. Gute Konversation zeichnet sich gerade dadurch aus, dass die Beteiligten jederzeit einsteigen, gleichermaßen unvermittelt aber auch wieder aus dem Gespräch aussteigen können. Man nickt einmal freundlich in die Runde, entschuldigt sich kurz und wendet sich ab. Schließlich gibt es bei einem Fest oder Empfang viele Gäste, meist stehen sie alle dicht beieinander. Man muss nur eine Dreißig-Grad-Drehung machen, prompt befindet man sich in einem anderen Gesprächskreis. Übrigens: Mit wem man gerade nicht spricht, den darf man ruhig berühren, absichtslos sozusagen, muss allerdings dabei darauf achten, dass sich die körperliche Annäherung auf die voneinander abgewandte Rückenpartie beschränkt.

Wer sich zu Höherem berufen fühlt, sollte hingegen bei den Ironikern stehen bleiben, denn hier kann man viel lernen. Je kürzer die Antworten, je schärfer der Witz, desto interessanter ist das Gespräch. Im Grunde handelt es sich hierbei nämlich um die wahren Meister der Konversation.

Am besten ist es, wenn man über ihre Witze sogar dann lacht, wenn man darüber nicht wirklich lachen kann, denn auch ein Meister liebt sein Publikum. Vielleicht lockt man ihn dadurch aus seinem Unmut und bringt ihn gar durch eine eigene Bemerkung zum Lachen. Das ist die wahre Leistung. Wer einen Meister der Konversation, der eigentlich gerade keine Lust hat zu sprechen, zum Lachen bringt, kann sich bald selbst einen Meister nennen.

9. Sprich deutlich!

Es versteht sich von selbst, dass eine soziale Gruppe wie die Adligen, die sich deutlich von anderen abhebt, eine ganz eigene Sprache entwickelt. Jeder Soziotop hat schließlich nicht nur seine eigenen Verhaltensregeln und Erkennungsmerkmale, sondern auch sein eigenes Vokabular. Dabei geht es nicht um eine Fremdsprache. Deutsche Adlige sprechen selbstverständlich auch untereinander Deutsch, englische Adlige Englisch und polnische Polnisch, obwohl man sagen muss, dass viele Adlige ihre Sprache durchweg mit feststehenden Begriffen aus der französischen Sprache schmücken wie *trottoir* (»Bürgersteig«), *pardon* (»Verzeihung«), *agaçant* (»enervierend«), *séjours* (»Aufenthalt«), *cousin* (»Vetter«), *pas touché* (»Nicht anfassen!«, meist verbunden mit einem kurzen Klaps auf die Fingerspitzen) und noch vielen anderen mehr.

Auch sprechen sich viele untereinander in der dritten Person an, insbesondere wenn sie nah miteinander verwandt sind. Meine Mutter sagt heute noch zu ihrer Schwester: »Wie geht es Ihr. Hat Sie gut geschlafen?«, wenn meine Tante zum Frühstück erscheint.

Aber hier geht es noch um etwas anderes, um bestimmte Begriffe, Formulierungen, bisweilen sogar um einen Tonfall, den man nur in adligen Familien finden wird und an dem sie immer sofort zu erkennen sind. Da gibt es zum Beispiel das »Schlopsen«, eine Art generelle Verschiebung der gesamten Tonlage nach unten. Wer schlopst, spricht ein wenig tiefer, dunkler als alle anderen, er spricht sozusagen im Brustton der Überzeugung, und er spricht einige Worte stark verkürzt, reduziert praktisch die Vokale auf ein Minimum. Er sagt nicht »du«, sondern »de«, er sagt nicht »hingefahren«, sondern »hnkfan«.

Andere Worte wiederum werden um die Gegend der Vokale herum stark gedehnt, je nachdem, was der Schlopser betonen möchte, nur um die Konsonanten umso stärker noch hervorzuheben. Will er beispielsweise »vollkommen überflüssig« sagen, wird er die Worte ungewohnt in die Länge ziehen und die doppelten Konsonanten so stark betonen, dass man meint, sie seien vier- oder fünfmal in dem Wort vorhanden, nicht etwa nur zweimal. Überhaupt kommt das Schlopsen meist erst dann so richtig zur Geltung, wenn der Schlopser aufgeregt ist oder ärgerlich, wenn er eine Begebenheit schildert, die ihn emotional bewegt, oder wenn er seine Zuhörer davon überzeugen möchte, dass er zu Recht entrüstet ist. Das Schlopsen ist eine Art nonverbales »Verstehst du mich?« oder ein »Du weißt doch sicher, was ich meine?«.

Aber es ist nicht leicht, das Schlopsen zu beschreiben, man bekommt es auch nicht oft zu hören, denn jeder Schlopser kann auch normales Deutsch oder Österreichisch sprechen, und mit einem Nicht-Schlopser wird er das auch tun. Wer es zum ersten Mal hört, denkt vielleicht, der Sprecher sei Österreicher oder käme jedenfalls aus Süddeutschland, und in der Tat hat es eine Färbung, die rein geografisch gesehen durchaus in diese Richtung weist. Die adligen Familien, die es pflegen, kommen ausnahmslos aus dem Süden, manche von ihnen ursprünglich aus Böhmen, Ungarn oder Schlesien. Wie es zu seinem Namen kam, weiß kein Mensch, es weiß allerdings jeder, wer ein Schlopser ist und wer nicht. Und was ist ein »Ober-Schlops«? Diese Auszeichnung erhält einer, der besonders gut schlopsen kann.

Interessanterweise gibt es weniger weibliche Schlopser als männliche. Das mag daran liegen, dass die Frauenstimme im Allgemeinen heller ist als die Männerstimme, doch wer weiß? Im Grunde kann jeder das Schlopsen lernen. Es bedarf natürlich gewisser Fähigkeiten und Voraussetzungen, man muss zumindest über ein gutes Gehör verfügen. Auch ein wenig Zeit, Muße und Offenheit sollte der Lernwillige mitbringen, denn er benötigt Übung und Praxis. Im besten Fall verbringt er einige Monate mit und unter Schlopsern, dann wird er es lernen.

Vielleicht, wird jeder echte Schlopser hier mit erhobenem Zeigefinger Einspruch erheben, denn es gibt starke Gegenbeispiele. Viele Adlige haben Monate unter Schlopsern verbracht und können trotzdem bis heute nicht richtig schlopsen, auch wenn sie sich noch so große Mühe geben. Es ist wie bei allen Mundarten, Sprachfärbungen und spezifischen Begrifflichkeiten: Sie verlangen immer auch eine gemeinsame Kultur und eine gewisse Gruppenzugehörigkeit. Niemand kann für sich allein entscheiden, ob er diese innehat. Solange ihm daran mangelt, kann er die Sprache noch so lange üben, er wird nie dazugehören, er wird nie ein echter Schlops.

Neben dem Schlopsen gibt es zahlreiche Begriffe und Bezeichnungen, die ausschließlich, aber mit großem Vergnügen in adligen Familien benutzt werden. Sie entbehren nicht einer gewissen Faszination, denn sie spiegeln ähnlich wie Kleiderordnungen, Verhalten und Erziehung die adlige Lebensweise. Da gibt es beispielsweise das Adjektiv »leutsch«. Es leitet sich von »Leute« ab und beschreibt alles, was andere machen oder besitzen, was Bürgerliche tun, die Leute eben. Hausschuhe sind beispielsweise leutsch, Spitzendeckchen auf dem Sofa sind unbeschreiblich leutsch oder auch Gardinen. Überhaupt sind Gardinen wahnsinnig leutsch, denn Adlige haben selbstverständlich keine Gardinen. Adlige leben in Schlössern und Burgen, weitab jeglicher Zivilisation, und müssen nicht fürchten, dass ihnen jemand ins Schlafzimmer oder Bad schaut. Also brauchen sie auch keine Gardinen. Sie freuen sich im Gegenteil, wenn sie aus dem Fenster schauen und einmal nicht lediglich Wald, Wiese oder Rosenrabatten sehen, wenn einmal nicht Hase und Fuchs in inniger Eintracht vorbeimarschieren, sondern ein ganz gewöhnlicher Mensch. Adlige leben in ihren Schlössern und Burgen so einsam, dass sie am liebsten, sollte zufällig draußen der Gärtner über den Rasen laufen, das Fenster aufreißen und dem guten Mann überschwänglich einen »Guten Morgen« wünschen würden. Brüllen müssten sie diesen frommen Gruß und mit beiden Armen weithin sichtbar winken, denn sonst würde der Gärtner gar nicht sehen, aus welchem der zahlreichen Fenster und Stockwerke er kommt. In jedem Fall wäre der Angestellte sehr verwundert, er würde annehmen müssen, es handele sich um einen Notfall. Womöglich würde er Harke und Heckenschere sofort fallen lassen und in gestrecktem Galopp zum Schloss hinüberlaufen. Zum Glück wird Adlige ihre angeborene oder zumindest anerzogene Contenance immer rechtzeitig davon abhalten, plötzlich derart starke Gefühle zum Ausdruck zu bringen.

Leutsch wird in ähnlichem Zusammenhang gebraucht wie spießig, ist aber ein wenig zurückhaltender, schüchterner geradezu. Niemals sollten »die« Leute erfahren, dass ihre Gardinen leutsch sind. Es soll um Himmels willen jeder nach seiner Fasson glücklich werden. Dagegen sind Bezeichnungen wie »Lusterkletterer« oder »Hermelinfloh« schon angriffslustiger. Ein Lusterkletterer ist eigentlich ein Adabei, ein Mensch, der seine ganze Liebes- und Lebensmüh darauf verwendet, an sämtlichen adelsgesellschaftlich relevanten Ereignissen teilzunehmen. Er versucht, bildlich gesprochen, am Lüster hochzuklettern. Lüster gehören zu den Einrichtungsgegenständen, mit denen Adlige gerne ihre Häuser schmücken. Ähnlich waren Hermeline früher fester Bestandteil der kaiser- und königlichen Roben. Wer also versucht, sich wie ein Floh dort festzusetzen, ist ähnlich wie ein Lusterkletterer bemüht, als Bürgerlicher bei Adligen nachhaltig Fuß zu fassen.

Niemals wird ihm das gelingen, natürlich, denn adlig ist man schließlich nur qua Geburt. Aber es gibt Bürgerliche, die es dennoch versuchen und mit Adligen in einer Form sympathisieren, dass es fast peinlich ist. Sie suchen hartnäckig ihre Nähe, machen sich in Rede und Gestik distanzlos über sie her, benehmen sich mit einer Selbstverständlichkeit in ihrer Gegenwart, als seien sie bei ihnen zu Hause. Als könne man sämtliche Schranken und gesellschaftlichen Differenzierungen mit einer einzigen Geste hinwegwischen. Als seien Jahrhunderte gelebte und kultivierte Unterscheidungen, ob nun mit Grund oder ohne, mit einer einzigen lächerlichen Revolution aufzuheben. Als seien Prinzipien wie Demokratie oder soziale Marktwirtschaft nicht lediglich Phasen, ja unter Umständen Modeerscheinungen, die genauso rasch wieder vergehen werden, wie sie gekommen sind.

Und besagte Lusterkletterer oder Hermelinflöhe brüsten sich damit, das ist wahrscheinlich ihr eigentlicher Fehler, sie brüsten sich vor ihresgleichen mit der Gesellschaft, in der sie verkehren. Sie erzählen, mit welch hochherrschaftlichen Freunden sie verreist, bei welchen gekrönten Häuptern sie alles eingeladen waren, in wessen Salons sie ein und aus gehen, wen sie dort alles kennen. Der typische Adlige will dieses Verhalten nicht missbilligen, er nimmt sich gefälligst selbst nicht wichtig und kann sich gar nicht vorstellen, dass er nur aus Gründen seiner Herkunft verehrt wird. Es ist ihm eigentlich peinlich. Er schämt sich für den Bürgerlichen, der sich so verhält, schämt sich ohne Ende, doch er darf keine Gefühle zeigen, keine Regung, keinen Zorn. Schon bricht ihm der Schweiß aus den Poren, so schämt er sich für den anderen, schon machen sich hektische Flecken auf dem Körper breit, schon möchte er am liebsten die Flucht ergreifen – da fällt ihm die passende Lösung ein: Er greift zur Ironie. Sie schenkt ihm Erfrischung und Abkühlung. Er verzieht unmerklich die Mundwinkel zu einem winzigen Anflug von Spott und sagt leise »Lusterkletterer« oder »Hermelinfloh«. Schon löst sich die Erregung auf, entspannen sich die Gesichtszüge, die Weltordnung ist wiederhergestellt.

Es gibt Bürgerliche, die versuchen sogar sonntags in dieselbe Kirche zu gehen wie ihre adligen Idole. Sobald die Adligen beschließen, eine andere Messe oder ein anderes Gotteshaus aufzusuchen, vielleicht ein wenig länger auszuschlafen und erst um elf Uhr in die Kirche zu gehen, werden die Lusterkletterer einen Sonntag später, schwups, in derselben Kirche auftauchen und mit demselben herzallerliebsten Lächeln anschließend am Ausgang stehen, um die adligen Bekannten wieder überschwänglich zu begrüßen. Es ist so ähnlich wie in der Geschichte vom Hase und vom Igel.

Sie werden versuchen, sie zu einem Frühschoppen zu überreden, eine für den Adligen entsetzliche Vorstellung, sie werden ihn in ein Gespräch verwickeln und versuchen, mit ihm ein gemeinsames Mittagessen zu vereinbaren, einen Schwarzen Kaffee, ja vielleicht danach noch einen Spaziergang und später gleich wieder einen gemütlichen Tee. Sie werden sich derart unerbittlich an seine Fersen heften, dass er froh sein kann, wenn er abends wieder allein ist und sogar im eigenen Bett liegen darf. Und das alles nur, damit Frau Hermelinfloh und Herr Lusterkletterer am nächsten Morgen und die ganze folgende Woche lang allen von ihrem hochherrschaftlichen Sonntag in hochherrschaftlicher Gesellschaft mit Fürstin Hi und Graf Do, mit Prinz Eins oder Burggräfin Zwei erzählen können, mit denen sie ja schon seit Jahren so eng befreundet seien.

Etwas vollkommen anderes bezeichnen Begriffe wie »Laisch«, »Möh« oder »Kiesgeräusch«. Auch sie sind vielen

Adligen bestens bekannt und werden gern und in stillschwei-
gendem Einverständnis zum Einsatz gebracht, doch dabei geht
es um Gefühle. Diese Worte beschreiben diffuse Empfindun-
gen, die es nach erfolgreicher Erziehung zum guten adligen
Heranwachsenden nicht mehr geben sollte. Wenn sie aber
dennoch eintreten, sollte zumindest darüber nicht gesprochen
werden. Vielleicht gehen sie dann von selbst wieder weg!

Laisch bezeichnet eine gewisse Aufgeregtheit, Nervosität. Laisch ist man vor Prüfungen, laisch ist man vor einer un-
gewohnten Situation, die man unaufhaltsam auf sich zurollen
sieht. Laisch ist man aber auch vor Weihnachten, laisch ist man
vor allem vor Festen. Es ist ein allgemeines, aber ungemein
starkes Gefühl der Freude und Unruhe. Dabei ist es sehr persönlich. Laisch ist man nicht mit vielen anderen gleichzeitig,
denn nicht jedem ist vor Weihnachten oder gar einem Ball
laisch zumute. Man gesteht sie sich ungern ein, diese Aufgeregtheit, man würde nie seinen Eltern oder Tanten und schon
gar nicht den Onkeln davon erzählen, höchstens den Geschwistern, am ehesten noch der gleichaltrigen Cousine. Der
erzählt man es natürlich ausgesprochen gerne, denn sie empfindet wahrscheinlich ähnlich, und gerade das Eingestehen
dieser Nervosität und vor allem die Anwendung des allein in
Verwandtenkreisen bekannten Fachbegriffs verstärkt die Solidarität und das innige Gemeinschaftsgefühl zueinander. Und
schon ist das Gefühl gebannt, gleich empfindet man wesentlich weniger Unruhe als zuvor. Denn das ist der eigentliche
Nutzen von gruppenspezifischen Ausdrücken und Sprachen:
Sie vermitteln Vertrautheit, stärken das einzelne Gruppenmit-
glied und geben ihm ein Gefühl von Schulterschluss und Sicherheit.

Wem möh zumute ist, braucht gerade besonders viel
davon. Das Wort steht keineswegs für Freude, sondern für
echte Furcht. Wem möh zumute ist, der hat Angst, ihm ist ir-

gendetwas unheimlich, er traut sich nicht. Möh ist die Beschreibung für ein unterschwelliges Unbehagen. Ein Mensch kann einem möh sein, furchtbar möh geradezu, oder vor einem Ort kann einem möh sein. Abends ist einem natürlich möh, wenn man ein dunkles Zimmer betreten muss und nach dem Lichtschalter tastet oder allein den langen Gang entlanggehen soll. Wem möh zumute ist, möchte am liebsten zu zweit sein. Die ältere Cousine möchte bitte mitgehen, wenn man für die Großmama die Jacke aus dem Schlafzimmer im oberen Stockwerk holen soll, oder wenigstens die kleine Schwester. Sollte einem in Gemeinschaft möh werden, kann man immer noch ein Lied singen oder sich lauthals Witze erzählen.

Allerdings ist möh auch ein Gefühl, für das man sich schämt, daher soll keiner wissen, was einem möh ist oder warum gerade jetzt. Ein Erwachsener würde gleich schimpfen und sagen, man soll sich zusammenreißen. Da gäbe es nichts, vor dem man sich fürchten muss. Das sei reine Anstellerei. So fragt man lieber einen Gleichaltrigen oder einen Menschen mit weichem Herzen, dem ist nämlich selbst bisweilen möh. Dann kann man vielleicht sogar herzlich darüber lachen, wovor und wann einem wieder einmal möh war. Und es löst sich dieses merkwürdige Gefühl, das man eigentlich nicht haben soll, dieses grundlose Etwas womöglich in Wohlgefallen auf, verschwindet und kommt nie wieder zurück.

Kiesgeräusch soll ruhig so oft auftauchen wie nur irgend möglich. Kiesgeräusch ist eine köstliche Angelegenheit, es ist freudige Erwartung, Vorfreude, die sich mit Spannung verbindet, mit einer gewissen Aufgeregtheit und Ungeduld. Kiesgeräusch ist, wie der Name schon sagt, das Geräusch, das der Kies macht, wenn ein Mensch darübergeht oder ein Auto darüberfährt. Auch eine Kutsche kann dieses Geräusch hervorrufen, aber das wäre anachronistisch. Selbst Adlige fahren heute nur noch aus Spaß mit der Kutsche oder höchstens, weil sie gerade frisch verheiratet aus der Kirche kommen. Doch was hat Kies mit Vorfreude zu tun?

Nun, gewöhnlich sind Schlossauffahrten oder der Platz vor dem Portal mit Kies aufgeschüttet, und wenn sich ein Wagen dem Schloss nähert, hört man das Kiesgeräusch im ganzen Haus. Das geschieht selten genug, schließlich ist ein Schloss kein Taubenschlag, dafür ist die Freude darüber umso größer. Man hört den Kies und das Herz fängt an zu hüpfen. Meist sind es Verwandte oder Gäste, die mit ihrem Auto über den Kies fahren. Sie werden bereits erwartet. Schon beim Frühstück haben alle von ihrem Besuch gesprochen, und unter Umständen wurden den ganzen Vormittag lang Vorbereitungen dafür getroffen. Es sind die geliebten Cousinen, die lustigen Vettern, die Tanten oder Onkel, die förmlich aus dem nahenden Auto quellen, es sind vielleicht die ersten Gäste, die man zu einem Fest geladen hat, oder auch einfach nur die eigenen Kinder, die endlich aus dem Internat nach Hause kommen. Es ist vielleicht nicht mehr, aber auch nicht minder ein Zeichen dafür, dass die Ferienzeit endlich beginnt.

Das Kiesgeräusch ist wie eine Ouvertüre vor dem Beginn der eigentlichen Handlung. Gleich hebt sich der Vorhang, gleich beginnt das Schauspiel. Kiesgeräusch sind die Fanfaren, die die Heimkehr der Jagdgesellschaft ankündigen, Kiesgeräusch ist der Kuss des Prinzen, mit dem er die Prinzessin und ein ganzes Schloss aus dem tausendjährigen Dornröschenschlaf weckt. Kiesgeräusch ist im Grunde der Beginn des Lebens.

Natürlich kann man Kiesgeräusch auch ohne Kies und hochherrschaftliche Auffahrten empfinden. Jeder kennt das. Jeder kennt Erwartung oder Lampenfieber oder wie man es immer nennen mag. Vorfreude ist kein Privileg der Adligen. Aber wahrscheinlich würde es niemand sonst Kiesgeräusch nennen.

Ähnlich speziell und adelsspezifisch ist der Begriff Stange, der gerne auch zu Stängchen und Stängele oder Stangenkrümel heruntergebrochen wird. Die Stange spielt nur in wenigen süddeutschen Familien eine Rolle, aber der Begriff beschreibt ein Phänomen, das in allen adligen Familien omnipräsent und bekannt ist. Er steht für die innige Verbundenheit, die man zu seinen Blutsverwandten empfindet. Sie äußert sich in vielen großen und kleinen Dingen, in schon in jungen Jahren ausführlich geführter Korrespondenz, in gemeinsamen Reisen und Ferienaufenthalten, insbesondere aber darin, dass die Cousinage naturgemäß auf dieselben Feste eingeladen ist, gemeinsam dorthin geht und sich den ganzen Abend nicht voneinander fortbewegt. Obwohl sie schon alles übereinander wissen, obwohl sie nichts mehr zu erzählen oder zu besprechen haben, hocken die Vettern und Cousinen unzertrennlich Schulter an Schulter beieinander und bilden, beispielsweise am Rand der Tanzfläche oder auch draußen auf der Terrasse oder in einem der zahlreichen angrenzenden Salons, eine unverbrüchliche Einheit. Besonders typisch und geradezu begriffbestimmend ist dabei die Anordnung in Stangenform. Wenn am Rand der Tanzfläche beispielsweise ein aufgerollter Teppich liegt, sitzt gerade dort gerne eine Cousine neben der anderen, witzelt, lacht und scherzt mit ihrer Nachbarin, und sie fühlen sich so, eine neben der anderen wie die Hühner auf der Stange, pudelwohl. Dass sich natürlich kaum ein Nicht-Verwandter in diese Gruppe traut, dass kein Mann wagt, eine dieser kichernden und scheinbar innigst untereinander verwobenen Damen zum Tanz aufzufordern, bedarf keiner gesonderten Betonung. Doch hier entscheidet nicht die Vernunft, hier entscheidet allein die Emotion. Auch wenn jeder weiß, dass er den Vetter und schon gar nicht die Cousine heiraten kann, auch wenn es schlichtweg unhöflich ist, sich nicht zu mischen, es geht eben nichts über die Stange. Sie übt eine geradezu magische Anziehungskraft aus. Sie können nicht anders, die Verwandten, sie müssen bei jeder Gelegenheit beisammen sein.

Die sogenannte Stange, der Begriff an sich, umfasst eine ganz bestimmte Gruppe von adligen Familien, die alle miteinander eng verwandt sind. Es gibt sogar ein Lied, das auf die Stange gedichtet wurde. Der Text ist einigermaßen monochrom, warum an dieser Stelle nicht näher darauf einzugehen lohnt, dafür ist er umso leichter zu erlernen und bleibt auf ewig im Gedächtnis.

Die Stängchen, auch Stängele genannt, sind die Nachkommen dieser Stange-Mitglieder, denn auch sie, ähnlich wie ihre Nachkommen, bewiesen und beweisen weiter unverbrüchliche Treue zu ihren Verwandten und unterliegen, wie könnte es anders sein, der oben beschriebenen Anziehungskraft. Oft wissen sie jahrelang nicht, warum ihnen gerade die nahen Verwandten so am Herzen liegen, oder sie wissen womöglich gar nicht, wie nah sie mit der Person, mit der sie auf allen Tanzkursen und Festen pausenlos zusammenhängen, verwandt sind. Früher oder später werden sie darüber aufgeklärt. Ältere Stange-Mitglieder tun dies gern mit einem leisen Lächeln, mit unverhohlener Freude sozusagen, denn es beweist erneut das Unbewusste und eben Unausweichliche an dieser innigen Solidarität. Was wäre schließlich die Freundschaft unter Verwandten wert, wenn sie nur eine Generation lang anhielte?

Genau besehen, empfinden alle größeren Familien so etwas wie Stange. Sie benutzen nur eine andere Bezeichnung, nennen es Zusammenhalt oder benennen es gar nicht, weil es doch so selbstverständlich ist. Wenn man zwei junge Menschen sieht, die auf einem Ball länger zusammenstehen und sich angeregt miteinander unterhalten, ohne die Absicht, sich in Kürze zu verloben oder zumindest gleich miteinander zu tanzen, kann man fast immer davon ausgehen, dass sie zu derselben Cousinage gehören und sich daher nicht voneinander trennen können. Sie gehören eben zur selben Stange.

Ein letztes Wort muss noch erwähnt werden, obwohl es

eher eine regionale Zugehörigkeit signalisiert als eine Standeszugehörigkeit, aber dazu gibt es eine schöne Geschichte: »Häusel«. Das Häusel ist nicht etwa das Haus oder ein kleines Haus auf dem Land oder ein Kinderhaus im Garten, sondern eine Bezeichnung für die Toilette, unter Adligen gemeinhin das Klo genannt. Mein Onkel war schon vor Jahren mit der Familie in ein größeres Haus umgezogen. Während in der ersten Zeit alle verwandten und ähnliche andere Gäste durch sämtliche Stockwerke geführt wurden, um es ihnen zu zeigen, bat sich meine Tante bei ihren Kindern aus, den Gästen ab sofort keine sogenannte »Schlossführung« mehr zu bieten. Sie habe keine Lust, bevor Besuch kommt, jedes Mal alle Zimmer zu putzen und überall aufzuräumen.

Kaum hatten neue Gäste das Haus betreten, hatten ihre Mäntel aufgehängt und im Salon Platz genommen, hörte meine Tante schon, wie meine Cousine eine der älteren Damen, die ebenfalls mitgekommen war, treppauf, treppab durch das ganze Haus zerrte. Diszipliniert und liebenswürdig, wie meine Tante ist, riss sie sich zusammen und sagte erst kein Wort, doch sobald die Gäste fort waren, stellte sie ihr Kind zur Rede: »Warum um alles in der Welt hast du der Tante Elisabeth das ganze Haus gezeigt? Die Zimmer oben sind so unordentlich. Ich hatte doch ausdrücklich darum gebeten, das nicht mehr zu tun.« Meiner armen Cousine fiel schlagartig auf, dass sie etwas falsch gemacht hatte, und sie antwortete schüchtern: »Sie hat mich gebeten, ihr rasch das Häusel zu zeigen.«

Man möchte sich nicht vorstellen, wie der armen alten Dame zumute war, die sicher höflich ihre Bewunderung für das eine neue Zimmer und noch ein Zimmer und noch ein Stockwerk und noch ein so hübsch neu aufgehängtes Bild und noch so einen netten Vorhang zum Ausdruck brachte, während sie sich gleichzeitig krampfhaft bemühte, ihr eigentlich dringendstes Bedürfnis zu unterdrücken.

10. Lerne Französisch und studiere Jura!

Die meisten Adligen machen Abitur, absolvieren ein Hochschulstudium und schließen mit Examen ab. Die meisten Adligen? Nun, das ist in Zahlen kaum zu belegen, doch typischerweise, kann man sagen, typischerweise macht ein Mann adliger Herkunft Abitur und geht dann an die Universität. Dort studiert er Jura, Volks-, Betriebs-, Forst- oder Landwirtschaft. Einige wenige widmen sich dem Studium der Medizin oder der Geschichte, Philosophie oder gar der Architektur, aber die gelten schon als ein wenig seltsam. Schließlich gehen alle Adligen davon aus, dass der Mann später die wesentlichen finanziellen Mittel erwirtschaften muss, um die Familie zu ernähren, und wie will man mit Philosophie schon Geld verdienen? Es ist ja inzwischen sogar für Normalsterbliche, hochgradig begabte und blitzgescheite Menschen ein Problem, eine Professur im geisteswissenschaftlichen Bereich zu erlangen, wie soll das dann ausgerechnet ein Adliger schaffen?

Wer sich voll jugendlicher Hybris für Geschichte, Philosophie oder gar Germanistik einschreibt, ist zwar in Adelskreisen sehr beliebt, denn er stillt die geheime Sehnsucht nach den Zeiten, in dem es Adligen erlaubt war, ihr Leben lang zu privatisieren, in der hauseigenen Bibliothek zu sitzen und kluge Bücher zu lesen. Beliebt ist er insbesondere bei den Gleichaltrigen, aber auch bei den älteren Damen, weil er so klug reden kann und so viel weiß. Beliebt ist er insbesondere auf Studienreisen, weil man kein Lexikon und keine anderen Nachschlagwerke mitzunehmen braucht. Dann schallt angesichts eines Tempels oder einer lateinischen Inschrift nicht der verzweifelte Ausruf nach dem *Baedeker* oder *Guide Michelin* gen azurblau sich über glühend heißes Land wölbenden Himmel, sondern ein Name wie Juri, Rudolf oder sonst ein Fabelhaft, und schon schreitet der Genannte herbei und gibt gelassen Auskunft. Dieser allseits beliebte Mensch absolviert gewiss sein geisteswissenschaftliches Examen und schreibt vielleicht sogar noch eine Promotion hinterher, aber spätestens dann, wenn er den Doktor in der Tasche hat, dann schult er doch um und wird noch schnell Betriebswirt oder Banker. Kaviar schmeckt eben besser als dicke Bücher.

Es gibt kein Studienfach, das Adlige prinzipiell nicht studieren oder aus Standesgründen nicht studieren würden oder gar dürfen, aber die meisten richten ihr Interesse auf eine Ausbildung, die ihnen erlaubt, später erfolgreich den heimatlichen Betrieb zu führen oder wenigstens ein Gehalt zu erwirtschaften, das ihrem Stand gebührt. Ich kenne einen einzigen Adligen der Physik studiert hat, aber ich zweifle stark daran, dass er seinerseits einen weiteren kennt. Von einem anderen heißt es, er habe sich der Biologie zugewandt, den wiederum kenne ich überhaupt nicht.

Die Frauen studieren nicht, jedenfalls nicht allzu viele. Was das anbetrifft, basiert die vorherrschende Meinung auf dem Leitsatz: Frauen brauchen nicht zu studieren, sie heiraten sowieso. Was auch immer sie lernen, die wenigsten verfolgen ihre Ausbildung mit dem Ziel, dank ihrer in Zukunft berufstätig zu sein oder wirklich Geld zu verdienen. Sie versuchen, das zu lernen, was zur Erziehung von Kindern hilfreich und der Führung eines großen Hauses dienlich ist, also Hebamme oder Sozialpädagogik, Hauswirtschaft und Küchenorganisation. Etwas anderes haben sie bei ihren Müttern nicht gesehen. Manch eine Einzelne lernt Wirtschaft und macht zu Hause später die Buchhaltung, manch eine sogar Landwirtschaft und weiß, wenn sie entsprechend heiratet, worüber sich ihr Mann tagsüber geärgert hat, wenn er abends müde von seinen Ländereien zurückkehrt. Viele lernen Physiotherapie, Säuglingsschwester oder andere soziale Berufe. Die wenigen, die studieren, schreiben sich für Kunstgeschichte, Fremdsprachen oder Germanistik ein. Einige studieren sogar so exotische Fächer wie Indologie oder Japanologie, doch gerade die gehen keinesfalls davon aus, dass sie irgendwann einen Abschluss machen müssen.

Die Berufswahl ist ähnlich wie die Entscheidung für das Studienfach bei den Männern stark eingegrenzt. Sie werden Anwalt, Banker oder Manager, manche gehen in die Forstverwaltung, viele werden Beamte, kaum einer geht in die Politik, auffallend viele werden Diplomaten und gehen in den Auswärtigen Dienst. Das hat durchaus Tradition, wie bei Conze zu lesen ist: »Seit der Entstehung ständiger zwischenstaatlicher Diplomatie im 16./17. Jahrhundert ist der diplomatische Dienst eine wichtige Domäne des Adels. Überall in Europa wurden die höchsten diplomatischen Posten fast ausschließlich mit Adligen besetzt. Das ergab sich nicht nur aus der hohen Quote in der Staatsverwaltung allgemein und ihrem zunehmend auf den Staat gerichteten Dienstideal, sondern auch aus ihrer besonderen Prädisposition zur Übernahme repräsentativer Funktionen und der Vertrautheit mit dem höfischen Lebensstil. Die Adelsdominanz im diplomatischen Dienst dauerte in Europa trotz immer stärker formalisierter Aufnahmeverfahren und klar definierter Einstellungsbedingungen bis zum Ersten Weltkrieg an ... Selbst im auswärtigen Dienst der Bundesrepublik lässt sich bis heute eine Adelsquote feststellen, die deutlich über dem Anteil an der Gesamtbevölkerung liegt.«

Bis heute bietet das »Amt«, wie es bei den Diplomaten

und im Ministerium heißt, Raum und Herausforderungen für Adlige, die keinen Besitz erben, sich aber trotzdem den Traditionen und der Geschichte ihres Landes verpflichtet fühlen und etwas bewirken wollen, das über die Grenzen hinausreicht. Sie wollen sich und ihre Tätigkeit in ein großes Ganzes einbinden und sind bereit, um es bildhaft zu beschreiben, wie einst die Kreuzritter für ihren Landesfürsten in die Fremde zu ziehen und dort für Ordnung zu sorgen. Sie wollen Zeitgeschehen mitgestalten und gleichzeitig ihre Fähigkeit zu Loyalität und Zuverlässigkeit unter Beweis stellen. Dass dabei zusätzlich Höflichkeit und Etikette, ja eine gewisse Haltung und Konzentration gefragt sind, gereicht jedenfalls zu ihrem Vorteil, denn das haben sie von Kindesbeinen an gelernt.

Die wenigsten Adligen machen eine Ausbildung, um glücklich zu sein, im Gegenteil: Die meisten stöhnen unter der Last der Anforderungen und Prüfungen. Sie haben sich keinen Beruf ausgesucht und das entsprechende Studium gewählt, sondern erwerben spezifische Qualifikationen für einen klar vorgezeichneten Lebensweg. Sie müssen im Seminar scheinbar Überdurchschnittliches leisten, obwohl sie zu Hause nichts Gewöhnlicheres erwartet, als den väterlichen Betrieb zu leiten. Sie müssen früh Verantwortung übernehmen, auch wenn sie sich dazu keinesfalls berufen fühlen, Anführer zu sein, auch wenn sie lieber im Rudel untertauchen würden.

Aber sie haben keine Wahl. Das ist hier wie auch in anderen Bereichen typischerweise bei Adligen der Fall. Sie haben keine Wahl, alles ist qua Geburt festgelegt und vorbestimmt, zumindest für die männlichen Nachkommen, insbesondere den ältesten. Wer auf die Frage »Was wirst du später von Beruf?« mit »Ich übernehme« antwortet, wirkt zwar auf den ersten Blick arrogant oder zu beneiden, doch wer mitbekommt, dass derselbe Mensch sich gleichzeitig durch alle Examina quält und kein Tutorium auslässt, weil er sonst die

Abschlussprüfungen nicht schaffen würde, möchte wahrscheinlich nicht mehr mit ihm tauschen.

Lustig ist am Studium etwas anderes: die Begegnung mit gleichaltrigen Adligen, die Feste, die Jagden, die Reisen, kurzum, das unbeschwerte Leben. Dieser Bereich der Studienzeit ist so unterhaltend, dass die meisten Adligen ihr Leben lang von den Eindrücken zehren. Ein keinesfalls unerheblicher Teil dieser Freuden ist auf die Freiheit zurückzuführen, die junge Adlige in dieser Zeit womöglich erstmals erleben. Ist ein Adliger im Schloss oder einem Umfeld aufgewachsen, das sich an dem Dasein im Schloss orientiert, kommt er nach der Grundschule meist auf ein standesgemäßes Internat und anschließend geht er zur Bundeswehr. Das Studium, die Ausbildungszeit zwischen Abitur und Hochzeit, ist dann wahrscheinlich die einzige Zeit, in der er frei jeglicher Fremdbestimmung lebt. Es ist unter Umständen die einzige Zeit in seinem Leben, in der nicht für ihn gekocht wird, in der er in ganz gewöhnlichen Häusern oder sogar in einer Etagenwohnung lebt, in der er sich selbstständig einrichtet, seine Wäsche wäscht und sich selbst, zu Fuß oder mit dem Fahrrad, zwischen Wohnstelle, Universität oder Ausbildungsstätte und dem Ort, sprich Kneipen in der Studienstadt oder ländlicher Umgebung mit entsprechenden Ausflugszielen, bewegt und zurechtfinden muss. In den ersten Studienmonaten kann diese Freiheit durchaus beklemmend wirken, doch später gehen die meisten darin völlig auf. In diesen Jahren machen Adlige übrigens auch die meisten Reisen oder halten sich auch des Längeren im Ausland auf. In der Regel sind es Bildungsreisen, und Adlige haben dabei nicht selten mindestens einen zweiten Adligen im Gepäck, wenn nicht gar drei. Die Reisen sind selbst organisiert und grenzen in ihrer Unbeschwertheit nahezu an eine Art wildes Leben.

In den Augen ihrer Eltern ist dieser Lebensabschnitt sehr

gefährlich. Sie sind froh, wenn er vorüber ist. Jetzt könnten ihre streng gehegten Sprösslinge auf die schiefe Bahn und dauerhaft in die Fänge eines oder einer Bürgerlichen geraten. Denn in dieser Zeit kommen sie womöglich erstmals und vor allem anhaltend mit anderen Menschen zusammen, hören Schulter an Schulter mit ihnen Vorlesungen, sitzen neben ihnen in der Bibliothek, um dort zu büffeln oder Referate zu verfassen, essen womöglich tagtäglich mit diesen ganz normalen Bürgerlichen in der Mensa oder schreiben gar mit ihnen gegen Ende der Ausbildung gemeinsam Examen.

Doch gegen die schiefe Bahn und die Sache mit den bürgerlichen Fängen gibt es auch in diesem Lebensabschnitt Vorsichtsmaßnahmen und diverse Regularien. Es fängt schon damit an, dass Adlige nur in ganz bestimmten Städten studieren. Dadurch ist die Chance groß, dass sie nicht allein studieren und rasch andere Adlige finden, mit denen sie in der Mensa essen gehen können. Zu diesen Städten gehören Bonn, Heidelberg, Freiburg, Regensburg, Passau oder München, ferner Tübingen, Göttingen oder Hamburg. Einige studieren neuerdings auch in Dresden oder Leipzig und – ganz Verwegene – sogar in Berlin oder Wien, das aber sind wirklich wenige. Wenn überhaupt, machen Adlige dort nur eine Art Auslandssemester, das sich in Anbetracht des übermäßig großen Kulturangebots oft kurzerhand in ein Freisemester verwandelt. Und in den adelstypischen Städten wohnen sie nicht irgendwo, sondern an ausgewählten Orten, nämlich in Wohngemeinschaften mit anderen Adligen. Doch dazu später.

Bevor diese gefährliche Zeit anbricht, schiebt sich nämlich unweigerlich ein fast noch unübersichtlicherer Lebensabschnitt dazwischen, die Bundeswehr oder das freiwillige soziale Jahr. Frauen werden in dieser Zeit mit Vorliebe als Au-pair-Mädchen zu einer kinderreichen Familie ins Ausland geschickt. Ganz wenige arbeiten in den Slums in Indien oder in den Slums rund um Santiago de Chile, und das geht meist nicht gut aus.

Damit trotzdem alles in geordneten Bahnen verläuft, gehen die Männer typischerweise zu den Panzeraufklärern nach Lüneburg oder Augustdorf, weithin erkennbar durch goldgelbe Litzen an der Schulterklappe, gegebenenfalls auch zu den Gebirgsjägern nach Mittenwald. Aufklärer stehen in direkter Nachfolge der Kavalleristen, sogenannter Ulanen, einem Regiment, das schon daher Adligen vorbehalten war, weil jeder Soldat ein eigenes Pferd mitzubringen hatte. Heute muss zwar niemand mit seinem eigenen Spähpanzer Luchs anrollen, dennoch landen viele Adlige aus traditionellen Gründen bei den Aufklärern.

Warum die Gebirgsjäger so großen Zulauf haben, ist nicht so leicht zu ergründen. Vielleicht liegt es daran, dass es eine Art Elitetruppe ist, bei der nur wenige Soldaten aufgenommen werden. Das mag durchaus den Ehrgeiz junger Adliger anstacheln. Die sogenannte Grundausbildung müssen im Übrigen alle machen, sechs Wochen durch den Schlamm robben bleibt auch Adligen nicht vorenthalten.

Üblicherweise verpflichten sich Adlige bei der Bundeswehr zu zwei Jahren und schlagen damit die Reserveoffizierslaufbahn ein. Da sie damit zur Reserve gehören und jederzeit eingezogen werden können, haben einige im Nachhinein ihre Entscheidung schon bitter bereut, besonders in den Neunzigerjahren, als der Krieg im ehemaligen Jugoslawien ausbrach. Wie dem auch sei: Verweigern ist unfein, Ausgemustertwerden peinlich. Selbst wenn der Filius pflichtbewusst den Weg zum Zivildienst einschlägt – der Vater ist darüber nicht sonderlich glücklich. Nichts geht in adligen Kreisen über eine geordnete Offizierslaufbahn. Außerdem kassiert man als Zeitsoldat vom ersten Tag an ein ordentliches Salär. Das finden selbst Adlige nicht schlecht. Bargeld lacht. Mancher finanziert sich damit später sein Studium.

Ähnlich wie den Männern werden auch den Frauen in diesem unübersichtlichen Jahr nach dem Abitur geordnete Bahnen vorgelegt. Sie absolvieren ihr soziales Jahr nicht in irgendeinem beliebigen Land der Welt, sondern gehen gefälligst nach London oder Paris. Englisch und Französisch sind in adligen Kreisen immer noch die Fremdsprachen, die gepflegt werden. Obwohl Französisch in Europa und dem Rest der Welt längst nicht mehr die größte Rolle spielt und die Franzosen es auch keinem Ausländer groß danken, wenn er sich die Mühe gemacht hat, ihre Sprache zu erwerben, gibt es zahlreiche adlige Familien, in denen selbstverständlich bei Tisch oder an einem Tag in der Woche konsequent nur französisch gesprochen wird.

In manchen Familien sprechen die Eltern mit ihren Kindern zu Hause gar ausschließlich französisch, selbst wenn dieses Zuhause kurz vor der tschechischen Grenze oder im tiefsten Schwabenländle liegt. Andere Elternpaare bringen ihren Kindern die Fremdsprache extra nicht bei, um sie als eine Art Geheimsprache zu verwenden, mit der sie sich über die Köpfe ihrer Kinder hinweg verständigen können. Diese Art von Geheimnis, das nicht vor den Kindern besprochen werden sollte, nennt man ein *pas devant*, ein »nicht (da)vor«. *Les enfants* müsste man hinzufügen, nicht vor den Kindern, denn ein *pas devant* handelt von Themen wie Ehekrach, Scheidung, Mord und Totschlag oder auch nur von den Vorbereitungen zum Weihnachtsfest oder dem Geschenk, das man für das ein oder andere Kind noch zu erwerben gedenkt. Davon soll es natürlich erst erfahren, wenn die Zeit reif ist.

Das Leben als Au-pair-Mädchen soll junge Frauen, ähnlich wie ihre Ausbildung, auf die Aufgaben einer Hausfrau und Mutter vorbereiten. Zusätzlich lernen sie dabei eine Fremdsprache und kommen in ein fremdes Land. Mehr aber auch nicht. Sie werden diese Fremde möglichst nicht selbstständig bereisen oder sich dort unabhängig längere Zeit aufhalten. Sie bleiben unter der Aufsicht einer Familie. Alles andere wäre zu gefährlich. Oft sind ihre Gastgeber alte Freunde der Eltern, bisweilen gar entfernte Verwandte, und sowieso pflegen sie einen ähnlichen Erziehungs- und Lebensstil. Eine andere Familie oder gar eine Agentur, die das Kind in eine solche vermittelt, wird gar nicht erst in Erwägung gezogen. Am besten ist es, wenn die Tochter auch im Ausland bei Adligen lebt. Inwieweit die jungen Frauen unter diesen Umständen Sitten und Gebräuche des fremden Landes kennenlernen sollen, sei dahingestellt. Es ist ähnlich wie mit den wenigen Reisen. Adlige verlassen zwar bisweilen ihr Heimatland, bleiben aber unter sich.

In Paris ist es üblich, das deutsche Au-pair-Mädchen in einem eigenen Zimmer unter dem Dach unterzubringen, dem sogenannten *chambre de bonne*. Dort ist die junge Frau durchaus selbstbestimmter, als vorauszusehen war. Viele haben ein eigenes Telefon, eine Herdplatte, auf der sie sich selbst etwas kochen können, vielleicht sogar eine eigene Waschgelegenheit. Jedenfalls gibt es einen Wasseranschluss. Doch die Frauen sind ängstlich und scheu. Sie kommen aus strengen Häusern, haben zahlreiche Geschwister. Viele von ihnen haben nie in der Stadt gelebt, waren niemals allein. Sie melden sich ab, bevor sie das Haus verlassen, kehren bald zurück und gehen früh zu Bett. *La discipline* spielt schließlich gerade in Frankreich eine große Rolle.

Die Mädchen haben auch kaum Gründe, das Haus zu verlassen. Das Geld reicht gerade, um ab und zu ins Kino zu gehen, in ein Café oder um ein wenig zu shoppen. Manche besuchen einen Französischkurs, der von der Gastfamilie bezahlt wird. Ihre wenigen freien Stunden verbringen sie mit anderen Au-pair-Mädchen im Park, meist sind es auch Adlige und sie sind auch nur für ein Jahr in die große, fremde Stadt gekommen. Die Mädchen unterhalten sich über ihr Heimweh und die strenge »Madame«, sie fragen sich, ob sie Weihnachten wohl nach Hause dürfen und ob es bei ihren eigenen Eltern eigentlich auch immer so streng zuging wie hier in der Pariser Gastfamilie. Schon nach kurzer Zeit verabscheuen sie ihre Dienste in der Küche und im fremden Haushalt und verwünschen den Tag, an dem sie beschlossen haben, hierherzukommen. Sie finden keinen Draht zu den Kindern, die ihnen anvertraut wurden, machen wütende Notizen in ihr Tagebuch und schreiben traurige Briefe nach Hause. Trotzdem ist dieses erste Jahr in der Ungebundenheit für viele der Frauen ein absoluter Befreiungsschlag. Sie lieben ihr Paris oder London, schwärmen ihr Leben lang davon, und einige versuchen, später zurückzukehren und für immer dortzubleiben.

Wer nach dem sozialen Jahr noch nicht verlobt ist, macht eine Ausbildung oder geht wie gesagt in eine der typischen Studentenstädte, um noch ein wenig zu studieren. Wo auch immer Adlige studieren, sie lernen rasch alle anderen Standesgenossen in der Stadt kennen und ziehen mit einigen von ihnen wahrscheinlich auch zusammen. Adlige sind prinzipiell gut vernetzt. Von außen besehen klingt das ein wenig einseitig, und allein die Zahl möglicher Kontaktpersonen erscheint einem stark begrenzt. Das absolute Gegenteil ist der Fall. Adlige Familien sind so umfangreich, ihre Verwandten so zahlreich und ihre Kenntnis über jedes auch noch so entfernte Mitglied dieser Verwandtschaft so detailliert, dass sie ihr Leben lang mit mehr Menschen ihrer Art umgeben sind als unbedingt notwendig. Wie viel Gesellschaft braucht der Mensch? Jeder würde diese Frage sicher individuell anders beantworten, aber eines steht fest: Adlige sind nie allein. Schon gar nicht in der Studienzeit. Sie vermissen nichts und können gar nicht das Bedürfnis haben, zusätzlich die Gesellschaft anderer Kommilitonen zu suchen. Dazu fehlt ihnen schlichtweg die Zeit.

Zusätzlich wacht in fast jeder standesgemäßen Studienstadt mindestens eine alleinstehende Tante oder eine adlige Familie über die jungen Leute. Sie lebt aus beruflichen oder privaten Gründen sowieso in dieser Stadt, und jeder Neuankömmling tut gut daran, sich grundsätzlich erst einmal dort zu melden. Vielleicht nimmt sie ihn sogar vorübergehend auf, bis er ein eigenes Zimmer gefunden hat, und lädt sowieso die jugendliche Schar einmal im Monat oder gar jede Woche ganz unkompliziert zum Spaghettiessen ein. Gerade die alleinstehende Tante richtet gerne einen Jour fixe ein, bei dem jeder Student willkommen ist. Wer mag schon keine jungen Leute?

Entsprechend einfach ist die Wohnungssuche für Adlige. Sie kennen keine mühsame Zimmersuche per Anzeige, sie müssen nicht am Studienort in der Jugendherberge übernachten, morgens um fünf Uhr versuchen, die erste Ausgabe der lokalen Zeitung mit dem aktuellen Immobilienteil zu ergattern und sich sofort ans Handy hängen, um wenigstens einen Besichtigungstermin in einer der angezeigten Wohnungen auszumachen. Obwohl es nicht gerade unbeliebte Universitätsstädte sind, in denen sie studieren, und es dort praktisch an nichts so sehr mangelt wie an günstigen Studentenzimmern, beschränkt sich die Suche oft auf ein Telefonat oder ein Wochenende, an dem sie die Stadt im Vorfeld aufsuchen, sich bei der neuen Wohngemeinschaft vorstellen, meist bei der Gelegenheit dort übernachten, gemütlich ausschlafen, dann gemeinsam frühstücken, das neue Quartier besichtigen und per Handschlag mit den neuen Mitbewohnern handelseinig werden. Normalerweise sind alle Mitbewohner übrigens gleichgeschlechtlich, insbesondere wenn es sich dabei um katholische Adlige handelt. Doch es soll hin und wieder auch schon gemischte Wohngemeinschaften geben. Die Praktiken der Kommune 1 haben auch vor dem Adel nicht ganz haltgemacht.

Während ein Normalsterblicher abends in sein kratziges Jugendherbergsbett kriecht, um am nächsten Morgen wieder ganz früh aufzustehen und neue Besichtigungstermine zu ergattern, geht der Adlige also abends mit seinen zukünftigen Mitbewohnern schon entspannt ins Kino. Ich kenne keinen Adligen, der während seiner Studienzeit im Studentenwohnheim gewohnt hat, außer er wollte es ausdrücklich oder musste in völlig abwegigen Orten studieren wie in Saarbrücken oder Gießen. Auf den Festen wird er für diesen Schicksalsschlag kollektiv bedauert und bemüht sich tunlichst, nicht lange in dieser Stadt zu bleiben.

Zu einem Adligen passt eher die Geschichte, dass er auf einem Ball kurz vor Semesterbeginn seine künftigen Mitbewohner kennenlernt, einige Wochen später an seinen Studienort reist, mit dem Koffer in der Hand das neue Zimmer betritt, die leeren Wände betrachtet und sagt: »Hier muss aber noch gestrichen werden.« Dann ruft er zu Hause in der Schlossverwaltung an, die Eltern schicken die Handwerker vorbei und alles ist erledigt.

Das Studium und die Ausbildung sind wesentlicher Bestandteil der Lehr- und Wanderjahre. Es ist eine lustige, unbeschwerte Zeit. Adlige haben nicht viel anderes zu tun, als sich in anständigen Kreisen zu bewegen, ihre Ausbildung abzuschließen und den richtigen Ehepartner zu finden. Zu diesem Zweck dienen weiterhin alle Bälle, Jagden und Séjours. Es ist also erlaubt und geradezu gewünscht, viel auszugehen und unentwegt auf Achse zu sein. Tanzen sollte man inzwischen gelernt haben, schießen nach Möglichkeit auch, zumindest was den männlichen Teil der adligen Bevölkerung angeht.

Selbst wer nicht auf viele Feste eingeladen wird, hat an seinem Studienort mannigfaltige Gelegenheiten, an diversen Lustbarkeiten teilzuhaben und seinesgleichen kennenzulernen. Ob es ein mittäglicher Stammtisch in der Mensa oder gemeinsame Wanderungen und Wochenendbesuche in der Umgebung sind, ob es House-Warming-Partys oder Geburtstagsfeste sind oder ein Brunch – Grund zu feiern und sich mit den »richtigen« Freunden zu treffen, gibt es pausenlos. Sehr beliebt sind mehrgängige Abendessen, selbst auf kleinstem Raum mit wenig Geschirr und kaum Besteck. Schließlich müssen die Damen der Schöpfung zeigen, wie gut sie schon kochen gelernt haben. Da wird zu Lasagne oder Topfenauflauf eingeladen, vorher gibt es eine Suppe und hinterher mindestens einen Schwarzen Kaffee. Auch Spaghetti sind immer gesellschaftsfähig oder Reis mit Gulasch. Gern wird das Fleisch dazu von zu Hause mitgebracht, wo am Wochenende Jagd war. Montag ist generell ein Tag, an dem es in allen Wohngemeinschaften gut zu essen gibt.

Obwohl es oft nicht genug Stühle gibt und schon gar keinen größeren Tisch, obwohl man bisweilen bei der Gastgeberin auf der Bettkante sitzen und gefüllte Teller, Serviette und möglichst auch noch das Weinglas auf den Knien balancieren muss, erscheinen alle Gäste in korrekter Kleidung, die Perlen schimmern im Kerzenlicht, die Siegelringe leuchten, die Schuhe sind frisch gewienert. Alle sind bester Stimmung.

Gleichgültig wer von den Adligen in Freiburg, Regensburg oder Heidelberg studiert, auch zwischen den einzelnen Studienstädten werden eifrig Bekanntschaften und ein intensiver Informationsaustausch betrieben. Schließlich will man die Universität gegebenenfalls wechseln. Dann sind solche Verbindungen höchst willkommen.

In der Studienzeit werden die entscheidenden Freundschaften geschlossen, die gemeinsamen Erlebnisse verbinden ein Leben lang. Da gibt es sicher keine großen Unterschiede zu ähnlichen anderen Gesellschaftsgruppen des Landes. Symptomatisch ist nur hier wie in allen anderen Situationen und Lebensbereichen: Adlige bleiben unter sich. Sie haben ihre eigenen Themen, ihre eigenen Vorstellungen und Ideale. Selbst am Studienort, fern vom heimatlichen Herd, pflegen sie ihre Gesprächs- und Umgangsformen, halten sie an ihren traditionellen Verbindungen fest. Von den Außenstehenden wird das kaum einer merken. Es gibt durchaus Bürgerliche, die hier Zutritt haben, gewöhnliche Kommilitonen. Man mischt sich unbeschwert, zumindest oberflächlich gesehen. Nur wenn es ans Eingemachte geht, an Eheschließung, Kirchgang oder Familienfeste, dann findet unter Adligen unausweichlich der Schulterschluss statt, da wird geschwiegen oder ausweichend geantwortet, da passt nichts und niemand anderer mehr dazwischen.

Das zeigt sich auch bei so einschneidenden Ereignissen, wie wenn die Eltern zu Besuch kommen. Das sind Höhepunkte im Leben eines jeden Studenten, mindestens so schwerwiegend wie Klausuren oder das Examen. Die gilt es gut vorzubereiten und geschickt zu gestalten. Schließlich könnte einem, wenn etwas schiefläuft, der Unterhalt gestrichen oder der Mietvertrag gekündigt werden. Schließlich könnte die Obere Heeresleitung, wie Eltern von manchen jungen Adligen genannt werden, beschließen, ihre mobile Einsatztruppe kurzerhand in andere Regionen zu verschieben, sprich: Der Junge (oder das Mädchen) verkehrt in schlechter Gesellschaft. Der (oder die) muss hier weg!

Damit das nicht passiert, wird ein Mordszirkus betrieben. Da werden das Zimmer aufgeräumt, Tische, Fenster und Böden gewienert, da kommt auf einmal eine schmucke Tagesdecke zum Vorschein, die ganze Wohngemeinschaft steht davor und staunt. Das Bett ist gemacht und die Kissen sortiert, die Bücher stehen alle im Regal, die Hemden, Jacken und Krawatten hängen auf Bügeln, und der Schrank ist verschlossen. Dann wäscht sich der junge Herr von Kopf bis Fuß, rasiert sich gründlich, geht zum Friseur und holt frische Hemden aus der Reinigung. Zu guter Letzt wird fieberhaft ein gutes Lokal gesucht, in das man mit den Eltern gehen kann, schließlich noch fleißig zu Tee und/oder Frühstück eingeladen, denn Muttern hat angeordnet, sie möchte die Freunde kennenlernen.

Und dann müssen sie alle antanzen, die Mädchen im Schottenrock und passendem Twinset, die Jungs in blau-weiß gestreiftem Hemd, dunklem Pullover und brauner Cordhose. Auch Tüchl sind nicht verboten, Krawatten müssen allerdings nicht sein. Außer es ist Sonntag und man kommt gerade aus der Kirche. Dann wird die Hand geküsst und eine Verbeugung gemacht, in manchen Familien muss die Dame mit »Gnädige Frau« angesprochen werden, meist ist man ja sowieso verwandt und duzt sich.

Wichtig ist, dass mehrere Freunde antreten, möglichst keine Bürgerlichen, und dass die Freundesgruppe locker gemischt ist. Nur ja nicht zu wenig Frauen, und wenn nur eine, dann bloß nicht ausgerechnet die Herzallerliebste. Keinesfalls darf der Eindruck entstehen, man habe sich emotional schon irgendwie gebunden. Das hat noch viel Zeit! Erst muss das Studium absolviert werden, das Examen geschafft und im besten Fall eine Anstellung gefunden sein, bevor man irgendwie an verliebt, verlobt, verheiratet oder gar an Kinder denken dürfte.

Sollte das doch wider Erwarten geschehen sein, sollte dummerweise das Herz zu früh entflammt, der gute Sohn mit seinen Emotionen, der Himmel möge es verhindern, bei der Auserwählten auch noch auf Gegenliebe gestoßen sein, sollten diese viel zu früh entdeckten Gefühle erwidert werden, dann sollte die Verbindung bitte schön nur und vor allem anderen ausschließlich eine standesgemäße sein. Dann sollte der Name der Herzensdame mindestens im *Gotha* stehen, möglichst im gleichfarbigen *Gotha* wie der, in dem die eigene Familie zu finden ist, höchstens noch in einem darüber. Schön wäre außerdem, wenn die Eltern nicht geschieden wären und möglichst nicht zu nah verwandt, wenn der Vater berufstätig und das Zuhause vielleicht ein hübscher Ort wäre, vielleicht sogar ein kleines Schlösschen. Sehr schön wäre es zudem, wenn das Gebetbuch stimmen und die Auserwählte von derselben Konfession wäre. Man kennt das ja inzwischen mit den Mischehen, das kann schon gut gehen, aber es ist doch alles so mühsam. Allein die Trauung. In welcher Kirche soll denn dann geheiratet werden?

Alles andere hat überhaupt keinen Sinn, alles andere ist streng verboten oder zumindest wird es nicht gern gesehen. Keinesfalls dürfte es der Vater erfahren, erst recht nicht die Großmutter oder irgendein anderer wichtiger Verwandter. Jedenfalls dürfte diese Mesalliance nur vorübergehend und von ganz kurzer Dauer sein. Auf alle Fälle müssen sich die beiden wilden Jugendlichen tendenziell wieder trennen. Sollte das nicht gelingen, müssen Konsequenzen gezogen werden. Dann heißt es eben doch, Unterhalt streichen oder Studienort wechseln oder ein Jahr ins Ausland. Kloster auf Zeit, ein soziales Jahr in Indien, irgendetwas. Nur weg von dieser Person. Über entsprechend große räumliche Entfernung sollen sich, so erzählt man, emotionale Bindungen bisweilen in Wohlgefallen auflösen. Fern der Heimat, umgeben von Andersartigkeit und akuten Problemen kommt das Kind sicher wieder auf gute Gedanken, findet neu zu sich selbst, kehrt geläutert zurück, hat die Unperson vergessen, verbucht sie unter Jugendsünden. Ist endlich erwachsen geworden.

11. Meide den Spießer!

Das Gegenteil von adlig ist gemeinhin bürgerlich. Die Adligen meiden die Bürgerlichen wie der Teufel das Weihwasser. Stimmt das? Nicht ganz, die Zeiten haben sich ja geändert. Adligen stellt sich nicht mehr pausenlos die Frage nach der Ebenbürtigkeit. Oder doch?

Eines steht fest. Adlige lieben es nicht, wenn ihre Kinder sich anhaltend mit Bürgerlichen liieren. Sie fürchten dabei letztlich nicht den Bürger, denn der ist den Adligen heute in vielen Dingen ebenbürtig, sondern den Spießer. Das Gegenteil von adlig ist in ihren Augen spießig, und sie lassen keine Gelegenheit aus, sich über den Spießer lustig zu machen:

»Woran hast du ihn erkannt? Du hast doch nur mit ihm telefoniert?«

»Ich habe das Klappern seiner Krawattennadel gehört.«

Manche Adlige benutzen statt spießig auch den Begriff portirisch. Woher dieses Wort kommt, weiß keiner genau, aber als Kinder fanden wir es nicht unpassend. Portirisch wie der Portier, der unten vor der Tür steht. Der erste Fremde, dem man begegnet, wenn man das Haus verlässt. Der musste ein Spießer sein und alle, die so sind wie er, portirisch. Der Unterschied zwischen adlig und spießig wäre demnach nur ein rein funktionaler, eine Frage der Familienzugehörigkeit.

Das belegt noch eine weitere Geschichte: Bei den Adligen

gilt es als spießig, wenn man den Löffel in der Tasse lässt. Zwar wird tüchtig umgerührt, sobald Milch oder Zucker oder beides im Tee oder Kaffee gelandet sind, aber der Silberlöffel gehört anschließend fein säuberlich zurück auf die Untertasse. Wer das vergaß, wurde im Haus meiner Großeltern ermahnt, aber nicht mit einem Hinweis auf den Löffel, sondern mit dem rätselhaften Witz: »Schönen Gruß vom Pfarrer.«

Sobald dieser Spruch ertönte, meist begleitet von überschäumendem Vergnügen, prustendem Gelächter, wusste jeder Ermahnte, dass er den Löffel in der Tasse gelassen hatte, und räumte ihn schleunigst an die richtige Stelle. Was der Satz eigentlich bedeutet, haben wir nie verstanden. Lustig fanden wir es als Kinder allein, des anderen Fehler zu entdecken, insbesondere wenn es ein Erwachsener war, und ihn mit dem merkwürdigen Gruß vom Pfarrer zu entlarven. Über das, was dahinterstecken könnte, machten wir uns keine Gedanken.

Erst Jahre später wurde mir die Redensart mit der Begründung erklärt, der Pfarrer sei einer der wenigen Fremden gewesen, die regelmäßig ins Schloss kamen. Er wurde nämlich jeden Sonntag nach der Messe zum Frühstück eingeladen. Er war ein Bürgerlicher, der nicht nur ins Haus gebeten wurde, sondern sogar mit den Hausleuten feierlich im Salon oder im Esszimmer zu Tisch saß und mit ihnen gemeinsam aß. Dabei fielen all die kleineren und größeren Unterschiede zwischen seinen Gewohnheiten und denen der adligen Familie auf.

Nun ist der ortsansässige Pfarrer beileibe nichts Schlechtes und in adligen Häusern respektiert und angesehen. Er ist in sämtlichen moralischen Fragen die höchste Instanz. Auf ihn wird gehört, ihm wird vertraut, bei ihm wird gebeichtet, seine sonntägliche Predigt bestimmt das nachfolgende Tischgespräch. Schließlich spendet er die Sakramente: Er tauft die Kinder, gibt ihnen die erste heilige Kommunion, traut die Töchter des Hauses und wird schließlich gerufen, wenn das letzte Stündlein geschlagen hat. Die Sterbesakramente spendet immer der ortsansässige Pfarrer, wenn er nicht zufällig gerade in Urlaub ist. Aber er bleibt ein Fremder, er ist kein Verwandter und schon gar kein Adliger. Alles, was der Pfarrer tat, war fremd und damit spießig, alles, was spießig ist, tut ein Pfarrer: »Schönen Gruß vom Pfarrer!«

Spießigkeit ist bei Adligen ein großes Thema. Sie versuchen sie zu vermeiden, wo es nur geht, gleichzeitig sie zu entlarven, um sich deutlich davon zu distanzieren. Dabei geht es oft nur um Geschmack, gar nicht um Fragen der Einstellung: Als spießig gelten ärmellose T-Shirts und weiße Socken in Sandalen, spießig sind Gardinen und Spitzendeckchen, spießig ist es, die Jacke auszuziehen, wenn einem zu warm wird, und sie hinten über die Stuhllehne zu legen, spießig ist es schon, wenn man aus ähnlichem Grund die Jackenärmel hochzieht, und besonders spießig ist es, wenn man die Jacke oder den Blazer Jackett oder gar Sakko nennt. Die Bezeichnung Sakko ist so spießig, dass alle Adligen schreiend davonlaufen, wenn sie das hören.

Oder sie setzen ein mildes Lächeln auf, machen sozusagen eine gütige Miene, beugen sich ein wenig nach vorn, verschränken die Arme hinter dem Rücken und strahlen von ganzem Herzen Einfühlungsvermögen, Liebenswürdigkeit, ja letztlich Mitgefühl aus. »Sie sind also ein Spießer, interessant«, scheinen sie zu sagen.

Spießig sind zu enge Hosen, spießig sind Tortenheber und Kuchengabeln, spießig sind modische Frisuren und gefärbte Haare. Spießig sind Sofakissen mit Schlag, farbige Geschenkbänder, zu Rosetten gezwirbelt, in einem Blumenstrauß. Spießig ist es, belegte Brote beim Abendessen mit Messer und Gabel zu essen. Spießig ist es, Kartoffeln mit Messern zu schneiden. Spießig ist alles Nachgemachte, alle Leder-, Pelz- oder Lodenimitate, jeder Glas- und Plastikschmuck, der so aussieht, als sei er aus Brillanten und Edelsteinen. Spießig ist alles Gewollte und jeder Möchtegern. Superspießig sind Gelenktaschen, Jogginghosen und Pantoffeln. Ja, spießig ist es schon, wenn man die Schuhe ausziehen soll, sobald man das Haus betreten hat.

Mit dem Spießertum ist es so ähnlich wie mit der Kategorie Warmduscher und Vorwärtseinparker. Je länger darüber gesprochen wird, desto mehr amüsieren sich alle darüber und steigern sich gegenseitig hinein. Am Schluss gibt es fast nichts mehr, was nicht spießig ist oder was nicht Gefahr läuft, in den nächsten zwei Sekunden für spießig erklärt zu werden. Auch ich bin schon mit zwei Cousinen von einem Kleiderladen zum nächsten durch die Wiener Innenstadt gerannt, kreischend vor Vergnügen, denn in jedem fanden wir etwas, was noch spießiger war als im vorherigen. Als Höhepunkt von Spießigkeit galt an diesem Tag das, was Sekretärinnen im Büro tragen. Kaum hatten wir einen Rock, eine Wolljacke oder ein Paar gemusterte Strümpfe ins Auge gefasst und überlegten, ob man das nicht gelegentlich erstehen könnte, ließen wir es auch schon wieder mit einem Ausruf des Entsetzens fallen. Das sei ja absolut portirisch, rasend spießig und, ganz klar, Sekretärinnen-Stil. Am Ende blieb fast nichts mehr übrig, was über allen Zweifel erhaben gewesen wäre und was man unbesorgt hätte anziehen können. Gekauft haben wir nichts.

Die Diskussion über Spießer oder Spießigkeit ist unter Adligen stilbildend und soll dazu dienen, guten Geschmack zu entwickeln. Schließlich kommen Adlige nicht auf die Welt und wissen von Beginn an, was alles spießig und was nicht spießig ist. Natürlich gehen Adlige am liebsten davon aus, dass der Spieß schon in den Genen steckt und ein Adliger deshalb gar nicht spießig sein kann, aber alles will irgendeinmal gelernt sein. Bisweilen ist die Diskussion auch selbstkasteiend, endet mit sehr rigiden Maßgaben und schränkt in der Wahl von Kleidung, Einrichtungsgegenständen und Geschenken eher ein, als einen zu beflügeln oder gar zu Kreativität anzuregen. Tatsache ist, dass alles Spießige schlecht ist, sehr schlecht. Wer spießig ist oder sich spießig anzieht, gehört nicht dazu. Adlige dürfen keine Spießer sein!

Dabei gibt es selbstverständlich auch bei Adligen unglaubliche Spießigkeiten, gerade was Lebensgewohnheiten oder Einstellungen angeht. Viele Adlige kleiden sich betont nichtspießig, sind aber in ihren Meinungen und Verhalten extrem einseitig und beschränkt. Im Gegenzug gibt es bei echten Spießern oft absolute Köstlichkeiten, zum Beispiel regelmäßig am Sonntagnachmittag selbst gebackenen Kuchen oder erfrischende Selbstironie. Nichts ist wunderbarer als ein Spießer, der sich seiner Liebe zu Jogginganzug und samstäglicher Autowäsche klar bewusst ist und darüber witzelt, der einem fröhlich mit der Bierflasche zuprostet oder in die Küche rennt und ein neues Glas bringt, wenn es beim Einschenken nicht richtig geschäumt hat, darüber aber lacht. Auch was Gerichte wie Fleisch-, Eier- oder Wurstsalat angeht, die merkwürdigerweise als absolut spießig gelten, können Adlige schnell schwach werden. Tja, die Versuchung ist groß und allgegenwärtig. Man sollte sich, was das leibliche Wohl angeht, auf den Leitsatz einigen: Es gibt kein spießiges Essen.

Wahrscheinlich dient die Differenzierung zwischen adlig und spießig, wenn sie über Fragen der Einstellung hinausgeht, in erster Linie dem Versuch, der adligen Nachkommenschaft einen Begriff von Heimat und Zugehörigkeit zu vermitteln und dadurch zusätzlich zu gewährleisten, dass sie sich bei der Wahl ihrer Ehepartner nicht vertun. Es geht wie immer darum, die Standeszugehörigkeit zu wahren, um nicht zu sagen Stammesangehörigkeit. Es gilt, ein Gefühl für das Eigene zu verankern, Stallgeruch zu entwickeln.

Bei den einen funktioniert es gar nicht. Sie finden gerade

Spießer attraktiv und wollen mit ihresgleichen nichts mehr zu tun haben. Bei den meisten aber läuft es glatt. Sie fühlen sich bei den Bürgerlichen unwillkürlich nicht zu Hause. Sie könnten gar nicht genau sagen, warum. Sie schauen sich das alles mit Interesse an, bleiben aber innerlich auf Distanz.

Schwierig ist es, wenn die Linie nicht klar zu ziehen ist. Viele Menschen sind selbst nicht spießig, haben aber ein furchtbar spießiges Zuhause. In diese Falle tappte eine meiner Cousinen. Sie hatte sich in einen Bürgerlichen verliebt, zu allem Überfluss in einen Protestanten, obwohl sie selbst aus katholischem Hause stammt. Auch war der Mann noch etliche Jahre älter als sie, aber ihr Vater hatte ein Einsehen und gab sein Einverständnis. Schon wurden Verlobungsanzeigen entworfen, schon machte sich das junge Glück auf den Weg zum feierlichen Antrittsbesuch in sein Elternhaus.

Doch gleich beim Betreten des Hauses erblickte meine Cousine die sanften Schwünge und Schleifen, zu denen Gardinen und Vorhänge gewunden waren, und ihr wurde flau im Magen. Dann gab es da noch eine frei schwebende Treppe mit zu Hochglanz poliertem Parkett und einige andere Details, von denen sie später wiederholt unter Tränen berichtete. Ihre Schwiegermuter in spe ließ keine Gelegenheit aus, ihr aufgeregt zu schildern, was man alles anstellen müsste, damit eine so schön glänzende Treppe immer ganz sauber bliebe. Unglücklicherweise fiel der Antrittsbesuch auch noch in die Weihnachtszeit, und die fremde Familie hatte die Angewohnheit, sich am späten Nachmittag, wenn es draußen schon dunkel geworden war, im Wohnzimmer zu einer besinnlichen Stunde zu versammeln und gemeinsam dem Bach'schen *Weihnachtsoratorium* zu lauschen. Jede Familie hat ihre Riten: Dieses Zeremoniell war sozusagen der Inbegriff von Harmonie und Friedlichkeit. Es gehörte hier zu Weihnachten wie bei anderen der Baum und die Kerzen. Einzige Lichtquelle im Raum waren dann die elek-

trische Beleuchtung an der akkurat zurechtgestutzten Silber-
tanne und vier Bienenwachskerzen in goldglänzenden Haltern
in der Mitte des Wohnzimmertisches. Um die Kerzen drehte
sich hektisch ein Engel aus demselben Goldmetall wie die Hal-
ter, der mit einem Hämmerchen bei jeder Umdrehung an eine
kleine Glocke schlug. Alle verfolgten die Drehungen des En-
gels in tiefem Schweigen. Das Einzige, was das Bach'sche Hal-
leluja stören durfte, war diese kleine Glocke. So schallte denn
ein heftiges »Jauchzet! Frohlocket!« durch den Raum, unterbrochen lediglich von einem vollkommen arhythmischen, aber
steten »Bing, Bing, Bing, Bing, Bing …«.

Am nächsten Tag ging es zum Doktorvater des Zukünftigen (natürlich war der bürgerliche Gatte in spe promoviert),
einem Professor, der mit seiner Frau und den längst erwachsenen Kindern ein Wohnzimmer unterhielt, das komplett in ge-
strengem Biedermeier eingerichtet war, das Sofa bespannt mit
stahlblauem Leinen. Auch hier stand in der Ecke ein fabelhaf-
ter Weihnachtsbaum wie aus einem Guss mit Zweigen, die bis
in die Nadelspitzen alle exakt die gleiche Länge hatten. Der
Baum war von Kopf bis Fuß und ausschließlich mit schmalen,
langen, goldenen Streifen behängt. Die Braut klatschte übermütig und leicht übertrieben in die Hände, aus reinster Höflichkeit wollte sie Anteilnahme und Begeisterung beweisen und
rief aus: »Oh, so viel Lametta!« Alles im Raum erstarrte, eine
Sekunde lang war es mucksmäuschenstill. Dann beugte sich
der Zukünftige unauffällig zu seiner jungen Braut hinunter
und flüsterte ihr sanft zu: »Das ist kein Lametta, Schatz. Das
ist Engelshaar.«

Meine Cousine schaute ihn verständnislos an. Engelshaar?
Aber niemand wollte den Lapsus erklären, niemand wollte ihr
erläutern, dass es bei Lametta große Unterschiede gibt und
dass Engelhaar eine Form von besonders fein geschnittenem,
goldenem Baumbehang darstellt, der vor allem nicht billig ist.

Wer diese Unterschiede nicht kennt, kann nur aus der Gosse stammen. Man lächelte, schaute verlegen zur Seite. Frau Professor beeilte sich, zu Tisch zu bitten, das selbst gefertigte Spritzgebäck zu servieren und den Tee einzuschenken.

Zurück im Haus der Eltern des Bräutigams war abends wieder besinnliche Mußestunde mit klingendem »Bing, Bing« angesagt. Alle schwiegen ordnungsgemäß, und während die künftige Schwiegermutter vor Rührung leise weinte und ihr großer Sohn intensiv darüber nachdachte, wie er den Schnitzer mit dem Lametta bei der Frau seines Doktorvaters wieder wettmachen konnte, starrte seine Verlobte nur verzweifelt auf den rasenden Engel in der Mitte des Tisches und fühlte sich plötzlich sehr allein. Sie spürte Enge, empfand sie wie eine Hand, die ihr langsam die Kehle zudrückte, und geriet allmählich in Panik. Niemals würde sie es in dieser Familie aushalten, niemals könnte sie hierbleiben. Wie kam sie hier jemals wieder heil heraus?

Zurück bei ihren Eltern hatte meine Cousine leichtes Spiel. Sie musste nur die kleinste Andeutung machen – die ach so fremde Familie, die Weihnachtspyramide, das Engelshaar. Der Rest verstand sich ganz von allein. Verständnisvoll strichen sie ihrem heimgekehrten Kind übers Haar, nahmen es in den Arm, die Verlobungsanzeigen wurden abbestellt, alle Termine schnell wieder aus dem Kalender gestrichen, das Hochzeitskleid der Mutter wieder eingemottet.

Wenn sie es der Tochter auch nicht zeigten, die Nachricht schlug bei den Eltern ein wie der Blitz in eine tausendjährige Eiche. Sie tanzten, lachten, triumphierten. Bis zum Schluss hatten sie die Hoffnung nicht aufgegeben. Bis zum Schluss hatten sie sich die Knie wund gebetet, hatten gehofft, dass Gnade vor Recht geschehen würde. Der Himmel hatte ein Einsehen gehabt, ihr Flehen war nicht ungehört verhallt. Die Ernüchterung mit anschließender Läuterung war ganz von allein eingetreten. Endlich konnte wieder erwartungsfreudig im *Gotha* geblättert und nach dem richtigen Bräutigam Ausschau gehalten werden.

12. Lies im *Gotha!*

Der *Gotha* ist die Bibel der Adligen. Jeder kennt ihn, jeder hat ihn, jeder nutzt ihn, und das möglichst oft. Familien, die hier nicht erwähnt sind, gehören nicht dazu. Es sind sogenannte »Ungeborene« oder, um es mit Friedrich Torbergs *Tante Jolesch* auszudrücken: »Ist sie/er jemand oder niemand?« Ein Freund von mir erzählt, seine Großmutter habe das Phänomen mit der Frage bezeichnet: »Ist es ein Gewisser oder ein Geborener?« Der Hinweis auf die Geburt beziehungsweise auf ihre Wahrhaftigkeit ist ein besonders schönes Merkmal für die Tatsache, in welcher Abgeschiedenheit Adlige in ihrer Parallelwelt leben. Keiner von ihnen wird mit diesem despektierlichen Ausdruck behaupten wollen, Bürgerliche würden nicht geboren. Selbstverständlich kommen Bürgerliche genauso auf die Welt wie Adlige, sie befinden sich auch in der Welt, obwohl sie sogenannte »Ungeborene« sind, aber sie befinden sich eben nicht in der Welt der Adligen. Sie können für adlige Angelegenheiten nicht ernsthaft in Betracht gezogen werden. Sie bleiben außen vor. Nur Adlige sind »Geborene«.

Der Ausdruck geht zurück auf den Geburtsnamen der Frau. Wenn ein Adliger heiratet, lässt die Frau ihren Geburtsnamen zurück (außer sie stammt aus einer Familie der I. Abteilung) und nimmt den Namen ihres adligen Gatten an. Doch sie verliert ihn nie ganz. Er wird auf den Geburts- und Hochzeitsanzeigen ihrer Kinder, auf ihrer eigenen Sterbeanzeige und in allen Gesprächen, die sich um dieses Thema ranken, mit dem Zusatz »geborene« vermerkt. Im Gespräch heißt es: »Sie hat einen Strachwitz geheiratet, ist aber eine geborene Plettenberg.« Stammt die Ehefrau aus keiner adligen Familie, kommt auf die Frage »Was ist sie für eine Geborene?« die Antwort »Sie ist nichts« oder eben »Sie ist eine Ungeborene«.

Im *Gotha* kann man nachlesen, wer mit wem verwandt ist. Er ist das *Genealogische Handbuch des Adels*, ein mehrbändiges Nachschlagewerk, das seit 1951 vom C. A. Starke Verlag in Limburg herausgegeben wird. Es erfasst in etwa 140 Bänden Adelsfamilien aus dem Gebiet des ehemaligen Heiligen Römischen Reiches Deutscher Nation. Das sind die heutigen Länder Deutschland, Österreich, Schweiz, Niederlande, Belgien, Luxemburg, Tschechien, Slowenien, Italien sowie Teile des heutigen Frankreich, der baltischen Staaten und des heutigen Polen. Unterteilt sind die Bücher in vier Kategorien, die sich in den unterschiedlichen Farben spiegeln, in denen die Bände gebunden sind: Der rote *Gotha* enthält die *Fürstlichen Häuser*, also ehemals regierende, standesherrliche und nichtsouveräne Häuser, der grüne *Gotha* enthält die *Gräflichen Häuser*, im weinroten Buch sind die *Freiherren und Barone* vermerkt, im grauen zuletzt die *Adeligen Häuser* ohne Titel, differenziert nach Uradel und Briefadel. Diese Reihenfolge entspricht der Rangfolge.

Der Name *Gotha* geht auf den Verlagsort seines Vorgängers zurück, das heute thüringische Städtchen Gotha. Dort erschien 1763 bei Justus Perthes erstmals der *Gothaische Hof-Kalender zum Nutzen und Vergnügen eingerichtet*, und er wurde bis 1942 ständig aktualisiert und ergänzt. Jede Neuauflage brachte auch eine kleine Veränderung des Titels mit sich. Das Buch der Bücher nannte sich *Gothaischer Genealogischer Kalender* oder *Gothaischer genealogischer Hof-Kalender*, *Gothaer Hof-Kalender* oder *Gothaisches Genealogisches Handbuch des Adels*. Welchen Titel es auch immer trug, der *Gotha* hat bis heute nur einen Zweck: Er gibt seinen Lesern Aufschluss über die Abstammung der Namensträger und Mitglieder adliger Familien, er dokumentiert ihre geschichtlichen Ursprünge, aktuellen Aufenthaltsorte und Familienwappen.

Natürlich sollten Adlige gar keinen *Gotha* brauchen und auswendig wissen, wer mit wem verwandt ist. Kaum eine soziale Gruppe spricht schließlich so viel über ihre Vorfahren, Abstammung und Verwandtschaftsgrade. Adlige tun nichts lieber, als Abend für Abend beisammenzusitzen und darüber zu reden. Sie erzählen von dieser Tante und von jenem Neffen, erzählen, wer sich mit wem verlobt hat und woher derjenige stammt, den man letzte Woche auf einer Jagd kennengelernt hat. Meist sind die Verbindungen so weitläufig, dass sie nicht mehr im Kopf nachzuvollziehen sind. Man unterhält sich schließlich über Verwandtschaften dritten oder vierten Grades.

Aber das ist ganz egal. Diese Art Gespräche ist so beliebt, dass man sie als Gesellschafts- und vor allem Wettspiel bezeichnen kann. Sie dauern stundenlang. Verloren hat derjenige, der schließlich aufspringt und den *Gotha* holt, denn selbstverständlich gibt es in jedem Haus, in dem Adlige leben, mindestens einen *Gotha*, meist ein ganzes Regal voller *Gothas*. »Da schau'n wir doch mal im *Gotha* nach ...« Es ist so ähnlich, wie wenn einer beim Kopfrechnen plötzlich einen Taschenrechner herauszieht.

Zu Ende ist das Spiel damit noch nicht, im Gegenteil. Eigentlich geht es jetzt erst richtig los, denn die anderen wollen alles wissen, was über die Verwandtschaft der fraglichen Personen bekannt und zu lesen ist. Derjenige, der aufgesprungen ist, um den *Gotha* zu holen, muss ihre Namen und Familien finden und es laut und deutlich vortragen. Dabei wird er meist unterbrochen, weil einem der Anwesenden eine Anekdote zu einem der Erwähnten einfällt oder ein anderer dringend etwas dazu erzählen muss. Der Vortragende muss innehalten, darf aber die Stelle nicht verlieren, an der er unterbrochen wurde, und hält deshalb den Finger an die Zeile, bei der er stehen geblieben ist. Denn der Inhalt dieses für den Adel so unerlässlichen Handbuches besteht aus tausend Abkürzungen, Hinweisen und Zeichen, eigentlich müsste man Historiker sein, um ihn lesen zu können. Doch die meisten Adligen sind darin so geübt, dass es ihnen keine Schwierigkeiten bereitet.

Über die Vielzahl an Informationen, die sich in nur einem dieser kurzen und vor allem abkürzungsreichen Abschnitte befinden, schreibt Gregor von Rezzori: »Wie in einem Elektronenhirn gespeichert, enthielt der Hofkalender eine unerhörte Fülle im Telegrammstil aufgezeichneter Lebensromane, ja der Sagas ganzer Sippen – und zwar solcher Geschlechter, die für die europäische Geschichte von entscheidender Bedeutung waren. In Artikeln, die in äußerster Verknappung die Herkunftsgeschichte der jeweiligen Häuser wiedergeben, blüht der Bilderreichtum der Historie unvergleichlich lebendig und – was insbesondere für den deutschen Geschichtsunterricht wichtig ist – ohne den Zusatz tendenziöser Deutung auf. Während der Verstand die kargen Dokumentationen aufnimmt und seine verbindenden Schlüsse zieht, ist der Fantasie ein unbegrenzter Spielraum aufgetan.«

Im Zusammenhang mit dem Ratespiel über Verwandtschaft ist der Ausdruck »Gotha-Conducteur« entstanden. Der so Bezeichnete ist nichts anderes als ein Besserwisser. Er versucht demjenigen, der aufgesprungen ist, um nachzuschauen, den Gotha aus der Hand zu zerren und selbst nachzublättern. Er glaubt eben, er kenne sich besser aus und fände die gesuchte Stelle schneller. Mittlerweile steht der »Gotha-Conducteur« generell für jede Art von Hast oder Ungeduld oder Besserwisserei, wenn zum Beispiel zwei gleichzeitig versuchen, einen Namen im Telefonbuch zu finden, oder in der Landkarte prüfen, wie man weiterfahren muss. Meist gehen Buch oder Karte dabei entzwei. Wahrscheinlich würde man den Begriff auch dann benutzen, wenn mehrere Personen versuchen, ein Wort im Internet um die Wette zu »googeln«. Wie die näheren Umstände auch immer sein mögen, man sagt dazu: »Du bist ja ganz ein *Gotha*-Conducteur« oder »Du hast ja *Gotha*-Conducteur«, als sei dieser Ehrgeiz eine Krankheit, die einen anfallartig befällt.

Das Wettraten mit dem *Gotha* habe ich schon unzählige Male miterlebt. Erst hockte ich dabei noch spielend auf dem Teppich, kraulte die Hunde, später lümmelte ich auf dem Kindersofa und sollte leise (ganz leise, sonst ging es sofort ab ins Bett) mit den Geschwistern und der Cousinage Mau-Mau, Canasta oder Monopoly spielen, schließlich saß ich aufrecht zwischen den Erwachsenen und beteiligte mich selbst an dem Gespräch, warf sogar bisweilen eine eigene Frage auf. Im besten Fall wusste ich gar eine Anekdote oder eine Begebenheit zu erzählen und so einen Zusammenhang zwischen den unzähligen Abkürzungen und dem richtigen Leben herzustellen. Das kam aber nur sehr selten vor.

Nie habe ich als Kind das Fieber verstanden, das viele Adlige beim Studium des *Gothas* ergreift, warum sie sich so intensiv und aufgeregt der Abstammung bekannter oder auch fremder Menschen widmen. Erst später wurde mir klar, dass es im Grunde um nichts anderes ging, als Verbindungen zu knüpfen beziehungsweise mögliche Verbindungen auszuschließen. Es ging darum, Ehen zu stecken, dafür zu sorgen, dass die Kinder nicht jemanden heiraten, mit dem sie zufällig verwandt sind, oder jemanden, der womöglich mit keinem verwandt ist.

Gerade nach Festen, am liebsten noch am Sonntagabend, wird eifrig im *Gotha* geblättert. Wie steht es um die potenziellen Ehekandidaten? Die jungen Leute mögen das zwar nicht sonderlich gern, aber sie werden von ihren Eltern und Verwandten nach der Rückkehr vom Fest hemmungslos ausgehorcht. Auf die Standardfrage: »Hast du dich amüsiert?«, folgt augenblicklich: »Mit wem warst du platziert?« Oder etwas all-gemeiner: »Wer war denn alles da?« Selbstverständlich wird angenommen, dass es sich bei den Ballgästen ausschließlich um Adlige gehandelt hat, jedenfalls keine Fremden, sonst könnte man sie ja womöglich nicht kennen. Das Fragespiel gipfelt in dem alles entscheidenden Satz: »Mit wem hast du den letzten Tanz getanzt?« Sollte der Name desjenigen, mit dem der Aus-gehorchte den Abschlusswalzer getanzt hat, womöglich mit dem Namen des Tischherrn oder der Tischdame übereinstim-men, schlagen die Glocken gleich Alarm. Spätestens dann muss der *Gotha* geholt und der Name nachgeschlagen werden.

Umgehend bricht ein heftiger »*Gotha*-Conducteur« aus: »Ja, ist das vielleicht die Tochter vom Fitzi und der Bausi? Oder die vom Hanni und der Titti, du weißt schon, der, die eigent-lich damals den Karli heiraten wollte. Ja, genau. Nein, die ste-hen doch im fürstlichen, nein, im gräflichen. Ja, haben wir den überhaupt? Schau mal bitte schnell nach. Ja, ganz hinten im Regal, hinter dem, ach, jetzt hast du ihn schon. Ja, warum ste-hen die jetzt nicht hier drin? Was, ja, ich schau schon hinten, aber, ach so, die Jahreszahl stimmt nicht. Wir müssen in dem von 1987 nachschauen, nicht dem von 1998. Ich schau schon, ach, hier ist er.« Es wird geprüft und gelesen und geschaut und gemacht. Der mühsam Ausgehorchte hat längst das Weite ge-sucht, hat womöglich falsche Spuren gelegt und nur irgendei-nen Namen genannt, um seine Ruhe zu haben, liegt schon seit Stunden in der Horizontalen und schläft seinen Kater aus. Und die Verwandtschaft blättert, liest, kombiniert und trägt aufgeregt vor. Sollte es sich um eine glückliche Verbindung handeln, wird nicht lange gefackelt. Da wird bei nächster Ge-legenheit der Pfarrer mit dem Klappaltar vorbeigeschickt und es werden Nägel mit Köpfen gemacht.

Der Bürgerliche sucht im Internet oder schaltet Kontakt-anzeigen, wenn er auf Partnersuche geht, der Adlige schlägt den *Gotha* auf. Mein Großvater hatte mühsam sechs potenzielle Ehefrauen für seinen ältesten Enkel herausgesucht und auf einen Zettel notiert. Schließlich musste der Fortbestand der Familie gesichert werden, das Erbe in vernünftige Hände fallen, die Mutter der Großenkel aus gutem Hause stammen. Den Zettel trug er immer bei sich. Als mein Vetter schließlich eine ganz andere Frau heiratete, war er ihm keinesfalls böse, im Gegenteil. Er hatte ja nur Vorsorge treffen wollen. Falls er gefragt würde.

Es geht also wie immer ums Heiraten, und wer nicht im *Gotha* steht, der kommt dafür nicht infrage. Trotzdem kann man nicht automatisch alle heiraten, die im *Gotha* stehen. Keinesfalls. So sollten zum Beispiel Katholiken keine Protestanten heiraten und auch nicht umgekehrt. Man kann als junge Adlige viel falsch machen, aber fast nichts ist so daneben wie eine Mischehe, eine gemischtkonfessionelle Eheschließung. Dabei geht es weniger um die Einigung zwischen Mann und Frau als um die Konfession der Kinder, die zwingend aus dieser Verbindung entstehen sollten. Werden sie katholisch oder protestantisch getauft? Hoffentlich werden sie überhaupt getauft!

Am schlimmsten ist es wahrscheinlich, wenn eine katholische Adlige einen evangelischen Adligen heiratet und darauf besteht, dass die Kinder katholisch getauft werden. Eine Familie, die jahrhundertelang protestantisch war, kann nicht plötzlich katholisch werden. Das ist sogar schlimmer, als wenn eine katholische Adlige einen protestantischen Bürgerlichen heiratet. Am wenigsten schlimm ist in dem Zusammenhang, wenn ein adliger Herr, gleichgültig welcher Konfession, eine bürgerliche Dame heiratet, denn wenn sie seinen Namen annimmt und die Kinder richtig getauft werden, merkt man ja eigentlich gar nicht mehr, dass sie ursprünglich keine Adlige war.

Eigentlich. Adlige behaupten natürlich, man würde das sofort merken. Auch Jahrzehnte später würde man es noch merken. Selbst die bemühteste und ehrgeizigste Bürgerliche würde es nie schaffen, eine echte Adlige zu werden. Nicht einmal ihre Kinder wären richtige Adlige, denn sie würden ja von einer Bürgerlichen erzogen. Und woher um alles in der Welt sollte die wissen, wie das geht?

Schlecht ist auch eine Eheschließung mit einem sogenannten kleinen »Vönnchen«, eine Heirat unterm Stand. Sie sind weder Prinzen, Grafen oder Barone, heißen ganz normal Müller oder Meier, tragen aber ein »von« vor dem Familiennamen und sind damit superadlig. In den alten Familien werden sie allerdings kaum wahrgenommen. Man bezeichnet sie abfällig als Winkadel, Adlige, die Anfang des 20. Jahrhunderts schnell noch vom Kaiser geadelt worden waren, weil sie am Straßenrand standen und ihm zuwinkten, während er schon auf dem Weg ins Schloss war, um abzudanken.

Um es noch einmal klarzustellen: Die adlige Nachfolge funktioniert tatsächlich und ausschließlich über den Namen des Ehemannes. Ein Beispiel: Hans Graf von Soundso ist rechtmäßiger und adliger Namensträger. Sein mit seiner Tochter Komtesse Beatrix (Bea) von Soundso verheirateter Schwiegersohn, geborener Oliver Spitzbart, verheirateter Oliver Graf von Soundso, ist zwar rechtmäßiger, aber nichtadliger Namensträger des Nachnamens Graf von Soundso. Auch die Nachfahren dieses Paares werden im Sinne dieser Regeln nichtadlige Namensträger sein, obwohl sie sich nach den geltenden deutschen Namensgesetzen Graf oder Gräfin Soundso nennen dürfen. Es ist aber nur über die männlichen Nachkommen möglich, den Namen und den damit verbundenen Adel weiterzugeben. Beas Bruder Ferdinand (Fiffi) Graf von Soundso heiratete Fräulein Patrizia Rosenschuh. Sie und ihre Kinder werden im Gegensatz zu ihrem Schwager Oliver als adlige Namensträgerin anerkannt. Fräulein Rosenschuh heißt ab der Eheschließung Gräfin Soundso. Auch ein durch Adoption weitergegebener Name erschafft keinen Adligen, vielmehr ist auch er nur ein nichtadliger Namensträger, auch Pseudoadliger genannt.

Das klingt alles so verwegen, da heiratet man vielleicht lieber gar nicht. Denn eines ist bei den Adligen nicht schlecht: Ab einem gewissen Alter muss man nicht mehr heiraten, zumindest nicht als Frau. Selbst wenn man kein eigenes Einkommen hat — für weibliche Familienmitglieder gibt es in den unermesslich großen und weiträumigen Haushalten eines der zahlreichen Schlösser immer genug Platz. Da sind auch immer viele Kinder zu betreuen, denn adlige Familien sind umfangreich. Alleinstehende Frauen sind hier willkommene Gäste, selbst wenn sie viele Jahre bleiben. Für männliche Adlige ist das nicht so einfach. Schließlich bleiben sie bis ins hohe Alter zeugungsfähig.

Selbst wenn man nicht heiraten und schon gar nicht verheiratet werden möchte, bleibt der *Gotha* ein wesentliches Utensil im Umgang mit der Welt der Adligen. Das zeigt folgende Episode: Eine Besonderheit unter den *Fürstlichen Häusern* sind die Standesherren. Zu ihnen gehören die Familien, die bis zum Reichsdeputationshauptschluss 1803 reichsunmittelbar waren. Sie unterstanden direkt dem Kaiser und hatten neben zahlreichen anderen Privilegien die Landeshoheit inne. Knapp 70 Familien sind es, auf die das heute noch zutrifft, und ihre Zahl kann nicht vermehrt werden. Im Gegenteil, sie werden immer weniger. Es sind schon ganze standesherrliche Familien ausgestorben.

Die Standesherren sind in der zweiten Abteilung des fürstlich-roten *Gothas* vermerkt, und zu ihren Wappen gehört, wie zu allen herrschaftlichen Häusern, eine geschlossene Krone. Zusätzlich zu dem mit Zacken versehenen goldenen Reif, mit dem eine Krone gemeinhin den Kopf des Herrschers umschließt, weist diese einen oder, je nach Ausführung, mehrere reich verzierte Bügel auf. Das ist schön zu sehen beispielsweise an der Krone des Heiligen Römischen Reiches oder auch an der englischen Königskrone.

Bis heute versammeln sich die Standesherren Jahr für Jahr auf einem großen Fest im Hotel »Vier Jahreszeiten« in München, dem sogenannten Standesherrenball. Er hat ähnlich wie die rheinischen Winterbälle, der Herren- und der Damenclub, eine gewisse Exklusivität, darf doch selbst von den Adligen nicht jeder dorthin gehen. Umso besser glauben alle, darüber Bescheid zu wissen. Ich hingegen hatte keine Ahnung. Wie gering meine Ahnung war, ahnte ich selbst nicht. Als ich justament in dem Zeitraum, in dem der Ball gemeinhin stattfindet, einmal in München war, traf ich zufällig einen entfernten Verwandten im Englischen Garten und fragte ihn ganz unvoreingenommen, er sei doch sicher wegen des Standesherrenballs nach München gekommen. An welchem Tag finde der eigentlich genau statt?

Der junge Mann erstarrte innerlich, schaute mich entsetzt an und sagte: »Na hör mal. Ich habe doch gar keine geschlossene Krone.« Ich fragte mitleidsvoll: »Ach, du Ärmster, warst du schon beim Zahnarzt?«

13. Bitte keine vollen Namen!

Adlige pflegen nicht nur eine sehr eigene Sprache oder Aussprache, sie benutzen nicht nur ein gruppenspezifisches Vokabular, sie haben auch die Eigenschaft, sich gegenseitig die unglaublichsten Spitznamen zu geben und konsequent das ganze Leben lang daran festzuhalten. Der Originalname wird bis zur Unkenntlichkeit verkürzt. Da wird Christiane zu Titzi, Friedrich-Leopold zu Frilo, Gangolf zu Goffi und Henriette zu Jetti. Aus Philippa wird Pippa, aus Josef wird Seppi, aus Sidonia wird Gux, aus Maria Antonia Mimi. Seitenweise könnte man die Reihe fortsetzen. Der Fantasie sind keine Grenzen gesetzt.

Keiner wusste sich darüber so zu amüsieren wie Rezzori: »Indes, wir werden finden, dass die Träger so hoher Titel und stolzer Namen, die Täuflinge so hochheiliger Paten, von einer Eigenschaft bestimmt sind, die grundsätzlichen Charakter hat und die wir nennen wollen: das Prinzip der eleganten Frugalität. Käme es uns in den Sinn, einen der Angehörigen des hohen Adels nach den Namen von seinesgleichen zu befragen, würden wir vermutlich die Antwort erlangen: ›No – halt alle miteinander … Der Ferry und der Pucki und der Albi und der Bomms, der Bubi und der Jocki – und ihre Frauen, selbstverständlich, die Netty und die Mädi und die Berthi, die Steffy, die Maritschi und die Lexl und wie sie halt alle heißen …‹ Dies also: die Mucki und der Pucki, der Bubi und Mädi (Fleisch und Bein wie du und ich und dennoch nicht aus dem gleichen

Stoff gebildet), sind zum großen Teil die Nachkommen ehemaliger Dynastien und Ministerialen – soweit sie deutsch sind, die Nachfahren jener großen und stolzen Herren, die einstmals an der Spitze ihrer Ritter und Dienstmannen nach Rom gezogen sind, um einen aus ihren Reihen erwählten deutschen König zum Römischen Kaiser Deutscher Nation gekrönt zu sehen. Durch ein Jahrtausend stehen sie im Licht der Geschichte, und man darf annehmen, dass sie ein vorangegangenes Jahrtausend damit beschäftigt waren, an so prominente Stelle zu gelangen. Seit zweitausend Jahren also gehören sie zu den Menschen, die maßgeblich etwas zu sagen haben, die das Schicksal der Nationen unseres Erdteils bestimmten.«

Selbstredend beziehen sich die Abkürzungen immer auf die Vornamen und nie auf die zuweilen unglaublich hochherrschaftlichen Nachnamen. Wie es zu dem »Prinzip der Frugalität«, wie Rezzori es nennt, gekommen ist, weiß niemand genau zu sagen. Fest steht nur: Es war schon immer so. Auch die Älteren erzählen von ihren Verwandten und Freunden immer nur mit den absonderlichsten Spitznamen wie Drusa (weiblich), Titi (weiblich) oder Masi (weiblich), Botz (männlich) oder Boyle (männlich). Und man kann sicher sein, dass es sich dabei nicht um ihre bürgerlichen Schulkameraden handelt.

Liegt es vielleicht daran, dass Adlige ihren Kindern Namen geben, die zu erwachsen oder altmodisch klingen wie Carl-Emanuel, Franz Ludwig, Walburga oder Katharina oder Eleonore? Das würde erklären, warum die meisten Spitznamen in jungen Jahren entstehen und bisweilen vehement im Erwachsenenalter abgelegt werden. Einem zweijährigen Stöpsel, der mit dickem Windelpopo dreckverschmiert aus dem Sandkasten torkelt, sagt man eben nicht so leicht: »Aber Friedrich Leopold, warum hast du dich nur wieder so schmutzig gemacht?« Und kaum eine Mutter würde sacht über ein Kinderbett gebeugt dem Säugling zuflöten: »Nu schlaf ein, Marie-

Antoinette. Es ist spät geworden, schlaf ein.« Da greift man doch lieber zu einem kurzen Ein- oder Zweisilber, der ein bisschen freundlicher klingt als Rüpel, Hexe oder Lump.

Ein paar wenige wagen die Gegenbewegung. Sie verweigern sich ihren Spitznamen mit großem Zorn und finden damit Unterstützung bei denen, die Spitznamen immer schon scheußlich fanden. Die wiederum gehören zu der Fraktion, die den Spitznamen in allen Briefen und selbst in der Anrede prinzipiell vermeiden. Allerdings stehen sie damit oft allein da, denn die vollen Namen sind längst in Vergessenheit geraten. Der Bruch mit den Konventionen treibt hier umgehend in die Isolation, denn keiner weiß, von wem die Spitznamenverweigerer eigentlich sprechen.

Urgrund für jeden Spitznamen ist immer ein starkes Gefühl. Jemand der langweilig, unauffällig oder ohne Freunde durch das Leben trabt, wird nicht wahrgenommen und auch nicht speziell benannt. Spitznamen bekommen nur diejenigen, die auffallen oder die man besonders gern hat. Diese Namen sind im Ursprung oft Kosenamen und verwandeln sich erst mit der Zeit in echte Rufnamen. Doch das ist nur ein schwacher Trost.

Vielleicht handelt es sich bei dieser Spitznamen-Manie nur um so etwas Ähnliches wie einen geheimen Code, eine Art soziotopspezifische Abmachung, die der Verschleierung nach außen hin dient. Wer zu uns gehört, bekommt eine Extrabezeichnung. Geheimagenten nennt man ja auch gern bei einer Zahl und bloß nicht bei ihrem bürgerlichen Namen.

Als ich ein Kind war, waren diese Namen für uns vollkommen normal. Niemals hätten wir sie hinterfragt. Wir empfanden sie ähnlich passend und gemütlich wie die dicken, weichen Backen unserer Tanten, in denen wir versanken, wenn wir sie bei der Begrüßung küssten. Wir wären traurig gewesen, wenn man sie abgeschafft hätte.

Manchmal aber tragen die Spitznamen keineswegs zum besseren Verständnis bei, dann stiften sie sogar unter Eingeweihten Verwirrung. Jahrelang dachte ich, einer meiner verstorbenen Onkel, der von allen Beule genannt wurde, habe irgendwo am Kopf eine Beule gehabt. Das schien mir selbstverständlich möglich, zumal ein anderer Onkel tatsächlich an der Stirn eine beulenartige Auswölbung hatte, die nie wieder verschwand. Doch in Wahrheit hieß der verstorbene Onkel nicht Beule, sondern wie oben erwähnt Boyle, und das nur, weil er der einzige Sohn unter lauter Schwestern war. Auch das ist übrigens in den meist kinderreichen adligen Familien Usus. Wenn es nur ein Mädchen oder nur einen Jungen in der Geschwisterschar gibt, wird das sofort durch einen geschlechtsspezifischen Spitznamen hervorgehoben. Das Mädchen wird nie im Leben bei seinen eigenen Namen gerufen, sondern immer nur Mädi oder Weibi genannt, gerne auch mit dem Artikel »das« versehen, denn Mädchen sind ja durchaus sächlich. Wie geschlechtsunspezifisch das arme Kind durch diesen Spitznamen womöglich jahrelang aufwächst und angesehen wird, sei dahingestellt. Wer in einer Schar von Brüdern aufwächst, darf eben nicht zu viel Weiblichkeit an den Tag legen.

Der wundersame Onkel Boyle ohne Beule litt übrigens an der Schlafkrankheit, was ihn wahrscheinlich relativ frühzeitig aus dem Leben riss, ihn dafür aber unvergessen macht, denn was erzählen sich Adlige, immer hungrig auf der Suche nach amüsanten Anekdoten, lieber als Geschichten von einem Onkel, der mitten im Satz einschläft. Noch viel lieber erzählten die Erwachsenen davon, dass Onkel Boyle nicht nur plötzlich einschlief, sondern ebenso unverhofft plötzlich wieder aufwachte, dann aber so tat, als sei er die ganze Zeit wach geblieben. Ob das nun daran lag, dass er gar nicht gemerkt hatte, wie er zwischenzeitlich eingeschlafen war, oder daran, dass er den Fauxpas überspielen wollte? Man weiß es nicht mehr. Jedenfalls tat er so, als sei nichts geschehen, aß weiter sein Steak, selbst wenn man inzwischen längst beim Dessert war, oder beteiligte sich wieder am Gespräch, obwohl er gar nicht wusste, wovon es inzwischen handelte.

Trotz der amüsanten Begebenheiten wurde der gute Mann Boyle genannt, nicht etwa Schläfer oder Sieben, obwohl das viel besser gepasst hätte, denn es gibt eben keine Logik bei den Spitznamen, es gibt darüber höchstens schöne Geschichten. So wurde ein entfernt verwandter Freund als Kind Kartöffelchen genannt, obwohl er auf den schönen Namen Franz hört, nur weil er einmal in seinem Leben bei einem Essen um Nachschub bei den Kartoffeln gebeten hatte. Dabei hatte er Geschwister, zu denen dieser Name allein von ihrem Aussehen her viel besser gepasst hätte. Aber nein! Man muss sich schon an die historischen Fakten halten. Um Kartoffelnachschub hatte ausschließlich Franz gebeten.

Auch Rezzori bemüht sich um eine Erklärung für das Phänomen, und sie klingt durchaus plausibel: »Nur natürlich wird also in hochadligen Häusern ein Ahnenkult getrieben, der – so paradox es klingen mag – der eigentliche Quell und Ursprung eben jener hochadligen Eigenschaft ist, welche wir mit eleganter Frugalität bezeichnet haben. Denn für einen Prinzen – sagen wir des Hauses Anhalt (oder auch Askanien) – war Seine Hoheit, der ehemals regierende Joachim Ernst Wilhelm Karl Albrecht Leopold Friedrich Moritz Erdmann, Herzog von Anhalt, Herzog von Sachsen, Engern und Westfalen, Graf von Askanien usw. einfach und schlichtweg der ›Papi‹; Ihre königliche Hoheit, die Prinzessin Joachim von Preußen geborene Prinzessin Marie Auguste Antoinette Frederike Alexandra Hilde Luise von Anhalt vermutlich die ›Tante Miechen‹; Ihre Hoheit, die Prinzessin Luise geborene Prinzessin von Sachsen-Altenburg (gestorben 1953) die ›Omama‹; und endlich Ihre Hoheit, die Prinzessin Alexandra Therese Marie, Ehefrau des

Fürsten Sizzo zu Schwarzenburg, vermutlich (nämlich als Cousine zweiten Grades) ›die Lex‹.«

Festzuhalten bleibt, dass Spitznamen nicht im *Gotha* stehen. Da finden sich die ganzen anderen langen Namen, denn unter Adligen ist es üblich, jedem Kind vier bis sechs Vornamen zu geben. Selbst umfangreichste Namensbücher können hier nicht dick genug sein. Im *Gotha* findet man sie alle wieder. Da tauchen dann so originelle Namen auf wie Walburga oder Roxana, Thusnelda, Tertius oder Achatz, aber mit Rufnamen heißt das Kind doch wieder nur so, wie sein Vater und sein Großvater und sein Urgroßvater schon genannt wurden. Sicher ist das der eigentliche Urgrund für die Spitznamen-Manie. Wenn in einer Familie über viele Generationen lang der Älteste immer Heinrich oder Friedrich getauft wird, ist es nur naheliegend, dass jeder Einzelne versucht, sich durch seinen Spitznamen ein wenig von den anderen abzuheben. Bei Adligen kommt man sich schließlich oft genug lediglich wie eine Wiederholung vor.

Eines darf am Schluss keineswegs vergessen werden: Niemals sollte ein Bürgerlicher wagen, einen Adligen mit seinem Spitznamen anzusprechen. Da gibt es eine ganz hohe Schwelle. Die meisten Bürgerlichen erfahren den Namen auch nie. Selbst wenn sie mit dem Adligen gemeinsam in die Schule gegangen sind, wenn sie sich also schon ewig kennen, haben sie den Namen vielleicht gehört, benutzen ihn aber nicht. Er bleibt im Grunde der eigenen Familie, den Geschwistern und gleichaltrigen Vettern und Cousinen vorbehalten, dringt nicht an die Öffentlichkeit. Niemand würde sich schließlich einem Fremden mit seinem Spitz- oder Kosenamen vorstellen.

Selbst wenn der Name schon allgemein bekannt ist, muss der Außenstehende, der neu Hinzugekommene, vorsichtig damit umgehen. Adlige sind da komisch. Es ist ähnlich wie mit dem »Sie« und dem »Du«. Sie tun noch so vertraut, ob im

Umgang mit Adligen oder Bürgerlichen, doch sie legen gleichzeitig großen Wert auf gebotene Distanz. Wer nicht miteinander verwandt ist, sagt prinzipiell erst einmal »Sie« zueinander. Wer möglicherweise miteinander verwandt ist, sagt gleich von Anfang an »Du«. Da wäre es wiederum unhöflich, künstlich zu fremdeln.

Untereinander sind Adlige immer schnell beim »Du«. Sie geben sich sozusagen zu erkennen, indem sie sich gegenseitig duzen, sie signalisieren damit Ebenbürtigkeit. Bürgerliche müssen lange warten, bis sie zum »Du« übergehen dürfen. Sie müssen ausdrücklich dazu aufgefordert werden. Das ist insbesondere für die Bürgerlichen hart, die eigentlich längst zur Familie gehören, weil sie eine Adlige geheiratet haben. Wohin sie ihre Frau auch mitnimmt, sie darf alle gleich duzen. Der Bürgerliche aber muss warten, bis er ausdrücklich dazu aufgefordert wird. Für manche bleibt es ein Leben lang beim »Sie«.

Nur zwischen katholischen und protestantischen Adligen der älteren Generation wird hartnäckig am »Sie« festgehalten. Wenn sie gleichaltrig sind und sich schon in der Jugend oder im Studium kennengelernt haben, gehen Einzelne bisweilen irgendwann zum Vornamen über, aber niemals, niemals erlässt man sich gegenseitig das gestrenge »Sie«. Als wollten sie fortwährend darauf verweisen, dass ein Katholik unmöglich mit einem Protestanten verwandt sein kann. Sicher wird hier nur so hart Distanz gewahrt, damit die jeweiligen Kinder nicht glauben, sie könnten jemals einander heiraten. Und doch kommt es immer wieder zu Mischehen. Es ist einfach zu ärgerlich!

Ob Deutscher oder Österreicher, der Adlige stellt sich übrigens nur mit Vor- und Nachnamen vor und lässt die Titelei beiseite. »Ich heiße Brühl«, pflegt mein Vater ins Telefon zu rufen. Natürlich geht er davon aus, dass sein Gegenüber weiß, dass er es mit einem Grafen Brühl zu tun hat. Auch wenn sich ein Adliger also mit Hohenzollern oder Habsburg vorstellt, erwartet er durchaus oder freut sich, wenn ihn sein Gegenüber mit Prinz Hohenzollern anspricht. Die Schwierigkeit besteht dabei selbst für Adlige darin, dass sie, wollen sie ihre Anzeigen oder Weihnachtsfotos verschicken, genau wissen müssen, wie die korrekte Anrede lautet. Bei Namen wie Hohenzollern und Württemberg ist sie einem vielleicht noch geläufig, aber bei Alvensleben oder Aretin weiß man nicht zwingend, ob man es mit Freiherren, also Baronen, zu tun hat oder einfach nur mit »Herren von«. Wie gut, dass es da den *Gotha* gibt!

Wer nur ein »von« zwischen Vor- und Nachnamen trägt, die sogenannten kleinen Vönnchen, legt andererseits großen Wert darauf, dass gerade dieser Teil seines Namens in der gesprochenen Rede nicht untergeht. So viel Zeit muss sein, sagen sie.

Interessant ist, wie das Thema bei der Bundeswehr behandelt wird. Da erhält jeder Adlige, gleichgültig ob Vönnchen oder Großherzog, einen sogenannten »Viktor« auf das Namensschild, das seinen grünen Tarnanzug ziert. Viktor steht im Nato-Alphabet für »V«, und in der Tat steht neben Nachnamen wie Brühl oder Hohenzollern ein großes »V« links oben auf dem Anzug. Analog dazu werden alle Adligen bei der Bundeswehr mit Viktor bezeichnet, insbesondere in den Einheiten, in denen es nicht viele von ihnen gibt. Es tun schließlich nicht alle Adligen ihren Dienst in Augustdorf, Lüneburg oder Mittenwald.

Aber selten, besonders im Ausland, stellt sich der Adlige mit vollem Namen vor. Selbst an der Rezeption im Hotel musste ich meinen Großvater immer mit Franz Waldburg anmelden, wenn ich ihn auf seinen Reisen im Spätsommer durch Italien begleitete, obwohl doch damit zu rechnen war, dass der Portier gleich darauf im Pass den Fürst und den ganzen Rest des langen Namens entdecken würde. Das änderte überhaupt nichts. Mein Großvater hielt beharrlich an seiner Bescheidenheit fest.

14. Zeuge zahlreiche Kinder!

Ist die Hochzeit erfolgreich vollzogen, geht es ans Nisten, Brüten und Gebären. Was nützt eine gothataugliche, standesgemäße Ehelichung und Hochzeit, wenn anschließend nicht viele gothataugliche, standesgemäße Kinderlein purzeln? Eine Eheschließung, die keine Kinder nach sich zieht, ist keine. Sie kann umgehend vom Papst annulliert werden, und das will so einiges heißen. Der Papst ist unter Adligen einer der wenigen, die das letzte Wort haben.

Adlige bekommen nicht nur Kinder, sie bekommen viele Kinder, und das in rascher Folge. Bei wem das nicht so ist, der gilt entweder als spießig oder er wird bedauert. Besonders katholische Adlige bekommen sehr viele Kinder. Vier sind normal, auch sechs noch absolut im Rahmen, erst ab acht oder neun Kindern und mehr horcht man auf oder macht sich Sorgen um die Mutter. Zu den Sorgen mischt sich bei solch hohen Kinderzahlen aber immer noch Bewunderung.

Wer nur ein oder zwei Kinder in die Welt setzt, wird ähnlich bedauert wie die Paare, die gar keine Kinder bekommen, außer er tut es mit Absicht. Dann gilt er wiederum als spießig. Wie sagte die Mutter einer Schulfreundin immer zu mir? Jaja, die Adligen und die Armen — die bekämen viele Kinder. Die Adligen, weil sie genug Geld hätten, um die Kinder aufzuziehen, die Armen, weil sie sonst nichts besäßen. Kinder sei ihr ganzer Reichtum. So sind die Vorurteile. Fest steht, dass in adligen Familien tatsächlich ein grundsätzliches Wohlwollen gegenüber hohen Kinderzahlen und einer umfangreichen Nachkommenschaft vorherrscht. Mit politischen Programmen oder verzweifelten Subventionsversuchen, wie sie manch eine Familienministerin gerne in die Wege leitet, um die Geburtenraten zu steigern, hat das nichts zu tun. Das ist den Adligen grad egal. Gegenüber Vater Staat hält man sich grundsätzlich bedeckt. Selbst adlige Familien, die weder viel Geld noch hinreichend Platz haben, um zahlreiche Kinder aufzuziehen, halten an der Devise fest: Seid fruchtbar und mehret euch.

Die Geburten ihrer Kinder teilen sich Adlige gegenseitig per Anzeige mit, und natürlich sind diese in der üblichen traditionell standesgemäßen Schrift gedruckt, die Karten aus schwerem Bütten. Auf den Anzeigen taucht ausnahmsweise der Geburtsname der Mutter wieder auf. Er wird sehr klein gedruckt und steht direkt unter dem neuen Familiennamen. Ohne Brille kann man ihn kaum lesen.

Außerdem verschicken Adlige Weihnachtskarten mit Fotos von ihrer Kinderschar. Das erste Bild, randvoll gefüllt mit einem kleinen Kindchen, kommt meist schon im Jahr nach der Hochzeit. Spätestens im dritten Ehejahr muss sich der Erstling den Platz mit einem Geschwisterchen teilen, in den nächsten Jahren folgen die weiteren Kinder. Nach wenigen Jahren sehen die Weihnachtsfotos so aus, als habe Papa mal eben die Kamera auf die Schulklasse seiner Ältesten gehalten. Gibt es immer noch ein weiteres Neugeborenes, wird es kurzerhand für das Foto einem der Kinder in den Arm gedrückt. Das sieht dann aus, als habe es seine Schlafpuppe dabei.

Der Betrachter hat längst den Überblick verloren, die Kinder ähneln sich einfach zu sehr. Wenige Familien schicken nicht nur das Foto, sondern lassen darunter, in altbekannter Schrift, auch die Namen der Kinder aufdrucken. Das ist freundlich, denn wie soll man sie über all die Jahre im Gedächtnis behalten? Womöglich stecken sogar ein oder zwei Zwillingspaare in der Kinderschar, es wäre unmöglich, sie auseinanderzuhalten.

Zudem herrscht bei Adligen die hübsche Sitte, alle Kinder gleich zu kleiden. Dann stecken also vier oder fünf lachende Kinderköpfe, alle mit ähnlicher Haarfarbe, auf vier oder fünf knallroten oder dunkelblauen Pullovern. Sehr beliebt sind auch Strickjacken in Farben wie Dunkelgrün oder gar Türkis, je nachdem, was für Wolle die Großmutter gerade im Schrank hatte, denn selbstverständlich ist alles handgestrickt. Es gibt praktisch keine Adlige, die nicht irgendwann in ihrer Jugend stricken lernt. Bei Adligen wird gestrickt, dass die Nadeln nur so klappern. Pullover, Mützen, Handschuhe, ja Socken, besonders Babysocken, auch Schuhchen genannt, und Wollhosen – schrecklich kratzende Überhosen, die die Mädchen im Winter unter dem Rock über den ebenfalls kratzenden Strumpfhosen tragen müssen, denn Frauen tragen gewöhnlich keine Hosen.

Ein weiteres sehr beliebtes Strickwerk ist die Säuglingsdecke – großmaschig, wollweiß, weich und warm, zudem meist in breites, hellblaues oder rosa Seidenband gefasst. Man kann sich eine größere Ansammlung weiblicher Adliger im Salon eigentlich nicht ohne Stricknadeln vorstellen. Stricken ist ähnlich wie das Puzzlen ein fester Bestandteil des adligen Gemeinschaftslebens. Die Männer gehen auf die Jagd, die Frauen stricken, die Männer kommen zurück, die Frauen stricken immer noch, die Männer gehen schon einmal ins Bett, die Frauen stricken »das noch eben zu Ende«.

Gestrickt wird prinzipiell für andere. Ich habe noch nie erlebt, dass meine Mutter, Großmutter oder irgendeine der Tanten oder Cousinen etwas für sich selbst gestrickt hätte. Man strickt einen Pullover für den Sohn oder eine Jacke für die Patentante und dazwischen immer und immer wieder die berühmten Babyschuhchen, denn schließlich plumpst irgendwo im weiteren Verwandtenkreis in Kürze garantiert wieder ein Kleinkind in die Welt.

Babyschuhchen sind ein sehr beliebtes Geschenk für junge Mütter. Sie sind übrigens die einzigen weiblichen Wesen, die wenig oder gar nicht stricken. Dazu haben sie dann doch keine Zeit. Meist stricken sie erst wieder, wenn ihre Kinder »aus dem Gröbsten raus sind«. Stricken beruhigt die Nerven. Dabei sind die Nerven nicht unbedingt überstrapaziert, aber insbesondere Mütter sind oft von einer inneren Rastlosigkeit und können nicht beieinandersitzen, ohne dabei irgendetwas zu tun. Sie können die Hände nicht in den Schoß legen.

Das Gute am Stricken ist, dass man sich, ähnlich wie beim Puzzlen, nebenbei unterhalten kann, denn was täten die Frauen, wenn sie nicht »quatschen« könnten. Wenn man bedenkt, wie viele Kinder Adlige gemeinhin bekommen und wie umfangreich die Verwandtschaft ist, kann man sich gut vorstellen, was sich in dieser ständig wachsenden und wie eine große blubbernde Seifenblase nach links und rechts und oben und unten, ja über den ganzen Globus hinaus und wieder zurück bewegenden Menschenmenge alles ereignen, was mit diesen Leuten alles passieren kann. Davon ist tunlichst zu berichten. Ja, es gibt unter Adligen gar einen Wetteifer um die neuesten Informationen: Wer hat sich mit wem verlobt? Wo ist ein Kind geboren, wer ist verstorben? Wer hat eine Verlobung platzen lassen? Das bedeutet nicht etwa, dass eine emotionale Bindung zwischen Mann und Frau, die ursprünglich rasch zur Eheschließung führen sollte, wieder gelöst wird, sondern dass sie soeben offiziell bekannt gemacht wurde. Auch dieses Ereignis wird übrigens per Foto angezeigt und flugs verbreitet.

Unter Adligen gibt es eben keine Geheimnisse. Im Gegenteil, es gibt ein großes Mitteilungsbedürfnis, schließlich wurde man dazu erzogen, Konversation zu führen, und schließlich funktioniert eine Gemeinschaft, deren Häuser und Wohnorte

weit über den Globus verteilt sind, nur dann, wenn man fortwährend voneinander erzählt und berichtet. Diese Offenheit
versiegt übrigens sofort in Anwesenheit von Bürgerlichen. Das
geschieht nicht nur aus Standesdünkel, sondern auch aus reiner
Höflichkeit. Wie soll ein Bürgerlicher mitreden können? Ihm
fehlen schlichtweg die Informationen.

So klappern die Stricknadeln, so plätschert das Gespräch
und so wird gemeinsam an dem großen dichten Netzwerk ge-
woben, das die adlige Gemeinschaft weltweit zusammenhält.
Hin und wieder verstrickt man sich, dann wird das Wollstück
aufgetrennt und wieder neu gestrickt; wenn ein Puzzle fertig ist,
bleibt es auch nicht lange liegen, sondern wird zusammenge-
schoben und wieder in die Schachtel mit den geblümten Papier-
deckeln verstaut. Hauptsache, das Gespräch bricht nicht ab.

Stören darf hier eigentlich nur einer, und das ist ein Mitglied des Personals. Es vermeldet, dass die Gäste eingetroffen
sind oder dass das Essen angerichtet ist. Es mahnt respektvoll
und zurückhaltend an, den Zeitplan einzuhalten. Denn selbstverständlich beschäftigt fast jede Adlige in ihrem Haushalt
Personal. Das heißt nicht, dass sich alle Adligen eine Vielzahl
von Personal leisten können, aber sie sind grundsätzlich deren
Anwesenheit gewöhnt. Das fängt in frühester Kindheit an.
Kaum ist der kleine Adlige zur Welt gekommen, steht ihm
nicht nur die eigene Mutter zur Seite, sondern ein weiterer
Mensch, der ihn wäscht und putzt und anzieht, der ihm Lieder singt und ihn zärtlich im Arm wiegt, die sogenannte Wochenpflegerin. In adligen Kreisen ist dieser Beruf so omnipräsent, das man ihn niemandem näher erklären muss. Viele adlige
Frauen erlernen und praktizieren ihn einige Jahre, bevor sie
selbst heiraten und Kinder kriegen. Mir fallen dazu auf Anhieb die Namen mehrerer meiner Cousinen ein.

Die Wochenpflegerin hilft der Mutter im Wochenbett.
Sie kommt einige Tage vor dem errechneten Entbindungster-

min ins Haus und bleibt die nächsten sechs bis acht Wochen ganz an ihrer Seite. Im Grunde hat die Wochenpflegerin Säuglingsschwester gelernt, aber sie kennt sich auch in Belangen der Hebamme gut aus. Sie kümmert sich um das Neugeborene, hilft der Mutter beim Stillen und versorgt sie so lange, bis sie nach der Geburt wieder auf den Beinen ist. Vor allem nachts ist sie für den Säugling zuständig, bringt ihn ausdrücklich nur zur Mutter, wenn es Zeit ist, ihn zu stillen, und sorgt dafür, dass sie in der restlichen Zeit entspannt weiterschlafen kann. Dadurch lernt der Säugling schnell, sich an feste Wach- und Schlafenszeiten zu gewöhnen. Wenn alles gut läuft, kann die Mutter nach Abreise der Wochenpflege wieder selbstverständlich ihren Haushalt bestreiten und der Säugling hat gelernt, durchzuschlafen.

Die Wochenpflege stammt aus einer Zeit, wo Kinder noch zu Hause entbunden wurden. Heute klingen ja selbst Wörter wie Wochenbett oder Wöchnerin altmodisch, als würde es die Zeit extremer Erschöpfung, die vier bis sechs Wochen lang nach der Entbindung anhalten kann, nicht mehr geben. Heute geht man gemeinhin zum Gebären ins Krankenhaus und wird dort, wenige Tage nachdem das Kind auf der Welt ist, wieder hochkant hinausgeworfen. Die Krankenversicherung gestattet und finanziert im Regelfall drei bis vier Tage Aufenthalt auf der Wöchnerinnenstation nach einer Spontanentbindung, maximal sechs Tage nach einem Kaiserschnitt. Vor wenigen Jahren durfte man nach dem Kaiserschnitt wenigstens zehn Tage im Krankenhaus bleiben. Heute muss eben alles schneller gehen. Die Musik muss schneller spielen, die Autos müssen schneller fahren und die Mütter ganz schnell gebären.

Nicht dass hier Missverständnisse aufkommen. Wer sich nach einer natürlichen Geburt frisch und munter fühlt, sollte keinesfalls über die Gebühr lange im Krankenhaus festgehalten werden. Schwangerschaft ist keine Krankheit, und keine Frau muss zum Gebären zwingend in den OP. Es soll sogar Mütter geben, die ihr Kind während der Kartoffelernte in der Acker-furche geboren haben. Das gibt es alles, aber es gibt auch das andere. Und es ist öfter der Falle als Gesellschaft, Kranken-kasse und die Frauen selbst sich gerne zugestehen.

Viele Hebammen übernehmen heute einige Aufgaben der Wochenpflege, aber zurück im häuslichen Alltag ist Frau auf sich allein gestellt. Wer Glück hat, den erwartet eine Beleghe-bamme, aber sie kommt höchstens noch zehn Tage ins Haus, und sie kommt wie gesagt, sie bleibt nicht, schon gar nicht in der Nacht. Wochenbett ist nicht. Ab sofort muss sich die Mut-ter allein um den Säugling kümmern, genesen und gegebenen-falls noch weitere Kinder versorgen. Viele Ehepaare erfahren diese erste Zeit mit Kleinkind wie einen Schock. Von einem Tag auf den anderen sind sie ihrer Mündigkeit komplett be-raubt, werden nur noch von einem Winzling gesteuert und be-stimmt, der es vorzieht, nachts nicht durchgängig zu schlafen, und das durch gellende Schreie kundtut. Auch tagsüber will er intensiv versorgt werden. Und niemand weit und breit, der mit Rat und Tat oder gewissem Gleichmut und Routine zur Seite steht. Kein Wunder, dass sich kaum eine Frau kurz nach der Geburt des ersten Kindes vorstellen kann, noch ein zweites oder gar vier oder fünf in die Welt zu setzen. Bei den meisten löst allein der Gedanke, dass andere dazu offenbar mühelos in der Lage sind, postnatale Depressionen aus.

Das ist bei Adligen ein wenig anders. Nicht dass ihnen Depressionen oder der sogenannte »Baby Blues« unbekannt wären, aber hier ist Gebären Teil des Geschäftes. Entsprechend geht man mit dem Thema um. Eine Frau, die vier bis sechs Kinder in die Welt setzen will, die sorgt vor. Sie versucht, die Last der Verantwortung auf viele Schultern zu verteilen, schafft sich Reinigungskräfte, Kindermädchen und Haushalts-hilfen an und ruft, sobald sie erfahren hat, dass sie wieder schwanger ist, selbstverständlich ihre Wochenpflegerin an und teilt ihr den neuen Termin mit.

Das ist gar nicht so abwegig oder gar anachronistisch. Es gibt hierzulande wenige Haushalte, die ganz ohne Unterstützung auskommen. Nicht zuletzt hat auch der Staat inzwischen begriffen, dass Arbeitsteilung in diesem Bereich nicht dumm ist. Wie das aktuell erneuerte Steuergesetz vorsieht, vermindern Ausgaben für haushaltsnahe Dienstleistungen das zu versteuernde Einkommen um 20 Prozent. Das ist nicht wenig.

Auch in adligen Haushalten hat die Beschäftigung von Personal im Wesentlichen etwas mit Pragmatismus zu tun. Kaum ein Adliger versucht, ein Leben gänzlich ohne Hilfe zu führen, er wäre im Gegenteil immer der Meinung, das ginge gar nicht. Auf pragmatische Weise wird auch der Umgang mit dem Personal gelöst und den Kindern beigebracht. Sie haben ihm mit Respekt und Hochachtung zu begegnen und seinen Anweisungen immer Folge zu leisten. Es sind die Menschen, die ihrer Mutter zur Hand gehen, sie sind praktisch ihr verlängerter Arm. Wer das Personal nicht respektiert, hat auch keine Achtung vor seiner Mutter. Das soll sich hier einmal einer leisten! Die Mutter ist die Chefin des Hauses und sie wird entsprechend ernst genommen. In adligen Häusern stehen alle Herren auf, wenn die Dame des Hauses den Salon betritt, selbst und insbesondere dann, wenn es die eigene Mutter ist, und morgens beim Frühstück küssen die Söhne ihr zur Begrüßung die Hand.

Insbesondere das Kinder- oder Au-pair-Mädchen ist eine Person, auf deren Anweisungen die Kinder strikt zu hören haben. Nicht selten entsteht dabei ein sehr inniges Verhältnis zur Nanny oder Mademoiselle oder der »Teta«, wie sie alle irgendwie heißen. Viele Adlige erzählen später, ihr Kindermädchen hätte ihnen wesentlich nähergestanden als die eigene Mutter. Auch wir hatten in der Familie ein Kinderfräulein, das ich sehr liebte. Es beziehungsweise sie stammte aus Danzig (heute: Gdansk), sprach blütenreines Hochdeutsch und trug immer eine schneeweiße, frisch gestärkte Schürze. Bei Tisch saß sie aufrecht wie ein Stab und wachte mit strengem Blick über unser Betragen. Mein Vater nannte sie Schwester, was bei der weißen Schürze nie abwegig klang. Wir Kinder sagten Fräulein zu ihr.

Einige Jahre nachdem sie unser Haus verlassen hatte und nicht mehr für meine Eltern arbeitete, verbrachten wir die Ferien in der Nähe von Kufstein und besuchten sie von dort aus eines Nachmittags in Salzburg bei der Familie, bei der sie inzwischen Dienst tat. Zurück in dem Ferienort, lief ich am nächsten Morgen früh, bevor meine Eltern wach wurden, aus dem Haus und davon. Ich wollte unbedingt zurück zu meinem Kindermädchen. Ich dachte mir, ich müsste lediglich immer die Autobahn entlanglaufen, da fände ich schon nach Salzburg. Das war das einzige Mal, dass eines von uns Kindern weggelaufen ist.

Meine Mutter war sehr betroffen, aber im Grunde versuchen adlige Mütter, sich derlei nicht zu Herzen zu nehmen. Eifersucht ist hier fehl am Platz. Das entspräche nicht ihrem Prinzip. Ihnen geht es darum, viele Kinder in die Welt zu setzen, ihnen festen Halt und ein gutes Benehmen zu vermitteln sowie für ihre Gesundheit und Ausbildung zu sorgen. Dabei mögen die Kinder mit unterschiedlichen Bezugspersonen aufwachsen, wesentlich ist das gemeinsame Erziehungsideal. Die Kinder sollen schnell unabhängig werden, insbesondere von der Mutter, und Selbstständigkeit entwickeln. Vieles lernen sie auch von ihren Geschwistern oder schauen es sich unbewusst voneinander ab. Hier gilt: Einzelkinder sind bedauernswerte Kinder. Nur wer viele Geschwister hat, kann sich einer wirklich glücklichen Kindheit rühmen.

Adlige versuchen, ihre Kinder so lang wie möglich im eigenen Haus zu versorgen. Sie geben sie weder zu Tagesmüttern noch in Tagesstätten oder Kindergärten. Selbst gegen Schulen, obwohl auch ihre Kinder der Schulpflicht unterstehen, hegen sie ein tiefes Misstrauen, vor allem wenn es staatliche Einrichtungen sind. Sie mischen sich daher verstärkt ein, engagieren sich intensiv in der Elternvertretung und fördern gute Schulen, indem sie ihre Kinder dort anmelden und die Einrichtung nach Kräften auch finanziell unterstützen. Ab der fünften oder spätestens der achten Klasse werden die Kinder meist aufs Internat geschickt, denn der Zufall müsste immens sein, der einem ausgerechnet in der nächsten Kreisstadt eine anständige Schule beschert. Zur Schulbildung gehört in adligen Kreisen selbstverständlich auch Musikunterricht. Kaum ein Schloss oder herrschaftliches Haus, in dem Kinder heranwachsen und wo nicht aus einem der Zimmer das Kratzen auf einer Geige oder hilflose Tonleiterversuche auf dem Klavier erschallen. Dabei muss wohl nicht erwähnt werden, dass auch der Klavierlehrer oder die Geigenlehrerin gemeinhin ins Haus kommen. Nicht dass der adlige Nachwuchs womöglich in eine – *horribile dictu* – öffentliche Musikschule gehen muss!

Von den Kindermädchen oder *filles au-pair* lernen die Kinder übrigens auch frühzeitig die schon erwähnten Fremdsprachen. Sei es die englische Miss oder die französische Gouvernante – es handelt sich dabei ausdrücklich um Frauen, die ins Haus geholt werden, um die Kinder nicht nur zu betreuen, sondern ihnen auch eine weitere Sprache beizubringen. Adlige Kinder lernen die Fremdsprache von Muttersprachlern. Nie käme man auf die Idee, einem deutschen Kindermädchen vorzuschreiben, sie habe mit den Kindern nur Englisch oder Französisch zu sprechen. Ganz allmählich setzt sich übrigens auch Spanisch in der Kategorie der standesgemäßen und vor allem grenzenlos einsetzbaren Fremdsprachen durch. Trotz der Abgeschiedenheit, in der Adlige in ihren Schlössern leben, erziehen sie ihre Kinder damit durchaus international. Obwohl sie in ländlicher Umgebung aufwachsen, sollen sie sich nicht daran orientieren, wie viele Fuhren Mist der Bauer heute wieder gefahren hat, sondern an den Belangen der großen, weiten Welt.

Dass es dabei später zu Diskrepanzen kommen kann, ist naheliegend. Einer meiner Vettern spricht so fließend Englisch und Französisch, dass er ohne große Vorbereitung die Eingangsprüfungen zum Simultandolmetscher bei der Europäischen Union in Brüssel bestand. Aber er hatte lange Zeit Schwierigkeiten, in der Großstadt belebte Straßen zu überqueren. Wenn ich mich früher wunderte, warum er zurückblieb, sobald ich den Asphalt betrat, um zwischen den vorbeirasenden Autos hindurch rasch das gegenüberliegende Trottoir zu erreichen, sagte er: »Denk dran, ich bin in einem kleinen Dorf an der Schwäbischen Barockstraße aufgewachsen. Da fahren nicht so viele Autos.« Inzwischen lebt er in London und New York und hat derlei Schwierigkeiten längst überwunden.

Die Organisation des Haushaltes und der Umgang mit dem Personal gehören neben Kindern und Stricken zu den wesentlichen Tätigkeitsbereichen der adligen Hausfrau. Hinzu kommt, wenn es beliebt, der tägliche Einkauf. Meiner Großmutter beliebte es gar nicht, es langweilte sie einfach und sie schickte mit Vorliebe uns Enkel in die Geschäfte. Wir fanden das großartig, bekamen wir doch immer Süßigkeiten oder eine dicke Scheibe Wurst, sobald die Verkäufer herausgefunden hatten, dass wir »vom Schloss« waren.

Der Einkauf beschränkt sich in der Regel auf die Stichworte Liste, leere Taschen, Reise und Bezahlung. Schon die Erstellung der Einkaufsliste muss die adlige Hausfrau nicht allein bewerkstelligen, sie wird selbstredend in enger Zusammenarbeit mit der Köchin vollzogen. Die Hausfrau weiß ja gar nicht, was alles in der Speisekammer vorhanden ist. Die Köchin macht also Vorschläge für den Speiseplan, die Hausfrau stimmt ihnen zu und notiert sich die Zutaten, die ihr wiederum die Köchin diktiert. Manchmal äußert die Hausfrau auch Wünsche, die bieten dann Stoff für nicht enden wollende Diskussionen. Über irgendetwas muss man ja auch mit »den gensen« reden. (Das ist ein umgangssprachlicher Ausdruck für »Personal«, abgeleitet vom französischen *les gens*, »die Leute«.) Zu entscheidenden Veränderungen am Speiseplan führen sie meist nicht.

Sobald die Liste vollständig ist, reist die Herrin des Hauses hinab ins Dorf oder in die Stadt, je nachdem, wie groß die Ortschaft ist, zu der ihr Schloss gehört, parkt zentral und unübersehbar vor dem entscheidenden Laden. Dann holt sie die leeren Taschen aus dem Kofferraum, betritt mit großer Geste das Geschäft, nimmt Aufstellung und trägt laut und deutlich ihre Liste vor. Die Belegschaft beeilt sich, alles Geforderte rasch abzuwiegen, zuzuschneiden, herbeizutragen und pflichtbewusst in den bereitgestellten leeren Taschen und Körben zu verstauen.

Sobald die Liste abgearbeitet ist, kommt der Eigentümer des Ladens oder irgendein männlicher Angestellter dahergewieselt, und während die Herrschaft noch mit der Verkäuferin plaudert, die Arbeit ist ja nun getan, während sie sich mit ihr über die Neuigkeiten des Tages austauscht, trägt er die gefüllten Taschen hinaus und verstaut sie im Kofferraum. Bezahlt wird natürlich nicht, das heißt nicht in bar, sondern es wird immer angeschrieben und der entsprechende Betrag einmal im Monat oder noch seltener überwiesen. Dem Schloss räumt man gern einen Kredit ein, das kann einem nicht davonlaufen.

Ist das erste Geschäft abgeschlossen, geht es möglicherweise noch in ein, zwei weitere Läden, doch im Grunde ist das zentrale Tagwerk damit vollbracht. Die adlige Hausfrau reist zurück in ihr hohes Haus und zieht sich erschöpft auf ihre Zimmer zurück. Von diesen Anstrengungen muss sie sich erst einmal erholen. Das erworbene Gut, die mühsam erstandenen

Waren, trägt selbstverständlich gerne jemand anderes für sie in die Küche.

Während das Personal, das für Kinder und Küche zuständig ist, mehrheitlich weiblicher Natur ist und der Hausfrau untersteht, hat der Herr des Hauses gemeinhin Zugriff auf einen Kammerdiener und gegebenenfalls auf einen Chauffeur. In manchen Häusern ist auch eine Sekretärin beschäftigt, aber die hat ausdrücklich nur mit der Verwaltung zu tun und betritt, je nachdem, wo diese untergebracht ist, gar nicht das Haupthaus.

Der Chauffeur ist nicht nur dazu da, die Herrschaft sicher und schnell von einem Ort zum anderen zu bringen, sondern sorgt auch dafür, dass der Wagen jederzeit top instand gesetzt ist und von innen und außen sauber glänzt. Der Kammerdiener tritt insbesondere beim Essen in Erscheinung, denn er ist derjenige, der serviert, selbstredend in weißen Handschuhen. In der übrigen Zeit ist er für das Feuern der Kamine, die Garderobe des Herren und die Pflege seiner Schuhe zuständig. Er öffnet morgens die Fensterläden und putzt nachmittags auch bisweilen das Silber.

Bei meiner Großmutter gab es früher einen Kammerdiener, der auch die Böden wienerte. Sobald das Zimmer leer geräumt, die Teppiche weggerollt worden waren, zog er, wie meine Mutter uns mit Begeisterung erzählte, kurzerhand Bürsten an die Füße und sauste damit pfeifend über das Parkett. Der Mann war auch sonst bei den Kindern sehr beliebt. Das zeigte sich immer am zweiten Weihnachtstag, an »Unschuldige Kinder«. An diesem Tag durften die Kinder des Hauses sensationellerweise die Rollen der Erwachsenen übernehmen. Die Erwachsenen mussten dafür unter jubelndem Gelächter die Rollen der Kinder spielen. Eigentlich galt der Rollentausch den ganzen Tag, seinen Höhepunkt aber hatte er beim Mittagessen, wenn die Kinder ausnahmsweise dort sitzen durften, wo sonst die Großen saßen, und die Großen dafür am Ende des

Tisches Platz nehmen mussten. Das war ein Fest! Endlich hatten die Kinder das Sagen. Sie durften entscheiden, wann das Essen beginnt, sie sprachen das Tischgebet vor und führten das Tischgespräch. Die Großen mussten schweigen – und den Anweisungen der Kinder folgen. Ein unglaubliches Vergnügen! Meine Mutter erzählt, sie hätten an diesem Tag vor Lachen kaum essen können. Das Beste daran war, dass eben jener Kammerdiener seine Rolle in vollendetster Form spielte und durchhielt. Meine Mutter mimte als Älteste die Hausfrau, saß an der langen Tafel in der Mitte, gegenüber von ihrem großen Bruder, der an diesem Tag der Hausherr war, und sie durfte die Klingel betätigen. Formvollendet kam der Diener herein, servierte entweder dasselbe Gericht zum zweiten Mal oder räumte die Teller ab und brachte den nächsten Gang. Und er tat es korrekt und ohne jeden Kommentar, fing in der Mitte bei den Kindern an und bediente die Erwachsenen zuletzt, folgte allen Bitten und Anweisungen mit unbewegter Miene. Nur wenn er sich der Tür zuwandte, spielte bisweilen ein Lächeln um seine Lippen. Das war die Krönung.

Wir lernten diesen wunderbaren Bürstentänzer nicht mehr kennen. In meiner Kindheit lebte nur mehr seine Frau. Sie gehörte zur Beerenfront, der dreiköpfigen, wohlbeleibten Damenriege, die im Sommer für meine Großmutter die Johannisbeeren erntete. Das war ein mühseliges Geschäft, denn es gab unzählig viele Sträucher und sie befanden sich nicht gerade im schattigsten Teil des Gartens. Aber die drei Damen banden sich bunte Kopftücher ins Haar und redeten bei der Arbeit wie die Wasserfälle, ließen es sich also nicht verdrießen.

Wenigstens mussten die vielen, vielen Beeren, die sie in tagelangem Einsatz ernteten und eimer- und kannenweise in die große Schlossküche trugen, nicht alle abgeberlt werden, wie man es dortzulande nennt, die Früchte also nicht auch noch von den Stielen getrennt werden, was ja bei Johannisbeeren besonders mühsam ist. Sie kamen samt und sonders in den Entsafter, der das Fruchtgut unter Dampfhochdruck zusammenpresste und so den wunderbarsten Saft hervorbrachte.

In meiner Kindheit führte bei meiner Großmutter Herr Wal das Regime, eigentlich ein recht freundlicher Herr. Er servierte bei Tisch, hielt die Garderobe meines Großvaters instand und putzte das Silber. Ihm zur Seite stand Hermine, die Haushaltshilfe (bezeichnenderweise wurde sie beim Vornamen genannt), die für die Betten, die Wäsche und Ähnliches zuständig war. Während es dort übers Jahr einigermaßen friedlich zuging, herrschte, wenn wir Kinder im Sommer mit unseren Vettern und Cousinen über das große Haus hereinbrachen und es bis in alle Ecken und Winkel mit unseren Spielen und Abenteuern ausfüllten, Ausnahmezustand. Dann fuhren Herr Wal und vor allem Hermine ihre Krallen aus. Gerade bei Regen, wenn wir nicht nur auf den langen Gangen und in unseren Zimmern spielten, sondern auch den dreistöckigen Dachboden eroberten, brach Hermine regelmäßig in Verzweiflung aus, denn sie pflegte dort oben die Weißwäsche, lange duftende Laken und mit Monogramm bestickte Kopfkissenbezüge, Betttücher und Tischdecken, zum Trocknen aufzuhängen. Wir brauchten nur einmal über den Dachboden gelaufen zu sein, weil wir Fangen oder Verstecken spielten, dann hatten wir so viel Staub aufgewirbelt, dass die Wäsche wieder zurück in die Maschine musste. Hermine schimpfte wie ein Rohrspatz und sofort wurde uns das Spiel auf dem Dachboden zumindest an diesem Tag verboten. Aus Rache erklärten wir sie und Herrn Wal zu unseren Erzfeinden. In unserer Geheimsprache nannten wir sie Law und Minher und fanden das ungeheuer revolutionär.

Derlei Geschichten klingen wie aus einer anderen Welt. Sie erinnern an den Butler Stevens in dem Buch *The Remains of the Day* (*Was vom Tage übrig blieb*) von Kazuo Ishiguro, grandios im gleichnamigen Film dargestellt von Anthony Hopkins, der treu und selbstvergessen seinen Dienst verrichtet und gar nicht mitbekommt, welch historisch und politisch brisante Treffen im Haus seines Herrn stattfinden. Das ging ihn eben nichts an.

Sie erinnern auch an die englische Serie *Upstairs, Downstairs* (*Das Haus am Eaton Place*) und ähnliche Filme, die nicht nur in einer scheinbar anderen Welt, sondern vor allem einer anderen Zeit spielen. Sie zeugen von Traditionen und einer Kultur, von der viele annehmen, sie sei längst ausgestorben. Dabei sind Butler durchaus wieder im Kommen. Sie werden unter anderem in London an der Eliteschule von Ivor Spencer ausgebildet und sind so begehrt, dass sie sich ihren Job später aussuchen können, und das nicht nur bei Adligen. Ihr Einsatz beschränkt sich dabei keineswegs auf die Britischen Inseln. Weltweit sind Spencers Leute gefragt, sei es in den Staaten, in Japan oder auch den Arabischen Emiraten. Seit der Gründung der Schule 1981 unweit von Victoria Station hat Spencer über 400 Leute ausgebildet. Während es in den Sechzigerjahren in England nur rund 70 Butler gab, schätzt der Schulgründer ihre Anzahl inzwischen auf mindestens doppelt so viel. Und sie genießen einen hohen Lebensstandard. Der Verdienst eines ausgebildeten Butlers beginnt bei 30 000 britischen Pfund, die Zahlen sind nach oben offen. Dazu kommen die Kosten für Krankenversicherung, Logis und Verpflegung.

Butler, sprich Kammerdiener, spielen bei den Adligen eine ähnlich große Rolle wie die Kindermädchen. Sie leben tagein, tagaus mit der Familie zusammen, kennen nach kurzer Zeit alle Vorlieben und Eigenheiten ihrer Vorgesetzten und versuchen, ihren Arbeitsstil dem anzupassen. Über die Jahre entsteht ein enges Verhältnis, sie gehören irgendwann zur Familie. Mein Onkel weinte, als sein Kammerdiener starb. Schließlich hatte der Verstorbene schon meinem Urgroßvater gedient.

15. Kleide dich korrekt!

Die Kleidung der Adligen, die richtige und vor allem die falsche Aufmachung, ist ein Thema für sich. Da kann man viel falsch machen. Männer tragen in der Regel Hosen, Frauen Röcke oder Kleider, aber es gibt noch viel dazwischen. Zum Beispiel farbige Damenunterwäsche oder weiße Socken in Sandalen, die finden Adlige so schrecklich, dass es sie schüttelt. Im Gegenzug ist es ihnen völlig gleichgültig, wenn einer von ihnen einen Fleck auf der Hose hat oder löchrige Pullover trägt, solange es nur die richtigen Hosen sind, etwa Lederhosen, und die richtigen Pullover, nämlich die Einfarbigen aus bordeauxroter, marineblauer oder tannengrüner Shetlandwolle.

Mit einer Lederhose geht ihr Besitzer, selbst wenn er sie von seinem Großvater geerbt hat, nun einmal den Bund fürs Leben ein. Sollte sich der aktuelle Eigentümer im reifen Alter von sechsundzwanzig Jahren nach der Treibjagd versehentlich die heiße Erbsensuppe darübergeschüttet haben, muss er mit dem Fleck, der dabei entstanden ist, die restlichen Jahre seines Daseins leben. Das ist in adligen Augen keine Katastrophe. Und Pullover oder Tweedjacken, die schon Löcher aufweisen oder deren Ellenbogen mit aufgesetzten Lederflicken verstärkt wurden, sind womöglich kostbare Erbstücke aus der weitläufigen, aber nicht minder verehrten Verwandtschaft. Solange sie ursprünglich aus der Werkstatt des richtigen Münchner oder Wiener Herrenschneiders stammen, tut das ihrem gesellschaftlichen Rang keinen Abbruch.

Dabei wäre es relativ einfach, einen Kanon zusammenzustellen, anhand dessen jeder Adlige weithin an seiner Kleidung zu erkennen wäre. Dazu gehören gewiss der Lodenmantel mit entsprechendem Hut, was ihm zu dem Spitznamen Innenstadtförster verholfen hat, der Janker und die Barbour-Jacke, bei Frauen das Dirndl, der dunkelblaue Faltenrock oder auch ein Schottenrock in den Familienfarben. Viele deutsche Adlige sind nämlich über verschlungene Pfade mit dem britischen Königshaus verwandt. Der Kanon könnte auch dem Bürgerlichen dienen, der sich erhofft oder unverhofft in adlige Kreise begeben muss und sich so perfekt kleiden möchte, dass er sich wenigstens durch seine Aufmachung nicht von den anderen unterscheidet. Hilfreich ist übrigens in so einem prekären Fall immer der Hinweis auf die Kleiderordnung, der jede gedruckte Einladung ziert. Während unten links auf der Karte geschrieben steht, bis wann spätestes eine Zu- oder Absage erwartet wird, ist unten rechts vermerkt, ob die Herren im Frack, Smoking, Blazer oder dunklen Anzug erscheinen sollen. Die Damen wissen dann schon, welches Kleid aus ihrem Schrank zu dieser Anordnung gehört.

Schwieriger sind Zusammenkünfte mit Adligen ohne schriftliche Einladung, die sich im Bereich des *casual* bewegen. Doch auch hier gibt es klar und unverwechselbar erkennbare Formen und Farben. Sie entsprechen konservativem Chic und einem klassischen Stil, der die Eigenschaft hat, sich seit Jahrhunderten nicht verändert zu haben. Sie sind alles, nur nicht modisch. Wichtig ist dabei letztlich nur eins: Niemand möchte sich stark vom anderen durch seine Aufmachung abheben. Auffallen möchte er oder sie höchstens durch die Perfektion, in der er oder sie sich mit ihrer Kleidung angepasst hat, ähnlich wie ein Chamäleon, das nur dann wirklich glücklich ist, wenn es wirklich genauso grün ist wie das Blatt, auf dem es sitzt. Da kann ein leichter Tick ins Gelbe oder gar Blaue schon zum Problem werden.

Interessanter als die Zusammenstellung eines Kleiderkanons erscheint mir die Tatsache, dass man durch seine Aufmachung in Adelskreisen bestimmte Signale senden kann. Man könnte sie auch als nonverbale Ausdrucksmittel bezeichnen. Wichtig ist dann nicht mehr, was genau man trägt, sondern dass man sich über die Zeichen, die man damit setzt, im Klaren ist.

Eines steht fest: Jede Form von Übertreibung ist, zumindest bei Männern, gefährlich. Wer einen roten Blazer trägt oder ein allzu buntes Einstecktuch, wird beispielsweise schnell als Geck bezeichnet, bei Torbergs *Tante Jolesch* auch »Gigerl« genannt, was nicht nur unangenehm ist, sondern einen Beigeschmack hat, den ein Mann unter Umständen auf gar keinen Fall vermitteln möchte. Bei Männern gilt, um mit *Tante Jolesch* zu sprechen: »Was der Mann schöner ist wie a Aff, is ein Luxus.«

Nichtsdestotrotz mangelt es Adligen bei der Wahl ihrer Garderobe keineswegs an Originalität und Eigensinn. Sie tragen unbekümmert Knickerbocker oder karierte Hosen, Sherlock-Holmes-Mützen oder lassen sich gar einen Cut in Dunkelgrün schneidern, um sich ein wenig vom Rest der Gruppe abzuheben. Man gibt sich gerne »wurschtig«, sprich: unprätentiös. Eine große Rolle spielt bei der Wahl origineller Garderobe der Einsatz von Farben. Männer beispielsweise, die im Militär bei den Panzeraufklärern waren, signalisieren das gern durch eine goldgelbe Weste zum Cut oder einen entsprechend farbigen Kummerbund zum Smoking. Die Cutweste ist meist grau-schwarz gestreift, bei Beerdigungen immer schwarz. Auch der Kummerbund ist eigentlich immer schwarz, doch Rot, Blau, Grün oder eben auch Gelb sind hier durchaus gestattet. Die Farbe spiegelt bisweilen die Wappenfarbe der Familie. Frauen können bei der Wahl der Farben ihrer Ballkleider sogar die Zugehörigkeit zu einer Familie unter Beweis stellen, mit der sie sympathisieren. Adlige kennen ihre eigenen Farben einfach in- und auswendig. Eine junge Dame, die, gerade frisch verlobt, auf einem Ball schon ein Kleid in den Wappenfarben ihres Zukünftigen trägt, kann damit bei der Schwiegerfamilie und gleichzeitig unermesslich vielen Menschen, weil Verwandten, ungeheuer punkten.

Frauen haben es – wollen sie mit der Wahl ihrer Kleidung auffallen – insgesamt einfacher. Sie dürfen eher einmal durch eine unkonventionelle Aufmachung auffallen oder aus der Reihe tanzen, solange sie es bewusst tun. Niemand würde sie deshalb zum Geck oder Papagei erklären. Meine Cousine Tatjana, die sich leidenschaftlich mit Mode und ungewöhnlicher Aufmachung beschäftigt, benutzt dafür immer gerne den Begriff »in-geflippt«. Die Formulierung »ausgeflippt« kennt jeder, ausgeflippt sind Kleider und Verhaltensweisen, mit denen man sich deutlich vom Establishment abhebt. Hippies tragen ausgeflippte Sachen oder Punks. Mit »in-geflippter« Aufmachung kann nur die glänzen, die genau weiß, was unter Adligen »in« und konform ist. Sie wird sich in groben Zügen an die allgemeine Kleiderordnung halten, wird zum eleganten Abendessen ein elegantes Abendkleid tragen und zum lockeren Spaghetti-Essen in der studentischen Wohngemeinschaft einen unkomplizierten, kurzen Rock, aber sie wird immer darauf achten, dass ihre Garderobe gleichzeitig originell ist. Das elegante Abendkleid wird vielleicht so geschnitten sein, dass es von hinten aussieht wie ein Frack. Der unkomplizierte Rock wird aus einem Material sein, das eventuell innen eine auffallend andere Farbe hat als außen. Man könnte den Rock also auch umgekehrt tragen. Oder sie wird verrückte Accessoires tragen, eine Perlenkette kombiniert mit Plastikschmuck, selbst geschusterte Stiefel, bei denen sie pausenlos fürchten muss, dass die Sohle abspringt, weil sie keinen richtigen Lederleim zur Hand hatte, oder eine kurze, dunkle Jacke, die ein knallrotes Futter hat.

Es ist durchaus erlaubt, ungewöhnliche Kleidung zu tragen, das wäre sonst zu langweilig, aber sie darf eine gewisse, nicht klar festzuschreibende Grenze nicht überschreiten. Und »in-geflippt« kann natürlich nur die sein, deren Zugehörigkeit über alle Zweifel erhaben ist. Ihre Aufmachung darf sich zwar von dem abheben, was bei Adligen »in« ist, aber sie selbst muss wenigstens »in« sein. Wer keinen adligen Namen trägt, kann schlecht »in-geflippte« Kleidung tragen.

Zu dem Thema gibt es einen großartigen Aufsatz von Paul Fussell, »Unterschiede lesen«, der sich allerdings allein auf die Zeichensetzung im amerikanischen Statussystem bezieht. Dafür verfolgt Fussell sie mit nicht minder fabelhaftem Scharfsinn und bis ins Detail, ja bis zur Farbgebung einzelner Kleidungsstücke und der damit verbundenen Gruppenzugehörigkeit. Ich greife nur zwei Lieblingsstellen heraus: »Wenn Marineblau die Farbe der oberen Mittelschicht ist, so stellt Lila das proletarische Äquivalent dar. Der lilafarbene Hosenanzug aus Polyester demonstriert, ex negativo, zwei Prinzipien, die der Kleidung Klasse verleihen: das Farbenprinzip und das Prinzip der organischen Materialien. Von Marineblau abgesehen, rangieren Farben umso höher, je pastellener und verblichener sie wirken, und für die Stoffe gilt Entsprechendes, je mehr sie aus ehemals Lebendigem bestehen – also aus Wolle, Leder, Seide, Baumwolle oder Pelz. Sonst nichts.«

Fussell lässt nichts aus, was Kleidung angeht. Selbstverständlich widmet er sich auch ausführlich und mit abgrundtiefer Häme der sogenannten Schirmmütze, in Amerika *basecap* genannt. Eine Abart hat es ihm besonders angetan:

»Es handelt sich um die Baseballmütze, die abgesehen vom Schirm, überwiegend aus einem Plastikgeflecht in Primärfarben (Rot, Blau, Grün) und einem Klettverschluss am Hinterkopf besteht, der eine Anpassung an jeden Kopfumfang ermöglicht: ›Eine Größe für alle.‹ Dieser Klettverschluss ist das entscheidende Prolomerkmal, denn er demütigt den Käufer und Benutzer der Mütze, indem er ihm aufbürdet, was früher die Aufgabe des Verkäufers gewesen wäre, der zahlreiche verschiedene Größen vorrätig halten musste … Wie so oft spielt der Prolo das üble Spiel in verlässlicher Bereitwilligkeit mit und trägt die Baseballmütze gerne mit dem Schirm nach hinten, was den Klettverschluss in eine gut sichtbare Position quer über seine Stirn rückt. Es ist, als wäre der Träger von heimlichem Stolz über sein Eine-Größe-für-alle-Prachtstück erfüllt und wolle das Geheimnis der Mütze und seine überlegene Beherrschung desselben vor aller Öffentlichkeit demonstrieren.«

Da jeder Mensch ganz allgemein Grund hat, an sich zu zweifeln, wird auch der Adlige eher das anziehen, was *comme il faut* ist, als das, womit er sich als »in-geflippt« auszeichnen kann. Allein das zu beschaffen, was konventionellen Ansprüchen genügt, und seine Garderobe unentwegt instand zu halten, ist einigermaßen zeitaufwendig und auch teuer. Von anständigen Hosen, Röcken, Hemden, Pullovern und Schuhen soll hier gar nicht die Rede sein. Schon die kosten ihren Preis. Auch auf Mäntel oder Jacken möchte ich nicht näher eingehen. Die Probleme mit solcherart Kleidung kennt auch jeder Bürgerliche. Hinzu kommen allerdings die Kleider, die typischerweise bei den Festlichkeiten der Adligen getragen werden, wie zu Bällen, Hochzeiten, runden Geburtstagen und Beerdigungen. Da wird es gleich komplizierter. Ein klassischer Smoking von der Stange kostet schließlich schlappe 300 Euro, und damit sind längst nicht alle Kosten gedeckt. Zudem gehören zum Anzug immer auch ein bis zwei Hemden, dann diverse Accessoires, wie in diesem Fall Fliege und Kummerbund, von Manschettenknöpfen, Socken und den richtigen Schuhen ganz zu schweigen.

Abgesehen davon kann man davon ausgehen, dass ein Smoking von der Stange nicht jedem passt. Wer entspricht in all seinen Größen und Umfängen schon den durchschnittlichen Maßen von Konfektionsware? Also geht es ab zum Schneider, und da fangen die Sorgen und Probleme erst an. Hier muss der richtige Stoff gewählt werden – oft ist es dummerweise der teuerste –, die Qualität bestimmt und eine Entscheidung bezüglich der Farbe gefällt werden. Dann wird schweißtreibend Maß genommen und der junge Herr muss mehrfach zur Anprobe antanzen. Das ist alles gar nicht so einfach. Dabei sind die Entscheidungen beim Smoking noch relativ leicht zu fällen, aber wenn man an die Tweedjacken denkt, wird es gleich komplizierter. Da müssen nicht nur Farben, sondern auch Muster ausgewählt werden, von dem Schnitt ganz zu schweigen.

Nebenan in der Damenschneiderei schwitzen die jungen Mädchen, vielmehr Vater oder Mutter, die nach vollbrachter Kunst die Kreditkarte vorlegen müssen. So viel Geld, wie das hier alles kostet, trägt kein Mensch in bar mit sich herum. Vielleicht hatte die Tochter Glück und ein Weltenbummler-Onkel hat ihr sechs Meter knisternde Seide aus Fernost mitgebracht, vielleicht gab es bei Ikea ausnahmsweise glänzenden Vorhangchintz mit nicht zu großem Blumenmuster und zu köstlich klitzekleinen Preisen. Doch selbst wenn das Material schön und trotzdem nicht teuer war, kostet das Handwerk immer noch seinen respektablen Preis. Auch hier geht es von 300 oder 400 Euro an rasant aufwärts, ein langes Ballkleid kann mühelos alles in allem 800 Euro kosten.

Und dann ist es auf Taille gearbeitet, passt gemeinhin nur einer ganz bestimmten Person, wird nur zu ausgewählten Anlässen getragen und eigentlich nur sechs bis acht Jahre wirklich gebraucht, denn in diesem Zeitraum sollte sich jede Frau mindestens verlobt haben. Danach hängt das schöne Kleid Jahre nutzlos im Schrank. Es duftet zwar lange noch nach der so ungemein aufregenden Mischung von Körpergeruch, teurem Parfüm und Zigarette und erinnert an manch herrliche Ballnacht. Doch die Zeit, in der es getragen wurde, ist längst vorbei.

Auch reicht ein einziges Kleid nicht aus, nicht im Geringsten. Bei zehn bis 15 Bällen pro Jahr oder auch nur acht oder sechs kann man unmöglich jedes Mal im selben Kleid antanzen. Es soll ja Männer geben, die sich die Garderobe ihrer Gleichaltrigen merken können. Jedenfalls merken sie sich die anderen Frauen und machen dazu womöglich ihre Bemerkungen. Wie dem auch sei: Ein Ball ist einfach etwas ganz Besonderes, und man kommt sich schäbig und armselig vor, wenn man auf diesen Hochfesten immer in derselben Aufmachung auftritt.

Also den Onkel lieber noch oft nach Fernost schicken, wieder zur Schneiderin gehen und erneut die Kreditkarte zücken. Außerdem müssen passende Schuhe angeschafft werden, gar nicht zu reden von Seidenstrümpfen, Schals oder eleganten Umhängen, Haarschmuck und nicht zuletzt, nein, gar nicht zuletzt der entsprechende Schmuck. Wenn es auch bei den Ballkleidern oft nicht aufgeht, hier ist Erben wieder möglich. Ob es Ohrringe sind, Ketten, Braçelets für die Arme oder auch Ringe – das wird über Generationen gesammelt und weitergegeben. Und zu den hohen Anlässen werden die Schatullen geöffnet und die Schmuckstücke großzügig über die Finger, Arme und Dekolletés der jungen Balldamen verteilt. Modeschmuck geht nicht! Lieber gar keine Kette als unechte Perlen, lieber keine Ohrringe als Plastik am Ohr. Modeschmuck beweist, dass die Familie nicht nur arm ist, sondern keinen Stil hat. Und das wäre das Ende. Bei Adligen sollte möglichst alles echt sein. Strass und Glas sind – will man nicht als »in-geflippt« gelten – nur im Fasching erlaubt.

Selbstredend bleibt es nicht bei Ballkleid und Smoking, ein Adliger möchte schließlich nicht nur auf den Bällen *comme il faut* gekleidet sein. Die typischen Sportarten wie Tennis, Reiten, Skifahren oder auch die Jagd erfordern ihre Ausrüstung. Zu Hochzeiten braucht es nicht nur die elegante Abendgarderobe, sondern auch ein schickes Tageskleid, vielleicht ein Seidenkostüm, und vor allem den passenden Hut! So kommt einiges an Kosten zusammen, und wer jetzt eins und eins zusammenzählt, wird astronomische Summen erhalten. Die meisten Adligen haben aber nicht viel mehr Geld als Bürgerliche, eher weniger. Wie soll das gehen? Können sie zaubern?

Nein, man muss nur kreativ werden. Und Adlige wenden einiges an Energie und Fantasie auf, um ihren Lebensstil und ihre Traditionen zu wahren. Sie haben viele kleine Tricks und Möglichkeiten, dank derer sie ihren Stil auch bei bescheidenen Einkünften aufrechterhalten können. Die erste Maßgabe ist hierbei wie in vielen Bereichen: erben, erben, erben. Gut und geschickt erben gehört beim Adligen zum Prinzip. Das ist nicht anrüchig, im Gegenteil, es entspricht den Konventionen und ist eine Ehre. Sobald der Großvater gestorben ist, haben alle männlichen Enkel anzutreten. Wer hat eine ähnliche Statur wie der alte Herr? Wem passen Frack, Cut, Smoking, ja auch seine Anzüge, die Hüte oder gar die Schuhe am besten?

Selbst Hochzeitskleider werden umgearbeitet und munter weitervererbt. Schwierig ist das höchstens für den Ehemann, denn er muss eine andere Frau in dem Hochzeitskleid seiner Gattin ertragen. Schließlich war und ist es seine Liebste, die das Kleid zuvor getragen hat, schließlich war sie doch mit allem Drum und Dran allein für ihn bestimmt. Und auch sein Hochzeitstag soll bitte schön unverwechselbar und einmalig bleiben. Aber was ist unter Adligen schon einmalig?

Auch Schleier, Schleppe, weiße Handschuhe, Zylinder, selbst die Aufmachung, in der die Kinder auftreten, die Braut und Bräutigam als Schleppenträger oder Blümchenstreuer begleiten, werden selbstverständlich und gerne weitervererbt. Ja, es ist schwieriger, wenn eine Braut den Familienschleier ausdrücklich nicht verwenden möchte, weil er ihr nicht gefällt oder schlecht steht. Auch das Taufkleid, dessen Einsatz nicht lang nach der Hochzeit auf sich warten lässt, gehört in vielen Häusern zu Familienbesitz und Erbmasse.

Die zweite Maßgabe heißt: auftragen! Adlige schmeißen keine Kleider weg. Sie tragen sie so lange, bis sie rausgewachsen sind oder die Sachen ihnen in Fetzen vom Leib hängen. Das gilt besonders für die Kleidungsstücke, die keiner sehen kann, wie Unterwäsche. Aber auch köstliche Baumwollhemden, an denen »nur« der Kragen und die Manschetten abgewetzt sind, kann man noch gut in der Freizeit tragen, ja sogar auf eine Jagd oder zum Katerfrühstück. Anrüchig ist das nicht, es wirkt eher rührend und sympathisch. Es entspricht dem hochgerühmten Prinzip der Kargheit, auf das ich später noch ausführlicher zu sprechen komme.

Was man nicht auftragen oder erben kann, das muss man anderswo suchen. Die Telefonnummern von guten und gleichzeitig günstigen Schneiderinnen werden heiß gehandelt. Flüsternd gibt man die Adressen weiter, denn kaum werden sie zu bekannt, besteht schon die Gefahr, dass die Preise steigen. Frauen schneidern ihre Kleider auch selbst oder sie färben alte Kleider und arbeiten sie um. Einige Mädchen machen schon während der Schulzeit eine Schneiderlehre. Überhaupt bestimmen Schnitte, Stofffarben und Stile in jungen Jahren pausenlos das Denken. Keine Einladung zum Ball, die nicht hektische Ankleideproben, hastiges Nähen und Kleben, ja Basteln auslöst. Die Schuhe werden mit Schleifen verziert und Haarreife mit Stoffblüten. Kein Anlass dieser Art, der nicht tagelange Vorbereitungen ermöglicht, verlangt oder auslöst. Die Perlenkette muss womöglich neu aufgefädelt werden, der Papierfächer vielleicht geklebt, die Schuhe unter Umständen neu besohlt werden. Da surren die Nähmaschinen, da blitzen die Nadeln. Oft wird noch bis in die letzte Nacht gewerkelt, gestichelt und gemacht. Manche sitzt noch am Abend, bevor es auf das Fest geht, oder gar nach dem Diner auf dem Klo und zieht schnell die letzten Heftfäden aus der selbst genähten Korsage, damit sie nicht in Jacke oder Stola tanzen muss.

Andere lassen ihre Sachen in Asien fertigen oder auch in Ungarn oder Polen. Bei dem Bedarf, den ein heranwachsender Adliger entwickelt und entwickeln muss, lohnt sich durchaus eine Reise nach Indien oder Bangkok, um sich dort seine 20 Baumwollhemden, ein, zwei Anzüge oder auch den Blazer auf Maß schneidern zu lassen. Schließlich gibt es noch eine sehr beliebte Adresse mitten im tiefsten Frankenwald. Dort ist die Zentrale eines Herrenschneiders, der Konfektionsware am laufenden Meter produziert, die einzelne Jacke oder den Anzug dann aber jedem Kunden individuell anpasst. Die Daten jedes Kunden bleiben gespeichert, können jederzeit wieder abgefragt werden und neu zum Einsatz kommen. Diese Vorgehensweise ist längst nicht so aufwendig und teuer, wie wenn jedes Kleidungsstück neu entwickelt und einzeln geschneidert werden muss. Ich sage nur: sechs Wochen Lieferzeit! Der Erfolg dieses Verfahrens zeigt sich allein darin, dass der Mann inzwischen Filialen in jeder größeren Stadt des Landes unterhält. Außerdem hat er einen guten oder sagen wir einen konservativen Geschmack. Die Rohlinge sehen samt und sonders anständig aus, haben die richtigen Muster und klassische Farben. Wer einmal in dem Laden war, geht sein Leben lang dorthin. Und zu den Kunden gehören viele, viele Adlige.

Gleichgültig wie arm oder reich ihre Eltern auch sind, mindestens einmal in ihrem Leben sitzt jede junge Adlige bei einer Schneiderin und bekommt ein eigenes Kleid. Das gehört einfach dazu. Wenn nicht schon vorher, dann passiert es spätestens beim Hochzeitskleid, dem Traum in Weiß. Jede Adlige kennt also das Gefühl, auf einem Hocker zu stehen, krampfhaft den Bauch einzuziehen, kaum etwas sagen zu können, weil schon die Luft zum Atmen nicht reicht, und dabei angstvoll das Treiben der eifrigen Dame mit dem Nadelkissen am Handgelenk zu verfolgen, wie sie um sie herumtippelt und -tanzt, hier eine Spitze hineinsteckt, dort eine herauszieht und neu einsetzt. Jede junge Frau kennt diese Angst, gleich fürchterlich gestochen zu werden, und alle wissen, dass jedes Gramm zu viel oder zu wenig auf den Rippen am Hochzeitsmorgen eine Katastrophe auslösen kann.

Und fast jede angehende Braut lernt das Wort Staupe kennen, die zornigen Ausrufe der Schneiderin, weil ihr Opfer seit der letzten Anprobe wieder dünner geworden ist und alles wieder neu gestichelt werden muss, begleitet von dem freudigen Ausruf der Brautmutter, das sei doch die Brautstaupe, dafür könne das Kind doch nichts. Alle Frauen würden in den Wochen, bevor sie zum Traualtar schreiten, tüchtig abnehmen. Das sei nur ein Zeichen dafür, dass sie den richtigen Mann gewählt haben und sehr glücklich sind.

Es ist merkwürdig, wie viel Mühe sich Adlige mit ihrer Garderobe geben. Vieles davon wirkt heute antiquiert oder zumindest absolut anachronistisch. Doch das war offenbar immer schon der Fall. Ludwig Renn verweist in seinem Buch *Adel im Untergang* auf die Anachronismen bei Etikette und Kleiderordnung, die um 1900 am sächsischen Hof Usus waren. Besonders amüsant ist die Beschreibung der Uniformen: Sie sind Vorschrift und werden fleißig getragen, obwohl sie allein aus technisch-pragmatischen Gründen längst nicht mehr in die Zeit passen. Da gibt es Reitstiefel, die sich augenblicklich bis an den Rand mit Sand füllen, wenn die Kürassiere zum Gefecht vom Pferd absteigen müssen, Helme, die einem über die Augen rutschen, wenn man das Gewehr anlegt, und Säbel, die einem fortwährend im Weg sind. Offiziere, die in voller Montur von der Dresdner Kaserne zum Hofball hinunter ins königliche Schloss müssen, passen mit ihren hohen Helmen gar nicht in die Straßenbahn. Außerhalb des Hauses, auf der Straße, darf der Helm aber keinesfalls abgenommen werden. Sie müssen sich also bemühen, in der Mitte der Straßenbahn einen Stehplatz zu ergattern, sonst bleibt ihnen nichts anderes übrig, als in leicht gebückter Stellung am Rand des Wagens auszuharren, bis die Bahn endlich die königliche Residenz im Zentrum der Stadt erreicht hat. Was für ein Anblick!

Einen Höhepunkt erreichen Ludwig Renns Schilderungen bei dem Bericht über den Besuch des russischen Großfürsten Kyrill. Für die wenigen Sekunden, in denen die Kutsche des hohen Herrn am Schloss vorbeirauscht – aus Angst vor Attentaten ließen die Russen ihre Kutscher die Pferde immer zu schärfsten Gangarten antreiben –, mussten die wachhabenden Offiziere schon morgens früh ihre Paradeuniformen anziehen und den ganzen Tag in diesem Aufzug eisern ausharren:

»An dem Tag, an dem der Großfürst in Dresden ankommen sollte, marschierte ich mit einer Wache im Paradeanzug zum Schloss. Der Wind blies uns die hohen schwarzen Haarbüsche auf den Helmen zur Seite. Aber wir hatten die silbernen Schuppenketten unter das Kinn gemacht, sodass wir die Helme nicht verlieren konnten. Ich hatte einen unglaublich engen, noch ganz neuen Rock an, der nur für Paradezwecke gebaut war. Ich konnte in ihm stehen und gehen, aber beim Sitzen war er schon sehr beschwerlich. Und darin zu essen und zu trinken, das war so, dass man lieber Hunger und Durst ertrug.

Auch der gestickte Kragen dieses Rockes war ein Marterinstrument. Er war so hoch und eng, dass die Hals- und Stirnadern heraustraten, sobald ich ihn schloss. Als ich mich damit zum ersten Mal im Spiegel betrachtete, fand ich, dass ein geschwollenes Gesicht nicht zur Erhöhung der Eleganz beitrüge. Aber bei einer so bunten Aufmachung beachtet man hoffentlich das Gesicht nicht.

Seydewitz hatte mir wieder helfen müssen, die Schärpe mit den langen, schweren Silbertroddeln ganz fest um den Bauch zu binden. Dann hatte ich, halb erstickt, meinem Burschen, der mit ernstem Gesicht danebenstand, gesagt: ›Sie bringen mir den nächstbesten Waffenrock, ein weiteres Paar weiße, wildlederne Handschuhe und ein Paar weiße Glacéhandschuhe auf die Wache, damit ich mich etwas bequemer anziehen kann, wenn die wichtigsten Dinge vorbei sind.‹

Außer dem Rock, in dem ich nicht anders als sehr aufrecht gehen konnte, hatte ich die langen schwarzen Hosen aufs äußerste straff gezogen. Dazu gibt es besondere Hosenträger, die wie alle andern an die Hose geknöpft wurden. In diesem Zustand konnte man noch – wenn auch mit ausgestreckten Beinen – sitzen. Zu einer Gelegenheit wie heute aber hatte der Hosenträger auf jeder Seite eine Schlaufe, die man herunterziehen und anknöpfen konnte, was die Hose nach dem System des Flaschenzuges hochzog. Jetzt saß die Hose straff, aber man bekam auf die Dauer Schulterschmerzen.«

Während Renn in der Schlosswache auf den Großfürsten wartet, kommt sein Freund Rochus vorbei, der inzwischen Gardereiterleutnant geworden ist. Später begleiten die beiden den russischen Fürst in die Semperoper. Zu seinem Besuch wurde eigens Verdis *Falstaff* einstudiert. Jetzt muss auch Rochus seine Paradeuniform anziehen. Er braucht allein zwei Gehilfen, die ihn dabei unterstützen: »Eine Stunde vor Beginn der Aufführung kam ein gewaltiger Gardereiter mit dem Getrampel seiner großen Stiefel und dem Klirren seiner Sporen herein und trug etwas in einem weißen Tuch auf seinem Arm. Rochus klingelte nach dem Schlosswachtdiener und verschwand dann mit beiden Männern im Nebenraum. Dort hörte ich sie sprechen, das Herunterfallen ausgezogener Stiefel, und ich wurde allmählich neugierig, wozu er eigentlich zwei Männer zum Umziehen brauchte. Ich schlich mich also auf den Fußspitzen zur zweiten Tür des Nebenraumes und blickte hinein, ohne dass man mich bemerkte. Rochus stand in Unterwäsche auf seinem Bett. Vor ihm hielten die beiden in halber Kniebeuge, alle Muskeln angespannt, eine offene weiße Reithose. Rochus ging ebenfalls in die halbe Kniebeuge und sprang vom Bettrand mit beiden Beinen in die Hose hinein. Er war aber groß und schwer und riss mit seiner Wucht die beiden nach unten. Als man sich wieder aufrichtete, stand Rochus auf den äußersten Fußspitzen wie eine Balletteuse. Denn er war noch nicht richtig in der Hose. Darauf ruckten sie an beiden Seiten die Hose nach oben. Ich staunte, dass sie das überhaupt noch aushielt und nicht einfach oben abriss. Nach beträchtlichen Anstrengungen war Rochus in die Hose gebracht. Und beide Diener zogen zu gleicher Zeit ihre Taschentücher heraus, um sich den Schweiß abzuwischen. Noch als ich zu meinem Stuhl zurückgeschlichen war, hörte ich sie heftig atmen.«

Ludwig Renn stammt selbst aus einer sächsischen Adelsfamilie, wurde 1889 in Dresden als Arnold Friedrich Vieth von Golßenau geboren und schlug nach dem Abitur ganz standesgemäß eine Offizierslaufbahn ein. Von 1910 bis 1920 diente er im 1. Königlich-Sächsischen Leibgrenadierregiment. Später distanzierte er sich allerdings von seiner adligen Herkunft und schloss sich den Kommunisten an, nicht zuletzt nach den traumatischen Erlebnissen, die ihm im Ersten Weltkrieg widerfahren waren. Sein einziger Bruder war an der Front gefallen. Das bürgerliche Pseudonym Ludwig Renn, unter dem er nicht nur publizierte, sondern das er auch im Alltag nutzte, übernahm er von dem Helden seines Erfolgsromans *Krieg*, der 1928 erschienen ist.

Zum Glück sind Adligen die Qualen der Uniform heute unbekannt. Keiner muss hier wie Freund Rochus in die Hose gebracht werden. Zwar gibt es auch bei der Bundeswehr Uniformen, und wer Leutnant der Reserve geworden ist, darf eine solche tragen. Er muss sie sich allerdings auf eigene Kosten schneidern lassen. Sie ist nicht sonderlich schön, die Jacke mausgrau und die Hose schwarz, der ganze Schnitt vollkommen unspektakulär – keine Spur von Operette. Man trägt auch keinen Helm mit wehendem Haarbüschel, sondern ein schwarzes Barett oder eine langweilige Schirmmütze, die eher an die Aufmachung eines Chauffeurs erinnert oder an die eines Schaffners. Aber die Uniform ist wenigstens nicht unbequem.

Allerdings sind mir sehr wohl die unendlich langen Ankleideprozeduren bewusst, die es braucht, wenn zu einem Fest Frack geboten ist. Während normalerweise die Damen für ihre Balltoilette wesentlich länger brauchen als die Herren, ist das beim Frack glatt umgekehrt. Wenn mein Vater oder die Brüder ihren Frack anziehen, mussten schon wir Mädchen immer, längst onduliert und parfümiert im Ballkleid, Spalier stehen und helfen, wo es noch zu helfen galt. Jeder kennt die Probleme, die es bereiten kann, einen Manschettenknopf durch zwei enge Knopflöcher am Handgelenk zu fädeln und zu verschließen, insbesondere wenn die Manschette doppelt liegt oder eigens gestärkt wurde. Doch das ist nichts gegen den Kragen eines Frackhemdes oder die Frackweste. Sie sind nach der Reinigung so brettlhart, dass man nicht einmal mit spitzem Messer durchkäme. Besonders der Kragen sitzt derart eng, dass er tief in den männlichen Hals einschneidet. Das Gute am Kragen ist, man muss ihn lediglich zuknöpfen und kann selbst das vermeiden, wenn die weiße Fliege richtig sitzt. Aber die Weste muss unter dem Bauch ähnlich zusammengefügt werden wie die Manschetten am Handgelenk, und das mit ähnlich hocheleganten und auch sehr wertvollen, aber ungemein mühsam zu handhabenden drei kleinen Knöpfen. Wenn sie besonders elegant sind, besteht jeder aus einem goldenen Gewinde und einer mit kostbaren Steinen geschmückten Mutter. Der Herr wird sozusagen in seine Weste eingeschraubt.

Das ist unmöglich allein zu bewerkstelligen, zumal einen zu diesem Zeitpunkt schon der steife Kragen zu aufrechter Haltung zwingt. Viele haben seit ihrem letzten Auftritt im Frack ein wenig zugenommen, da kursiert die wunderschöne Ausrede, der Frack sei in der Reinigung eingegangen. Aber selbst ohne Bauchansatz, den ein Frack ja geschickt zu verbergen weiß, fingert der bedauernswerte Mann, der sich nichts anderes vorgenommen hat, als heute Abend ein braver Frackträger zu sein, stundenlang und hilflos an diesen steifen Knopflöchern herum. Wenn er Glück hat, steht er vor einem Spiegel, sieht aber auch dann nicht genau, wo die Knöpfe hinmüssen, denn sein Konterfei ist naturgemäß spiegelverkehrt. Einen Frack trägt man bei Hochzeiten, der Betroffene ist womöglich der Bruder der Braut, der Brautvater oder gar der Bräutigam selbst. Da können schon einmal vor Aufregung die Finger zittern. Wenn da nicht eine rettende Mutter zur Hand geht oder mindestens die Schwester, die Ehefrau oder die Tochter beim Brautvater, ist man verloren.

Zum Frack trägt der Mann schlüpfrige Lackschuhe mit breiten Schleifen. Sie sind recht schmal und weit ausgeschnitten — und sehen aus wie Pantoffeln. Ich erinnere daran, dass man bei Adligen aus gegebenem Anlass keine Hausschuhe kennt, außer die ausgetretenen Dinger, die man über die nackten Füße zieht, wenn man vom Schafzimmer ins Bad schlurft, sich also in absolutem *privatissime* befindet und dort auch um Himmels willen verbleiben möchte. Dieses Schuhwerk wird auch eher als Latschen bezeichnet. Der Name Pantoffel für das, was sich am Fuß eines Adligen befindet, ist per se ein Witz.

Wenn die Prozedur abgeschlossen ist und der Mann erfolgreich in seinem Frack steckt, ist er nicht mehr zu bewegen. Kragen, Weste und Jacke zwingen ihn zu stocksteifer Haltung, die Blickrichtung geht ab sofort nur noch nach vorn, und in seinen Schuhen hat er das Gefühl, er laufe auf Eiern. Kleider

machen zwar Leute, aber nur deshalb, weil sie Herrn und Frau
Leut bis an die Grenzen der Atemnot einschnüren. Das Einzige, was man jetzt noch tun kann, ist, gequält zu lächeln. Man
kann einen Hindernislauf so gestalten, dass man dem Sportler bequeme Kleidung gestattet und dafür die Hürden möglichst hoch anschraubt. Man kann ihn aber auch so gestalten,
dass man die Hürden niedrig hält, etwa auf der Höhe einer
normalen Treppenstufe, den Sportler aber dafür in einen kinn-
hoch eng geschnürten Pappkarton steckt und zuschaut, wie er
damit hinauf bis in den fünften Stock gelangt und wie lange
er dafür braucht.

Gemessen daran grenzt es an reinste Akrobatik, was der
reizende Butler in *Dinner for One* veranstaltet, indem er fortwährend über einen Tigerkopf stolpert, mit und ohne beladenem
Tablett, und dabei nie zu Fall kommt, nicht einmal in – zugegebenermaßen gespieltem – stocktrunkenem Zustand. Und
das alles im Frack!

Analog zu den Qualen, die Frackträger auszustehen
haben, kennen adlige Frauen das Gefühl, das man empfindet,
wenn man einen Abend lang ein Diadem getragen oder mit
dem Oberkörper in geschnürter Korsage gesteckt hat. Zwar
sind die Kleider längst nicht mehr so geschnitten wie zu Sissis
Zeiten, das Korsett wird nicht getrennt vom Kleid getragen,
sondern ist gewöhnlich komplett integriert, aber selbstverständlich haben adlige Frauen auch heute den Ehrgeiz, ähnlich
wie die Frau des Thronfolgers und späteren Kaiserin von Österreich, in ihrem Kleid eine gute Figur zu machen.

Vor allem schlank wollen sie aussehen. Außerdem dürfen
auf den Bällen durchaus freie Schultern gezeigt werden, kein
allzu tiefer Ausschnitt, das ist unanständig, aber Arme, Schultern und Hals müssen nicht verdeckt werden, insbesondere bei
den jungen Frauen, denn ihre Haut ist noch glatt. Das heißt
aber, dass Ballkleider, die keine Träger haben, allein deshalb

eng anliegen müssen, damit die Frau im Laufe des Abends nicht irgendwann nackt dasteht. Dabei helfen die berühmten Korsettstangen, *fiszbina*, wie es auf Polnisch so schön sprichwörtlich heißt. Es sind biegsame, aber sehr aufrecht stehende Stäbe, heutzutage längst nicht mehr aus Fischbein, sondern aus Metall oder Kunststoff, die parallel zum Rückgrat direkt ins Ballkleid eingezogen werden. Wenn das Kleid an der Hüfte gut und knapp sitzt und die Schärpe fest zugezogen ist, stützen die Stangen die Korsage so sicher auf der Taille ab, dass auch bei langem und weitem Rock und vor allem bei wildem Getanze nichts ins Rutschen kommt. Es ist dann schon wieder faszinierend, wie sicher ein Kleid vor plötzlicher Entblößung schützen kann.

Noch Anfang des 20. Jahrhunderts wurde Fischbein massenweise aus dem Meer gewonnen. Das Ausgangsmaterial für die Korsettmode rang man Walen wie dem Blau-, dem Buckel- und dem Finnwal ab, sogenannten Bartenwalen, die die Eigenschaft haben, Meerwasser in ihren Mäulern zu filtern und damit kleine Fische und lebenswichtiges Plankton aufzunehmen. Die Barte, mit denen sie das Plankton gewinnen, sind lange, faserige, hornartige Platten, die in ihrer Konsistenz weitaus flexibler sind als Knochen. Verarbeitet wurden diese Barte mithilfe von Fischbeinreißern. Im ersten Arbeitsschritt reinigte man sie von Speck- und Hautteilen, dann spaltete man sie in große Stücke und weichte sie in heißem Wasser auf. Dank ihrer faserigen Beschaffenheit können sie mit geringem Kraftaufwand zu Streifen der gewünschten Breite und Dicke verarbeitet werden. Kein anderes Material wies seinerzeit all diese Eigenschaften auf.

Schwere Wale morden für schlanke Taillen? In der Tat war Fischbein seit dem 17. Jahrhundert ein so wesentlicher Grund für die Fischer, auf Walfang zu gehen, dass die Bartenwale wegen der Korsettmode fast ausgestorben wären. Schließlich

benutzte man die Stangen auch zur Herstellung von Reifrock-
reifen, Sonnenschirmsstreben oder machte aus ihnen Reitpeit-
schen und Körbe. Die Schabspäne, also die Reste der Verarbei-
tung, nutzte man als Polstermaterial. Erst mit der Einführung
anderer Materialien wie Kunststoff und dem Rückgang der
Korsettmode verlor diese Motivation für den Walfang an Bedeutung.

Obwohl Korsettstangen, aus welchem Material auch
immer, Kleid, Figur und Oberkörper fest zusammenhalten,
fühlt sich keine Dame darin wirklich sicher. Während der Feste
greifen sich die Frauen immer wieder unter die Arme oder an
den Ausschnitt und ziehen den Rand des Kleides ein Stück
nach oben. Diese Geste gehört zu einem Ball wie der Anblick
eines Herrn, der nachdenklich die Asche seiner Zigarette am
Rand eines Aschenbechers abstreift, das Flattern eines aufgeregt Luft zufächelnden Fächers oder die freundliche Verbeugung, mit der ein Mann der Frau seinen Arm anbietet, die er
gerade erfolgreich zum Tanzen aufgefordert hat und in den
Ballsaal führen möchte. Ständig sind die Frauen in Gedanken
bei ihrer Garderobe, streichen die Schärpe glatt, fingern verlegen hinten an der Schleife, kontrollieren den Reißverschluss:
Die leise Panik, das Kleid könne verrutschen, ist fester Bestandteil jeder Ballnacht.

Es ist schon vertrackt: Nach dem Ankleiden bekommt
man kaum Luft, beim Essen kann man fast nicht sitzen, weil
alles so eng ist, und später, nach dem sechsten oder achten
Tanz, freut man sich über jedes Kilo, was man zu viel an Bord
hat, nur weil dann das Kleid nicht rutscht. Viele bringen zur
Sicherheit prinzipiell ein Ersatzkleid mit, denn wie leicht
könnte beispielsweise der Reißverschluss platzen. Schließlich
ist er in der Korsage der schwächste Punkt. Andere haben trä-
gerlose Ballkleider längst aufgegeben. Sie halten die Spannung
einfach nicht mehr aus.

Auch kenne ich gut den stechenden Schmerz, den eine Korsettstange verursacht, die sich gelöst hat und durch Stoff und Futter in die nackte Taille bohrt. Durch das stete Hoch und Nieder der Arme bei den Drehungen reibt das Material an den Stangen und löst sich bisweilen ganz auf. Eigentlich schließt jede Korsettstange oben und unten mit einer Kunststoffverstärkung ab, die genau das verhindern soll. Aber selten entspricht die Länge der Stangen genau den Maßen des Kleides, die Stange wird daher von der Schneiderin mit der Zange abgeschnitten und gekürzt. Prompt ist es vorbei mit der schmerzlindernden Absicherung.

Neben Pflaster gegen Blasen, Sicherheitsnadeln, Nähzeug und Nagellack, um rasch einer Laufmasche Einhalt zu gebieten, ist es daher ratsam auf den Bällen immer auch Heftpflaster, ein wenig Watte oder Isolierband dabeizuhaben, um das Ende einer Korsettstange gegebenenfalls damit zu umwickeln. Zur Not helfen auch ein Papiertaschentuch und Tesafilm. Wenn das alles nichts hilft, muss man das dumme Ding eben ganz herausziehen. Eine gute Korsage enthält schließlich mehr als eine Stange.

Trotz alledem bin ich überzeugt, dass es Adlige mit ihrer Garderobe heute ungleich einfacher haben als zu Ludwig Renns oder gar zu Sissis Zeiten. Allein wenn man an die Unterröcke denkt! Die Reifröcke! So etwas trägt heute niemand mehr. Ich habe einmal und auch nur zu einem Kostümball so einen Unterrock getragen. Es sah prachtvoll aus, endlich einmal war mein Kleid richtig ausgestellt, aber ich konnte mich damit praktisch nicht setzen. Die Stühle werden heute einfach zu eng gestellt, die Menschen halten weniger Abstand. Ich musste am Kopf der Tafel und im Stehen essen. Auch später am Abend eckte ich mit meiner Aufmachung überall an. Bei jeder Drehung lief ich Gefahr, den nächstbesten Tisch leer zu räumen. Pausenlos stieß ich mit irgendjemandem zusammen.

Mit einem Reifrock passt man heute nicht mehr in die Gesellschaft.

Tanzen war gleich ganz unmöglich. Früher müssen Mann und Frau vollkommen anders gebaut gewesen sein. Wer einen Reifrock trägt, braucht wesentlich längere Arme, sonst kommt er gar nicht an seinen Partner heran. Man kann eigentlich nur Ringelreihen tanzen oder Quadrille. Auch müssen die Arme sehr hoch gehalten werden. Irgendwann war mir das alles zu dumm. Ich bin auf die nächstbeste Toilette marschiert und habe den Rock kurzerhand ausgezogen. Als ich zurückkam, war mein Gesprächspartner einigermaßen verschreckt. Er dachte, er habe etwas Falsches gesagt, weil ich so plötzlich verschwunden war. Ich hätte mich lediglich meines dämlichen Unterrocks entledigt, war meine unverblümte Erklärung.

Auch das wäre zu Sissis Zeiten unmöglich gewesen.

16. Sei sparsam!

Sind Adlige reich oder arm? Oder sind sie vor allem sparsam? Und wie sieht es mit ihrem Erbe aus? Wird man in diesen Kreisen gelegentlich über Nacht zum Millionär?

Es gibt einige überdurchschnittlich reiche Adlige, aber die meisten gehören eher dem Mittelstand an oder sind sogar relativ arm – was ihre Gehaltsstufe anginge, wenn sie ein regelmäßiges Gehalt beziehen würden. Bei einer Festanstellung würden sie jedenfalls viel mehr Geld verdienen. Sie besitzen vielleicht ein schönes altes Haus, einen Garten, viel Wald und wenig Landwirtschaft oder auch umgekehrt: viel Landwirtschaft und wenig Wald. Aber das Haus steht wahrscheinlich unter Denkmalschutz und muss pausenlos renoviert werden, mit Wald kann man seit der EU-Osterweiterung nicht mehr viel Geld verdienen, und bei der Landwirtschaft ist man immer vom Wetter abhängig.

So gibt es viele Gründe zu klagen, und es fällt den Adligen selbst ebenso wie Außenstehenden schwer, den Umfang des eigentlichen Vermögens einzuschätzen. Rogasch bringt es auf den Punkt: »Allgemeine Aussagen über die wirtschaftlichen Grundlagen des deutschen Adels zu treffen, ist schon aufgrund fehlender Statistiken nicht möglich ... Sehr viel wohlhabender als die Durchschnittsbevölkerung ist die kleine Zahl der 80 fürstlichen Häuser, obgleich auch innerhalb dieser Gruppe ein deutliches Gefälle besteht. Am glimpflichsten haben die süd- und südwestdeutschen Standesherren die Verwerfungen des 20. Jahrhunderts überstanden … Es ist noch nicht einmal klar, welches deutsche Fürstenhaus das größte Vermögen besitzt, ob die landläufige Annahme, das Haus Thurn und Taxis sei das reichste, korrekt ist oder ob nicht weniger im Rampenlicht stehende Häuser reicher sind. Auf die Frage nach ihrem Vermögen angesprochen, antwortet noch der reichste Adlige, er sei eigentlich viel weniger wohlhabend als allgemein angenommen. Zumindest hierin unterscheidet sich ein Fürst nicht von der Restbevölkerung.«

Fest steht: Die meisten Adligen fühlen sich arm im Vergleich zu den Vorstellungen, die Nichtadlige haben. Natürlich, sie leben womöglich in Schlössern oder Herrenhäusern, haben einen Chauffeur und verkuppeln ihre zahlreichen Kinder in rauschenden Ballnächten – doch all das kostet Geld, viel Geld, angefangen bei den Reparaturen verrosteter (aber eben denkmalgeschützter) Regenrinnen bis zu den Ballkleidern der Töchter. Hinzu kommt, dass gut ein Drittel aller Adligen nach 1945 seinen Besitz auf der Flucht aus dem Osten verloren hat. Das wirkt nach. So muss zwar kaum ein Adliger hungern, aber eine »gefühlte Armut« ist ihnen durchaus zu eigen, und die Sparsamkeit ist unter Adligen ein Prinzip.

Adlige reden ungern über Geld, das gilt als bürgerlich, spießig und unfein. Das sind die Neureichen, die Industriellen, die mit materiellen Werten protzen, bei Adligen ist das Geld zu alt, als dass man immer wieder auf seine Existenz verweisen müsste. Es ist ein Teil der Erziehung, so zu tun, als sei Geld unwichtig oder als sei das Geld prinzipiell knapp. Lieber tragen sie Jacken und Hemden mit abgeschabten Ärmelrändern, lieber pflegt man einen gewissen Kult der Kargheit, als ständig wie neu eingekleidet und frisch lackiert auszusehen. Ziel der Erziehung ist, eine gewisse Haltung zu vermitteln, eine Selbstachtung, die unabhängig von materiellen Werten gültig und bestehen bleibt.

Voller Bewunderung beschreibt Alexander von Schön-
burg in *Die Kunst des stilvollen Verarmens* seine einst wohlhabende
russische Tante Aga, die mit ihren Geschwistern die Revolution überlebt und nach abenteuerlicher Flucht über den Kau-
kasus schließlich in Salzburg landet. Reich ist sie nun wahrlich
nicht mehr, aber sie hat ihre Würde behalten: »Ich sehe sie
noch vor mir, wie sie in ihrer winzigen Einzimmerwohnung
sitzt, in etwas angeeckten alten Tassen Tee serviert und über das
Leben erzählt. Der Raum war bis auf den letzten Zentimeter
mit Kram ausgefüllt, Briefen, Fotos in Bilderrahmen, Büchern.
Aber dank ihrer Präsenz wirkte er wie der Salon eines Lust-
schlosses. Sie strahlte eine Erhabenheit aus, die nur Menschen
erreichen, die einmal alles verloren haben und darüberstehen,
als sei es nichts.«

Ähnlich ist es mir bei Begegnungen mit der polnischen
Aristokratie ergangen. Ihre Mitglieder führen ein erbarmungs-
würdiges Leben, denn kaum jemand hatte so unter dem sozia-
listischen Regime zu leiden wie die Adligen. Gleichzeitig sind
sie glühende Patrioten, und obwohl sie viele Verwandte im Ausland haben, würden sie ihr Land nie verlassen. Ich habe Aristo-
kraten aus einer der ältesten Familien Polens in Krakau besucht,
der eine Sohn war Automechaniker, der andere studierte Philosophie. Die Familie wohnte in einer winzigen Wohnung, voll-
gestopft mit alten wertvollen Möbeln, Bildern in Silberrahmen
und dicken Büchern, von denen man nicht ein Stück würde
weggeben wollen, obwohl die Wohnung viel zu klein war. Der
Zucker wurde in wundersamen silbernen Büchsen serviert und
der Tee im Glas, gehalten von herrlich ziselierten Silberbechern.
Die Wohnung wirkte auch deshalb eng, weil die Söhne so besonders große, gut gebaute Männer waren. Sie passten einfach
nicht in diese Umgebung. Aber unsere Begegnung war von großer Freundlichkeit und lebhaftem Witz. Keiner der Anwesenden schien unter den schwierigen Verhältnissen zu leiden.

Im Winter (und wenn man in Polen Winter sagt, dann ist es wirklich Winter, dann fühlt man sich als Westeuropäer wie in Sibirien) bin ich der Gräfin Radczewill in Warschau auf der Straße begegnet. Sie trug eine Pelzkappe, einen abgetragenen Mantel und warme, aber keineswegs elegante Schuhe. Am Arm hing ihr Einkaufsnetz, sie war auf dem Weg zum nächsten Lebensmittelgeschäft. Ich wusste, dass sie dort, wie alle anderen Polen, stundenlang würde anstehen müssen. Die Radczewills sind eine der sechs Magnatenfamilien, aus deren Reihen jeweils der polnische König gewählt wurde. Sie besaßen so viel Land, dass sie ganz Polen durchreisen konnten und trotzdem nie ihr Eigentum verlassen mussten, von ihren zahllosen Schlössern und Einrichtungsgegenständen gar nicht zu reden. Sie sah müde aus, die alte Dame, aber ihr Gesicht hellte sich auf, als sie mich sah, und sie begrüßte mich freudig in fließendem Französisch. Sie erkundigte sich nach meinem Befinden, fragte nach meinen Eltern und lud uns ein, sie zu besuchen.

Erbschaft gilt bei Adligen als Schicksal, denn wer den Familienbesitz erbt, weil er zufällig der Erstgeborene ist oder seine älteren Brüder aus irgendwelchen Gründen die Erbschaft nicht antreten können, weiß zwar, was er im Leben zu tun hat, ist dafür aber nicht unbedingt dankbar. Das kann vielerlei Gründe haben: Während er heranwächst und vom Vater sanft oder weniger sanft allmählich an seine Lebensaufgabe herangeführt wird, ahnt er lange nicht, was sie im Einzelnen bedeutet. Erst wenn er eine passende Ehefrau gefunden hat, die ersten Kinder geboren wurden und der Vater gestorben ist, wird ihm allmählich klar, wie groß unter Umständen das Elend ist, das er zu verwalten hat. Denn er darf nichts verkaufen. Wer den Besitz oder Teile des Besitzes wie ein Stück Wald oder eine Inkunabel aus der Schlossbibliothek veräußert, wer den Familienschmuck zu Sotheby's oder ein verstaubtes Gemälde aus einem der zahlreichen Salons zu Christie's schleppt, um sein

Eigentum zu verflüssigen, macht sich bei den anderen Familienmitgliedern unbeliebt. Wer dennoch verkauft, muss das erklären und die Verwandtschaft früher oder später mit einem schönen Fest entschädigen.

Der Erbe übernimmt nicht nur den Besitz, sondern vor allen Dingen Verantwortung, nicht nur Rechte, sondern auch Pflichten. Und dazu gehört, den Besitz zu erhalten. Immerhin bleibt der einzelne Adlige dabei selbstbestimmt. Er übernimmt zwar eine ordentliche Portion Unfreiheit, aber er darf bei seiner Aufgabe durchaus Visionen verfolgen, er darf sich gerne selbst verwirklichen. Er kann sich zu Hause ein Büro einrichten und seine Arbeitszeit mehr oder weniger selbst einteilen, muss das Haus nicht verlassen. Er kann immer arbeiten, wann er will. Es gibt auch nur wenige Parameter, an denen der Erfolg seiner Arbeit zu messen ist. Er darf den Besitz seiner Väter nicht veruntreuen, er muss dafür sorgen, dass der Rubel rollt und der Betrieb genug Geld erwirtschaftet, um alle Kosten zu decken, aber niemand hat ihm sein Leben vorgelebt. Er steht zwar in einer langen Reihe gleichnamiger Ahnen, doch er muss sich selbst und sich mit seiner Aufgabe in der Zeit, in der er am Ruder ist, eigens definieren. Er könnte versuchen, den Familienbesitz in seiner Lebenszeit so stark zu vermehren, dass er hektarweise Wald dazukaufen oder allen Häusern neue Dächer verpassen kann. Er könnte den Ehrgeiz entwickeln, sein Vermögen, das gleichzeitig der Reichtum einer ganzen Dynastie ist, ins Unermessliche zu steigern. Aber er muss das nicht tun. Ein Graf, der seinen Besitz gut verwaltet, aber aus unterschiedlichen Gründen damit kein Vermögen erwirtschaftet und keine großen Veränderungen an Haus und Ländereien vornimmt, außer denen, die dringend notwendig sind, bleibt trotzdem ein guter Graf. Daran wird nie jemand zweifeln, höchstens er selbst.

Viele glauben, Adlige seien unendlich selbstbewusst und unerschütterlich. Sie glauben, den Adligen könne nichts in der

Welt aus der Ruhe bringen, und sie beneiden ihn um diese Ruhe. Sie ist ihrer Ansicht nach das untrügliche Zeichen eines Mitgliedes der herrschenden Klasse. Viele bewundern ihn, manche bringt diese Ruhe und dieses Selbstbewusstsein gegen die Adligen auf. Sie nennen es Arroganz. Doch die wenigsten Adligen sind zu beneiden, jedenfalls fühlen sie sich nicht so. Schließlich hat sich keiner von ihnen seine Art allein ausgesucht, sie ist ihm quasi übergeworfen worden. Das Selbstbewusstsein ist ein anerzogenes, im Grunde ist der Adlige schüchtern und zurückhaltend, er fürchtet die Öffentlichkeit, denn er weiß, dass er sich ihr gegenüber pausenlos erklären muss.

Der Adlige kann eben seinen Stand und seine Herkunft nicht ausziehen wie einen alten Wintermantel, den die Motten zerfressen haben. Er kann seinen Namen nicht ablegen. Der typische Adlige führt die Existenz eines »Geworfenen«, eines in die Welt Entsandten, unabhängig davon, ob er dazu in der Lage ist oder nicht. Er muss das sein, was er ist. Er könnte sich verstecken, seinen Namen verleugnen, er könnte auswandern in ein Land, in dem seine Familie unbekannt ist, aber dem allen geht eine bewusste Entscheidung voraus. Selbst das Exil ist ein bewusstes sich Abwenden von Althergebrachtem und Familie. Der Adlige ist nicht zu bedauern — keineswegs. Das würde jeder weit von sich weisen, aber es gibt für ihn auch keine Normalität. Immer muss er sich fragen: Bin ich das, was ich sein sollte? Kann ich das sein, was ich sein will?

Zurück jedoch zu der Frage, wie es um den Reichtum von Adligen heutzutage bestellt ist. Zahlreiche adlige Familien sind im und nach dem Zweiten Weltkrieg geflohen. Ihnen steckt nicht nur das Ende der Monarchie von 1918 und der Verlust all ihrer Privilegien in den Knochen, sondern auch der ganz reale Verlust eigener Güter und Ländereien. Das Entsetzen über die Vertreibung und Flucht sitzt so tief, dass es noch mehrere Generationen lang weitergegeben wird. Wer einmal im Leben unfreiwillig gehungert hat, wird nie Brot oder Essen verderben lassen. Er wird keine Plastikbeutel wegwerfen, sondern sie ausspülen, trocknen und wieder verwenden. Er wird Essensreste im Kühlschrank aufheben, bis sie verfault sind, und er wird aus Fallobst noch Kompott oder Marmelade machen, anstatt es einfach auf den Komposthaufen zu werfen.

Besonders treu verfolgen die Adligen diese drastischen Sparsamkeitsmethoden, die Flucht und Verarmung gar nicht mehr persönlich erlebt haben, jedoch sehr an den Verwandten aus dem ehemaligen Pommern, Schlesien, Ostpreußen oder anderen Regionen hängen. Selbst wenn diese schon verstorben sind, halten sie an der Sparsamkeit fest, ja scheinen ihre Vorfahren durch dramatischen Geiz ehren und ihnen im Nachhinein beweisen zu wollen, wie sehr sie sie immer noch lieben.

So kommt es, dass selbst die Adligen sparsam sind, die gar nicht sparsam sein müssten. Es ist, wie gesagt, ein Prinzip. Ein Onkel von mir, der sich bis ans Ende seiner Tage keine Sorgen um sein Auskommen machen muss, hatte früher die Angewohnheit, so viel Holz zu hacken und rund um das Haus herum aufzuschichten, dass es für 20 Winter gereicht hätte. Er sammelte Kronkorken, wo immer er stand und ging, weil es eine Zeit gab, in der man Kronkorken gegen ein gewisses Entgelt zurückgeben konnte. Und er stapelte leere Flaschen in einem Schuppen, um im Sommer darin Saft abfüllen zu lassen. Nur lebten im Haus mit der Zeit nicht mehr so viele Menschen wie in seiner Kindheit und die Köchin füllte inzwischen weitaus weniger Saft ab, denn wer hätte das alles trinken sollen? Aber der Onkel hob die Flaschen trotzdem auf. Man weiß ja nie, wozu es gut ist. Die Zeiten könnten sich wieder ändern.

Was für ein Drama, als der Schuppen eines Tages abgerissen werden musste und die Hundertschaften sorgsam sortierter Glasbehälter zum Vorschein kamen. Ein Anblick wie aus einer anderen Welt. Die gesammelte Lebenszeit, all die Jahre, die der Onkel mit dem Stapeln zugebracht hatte, schien sich an den unendlich vielen Regalen leerer, überflüssiger Flaschen auf einen Schlag zu offenbaren. Alles vergebliche Liebesmüh.

Adelige reden nicht nur ungern über Geld, sie hegen ihm gegenüber sogar ein gewisses Misstrauen. Sie wissen nur zu gut, wie schnell sich gute Zeiten ändern können. Schon morgen könnte ein Sturm kommen, der das ganze Dach abdeckt. Übermorgen müssen sicher die Straße und Auffahrt zum Haus erneuert und nächste Woche schon die Heizung repariert werden. Das kostet bei alten, großen Häusern ein Heidengeld. Adelige ziehen es vor, das Geld zusammenzuhalten, sie fürchten nichts so sehr wie Wollust und Verschwendung.

Ihre Sparsamkeit kann so weit gehen, dass sie keine echte Freude am Wohlergehen empfinden können, selbst an Tagen, an denen es sich jeder Mensch gut gehen lässt. In manchen Familien wird der Saal, in dem man sich an Weihnachten unter dem geschmückten Baum versammelt, tunlichst nicht geheizt, denn bei aller Pracht des Baumes, bei all dem feinen Gebäck und Marzipan und vor allem bei den entsetzlich vielen Geschenken soll man nie vergessen, dass alles Materielle vergänglich ist, dass Reichtum nicht ewig währt und dass Weihnachten nur einmal im Jahr gefeiert wird.

Tja, und so friert die Familie lieber ein wenig angesichts des schönen Baumes, singt brav ein paar fromme Lieder, knuspert verschämt an den selbst gebackenen Keksen und zieht sich alsbald in den alltäglichen Salon zurück, der weniger feierlich und festlich geschmückt ist, in dem aber dafür ein warmer Ofen bullert. Und wenn die Eltern nicht zu streng sind, dürfen die Kinder sogar ein paar wenige Teile vom neu erhaltenen Spielzeug in diesen Salon mitnehmen. Schließlich ist Weihnachten!

Viele Adlige müssen tatsächlich sehr sparen, ihre Ressourcen sind begrenzt. Das geht schon seit einigen Generationen so. Bereits Anfang des letzten Jahrhunderts entstanden Verhältnisse, die Historiker versucht haben, mit Begriffen wie Adelsproletariat und Adelsarmut zu umschreiben: »Innerhalb des gesamten Adels, aber auch einzelner Adelsfamilien bestand ein beträchtliches Besitzgefälle, das sich im späten 19. und im 20. Jahrhundert weiter verschärfte. Neben hochvermögenden regierenden Fürsten, Standesherren, Magnaten und Großgrundbesitzern existierte eine nur schwer quantifizierbare Zahl von Angehörigen des niederen Adels, deren Vermögen und Einkommen sich ganz aus Berufsarbeit oder familiärer Alimentierung speiste. Insbesondere im nordostdeutschen Adel stellte sich seit den Umbrüchen um 1800 (Folgen der friderizianischen Kriege, napoleonische Besatzungsherrschaft in Preußen, Preußische Reformen, wachsende bürgerliche Marktkonkurrenz) das Problem der standesgemäßen Versorgung u. a. nicht erbender Söhne und unverheirateter Töchter in verschärfter Form … Seit dem Verlust beziehungsweise der Reduzierung der vom Adel bevorzugten staatlich monarchistischen Versorgungsstellen (Hof, Militär, Verwaltung) nach 1918 kann man eine Adelsarmut im Sinne des Wortes vor allem im niederen Adel feststellen.« Meist griff damals oder greift auch heute in dramatischen Fällen die Familie ein, unterstützt die in Not geratenen Verwandten oder nimmt sie bei sich auf. Bei Conze heißt es weiter: »Diese Gruppe des vom sozialen Abstieg betroffenen besitzlosen Adels hegte gleichwohl keine Zweifel an ihrer Zugehörigkeit zum Adel insgesamt und wurde von den Standesgenossen auch weiterhin als dazugehörig angesehen.«

Den Betroffenen war es peinlich, und sie versuchten, ihre Armut zu verbergen, wo es nur ging. Von meinem Vater kenne ich folgende Geschichte aus Ostpreußen: Bei einem festlichen Abendessen hatte einer der Eingeladenen kurzfristig abgesagt, und die Anzahl der Gäste war auf 13 gesunken. Ähnlich wie viele Gastgeber waren auch diese Adligen im Innersten ihrer Seele sehr abergläubisch und suchten, die Zahl der Gäste schnell zu erhöhen. Also wurde eines der Kinder geweckt, in schöne Kleider gesteckt und mit an die Tafel zitiert. Der Junge ärgerte sich darüber, er konnte sich vor Müdigkeit kaum auf seinem Stuhl halten und wollte am liebsten zurück in sein Bett. Als feierlich der Hauptgang aufgetragen wurde, eine dicke gebratene Pute, noch brutzelnd vom Feuer des Ofens, in dem sie gegart worden war, und es daranging, das mächtige Tier in Stücke zu zerteilen und jedem Gast seinen Part zu reichen, rief der Junge ungefragt, doch laut vernehmlich: »Gib mir Weißes oder ich sag's!«

Die Mutter erstarrte, gab dem Personal einen Wink, und in der Tat wurde dem Kleinen anstandslos ein Stück zartes, weißes Brustfleisch auf den Teller gelegt, das Beste, was die Pute zu bieten hatte. Als der Braten ein zweites Mal gereicht wurde, wiederholte sich das unheimliche Schauspiel. Wieder rief der Junge nach Weißem und wieder ließ ihm die Mutter ein solch edles Stück zukommen. »Gib mir Weißes oder ich sag's!«

Schließlich waren alle satt, die Nachspeise wurde hereingetragen, und die Gesellschaft setzte an, die Dame des Hauses für das köstliche Essen zu loben und ihr zu danken. Da erhob der kleine müde Junge wieder seine Stimme, und jetzt hätte ihm die Mutter am liebsten eine Ohrfeige erteilt, aber sie kam zu spät: »Jetzt sag ich's aber doch: Die Pute, die ist krepiert.«

Ja, so ging es zu damals in Ostpreußen. Da wurde, wenn es wieder einmal vorne und hinten nicht reichte, zum feierlichen Dinner durchaus auch eine Pute serviert, die nicht geschlachtet worden, sondern womöglich an irgendeiner Krankheit gestorben und verendet war. Aber wie hochnotpeinlich war es, wenn die Gäste das erfuhren. Das musste um alles in der Welt vermieden werden. Hätten die Hausleute das Kind doch im Bett gelassen! Die Dreizehn hat auch so ihre Wirkung getan.

Wer arm war, musste es geschickt zu kaschieren suchen. Wer mittellos geworden war, musste versuchen, irgendetwas dagegen zu tun. Das schaffte nicht jeder, hatten doch viele Adlige nie gelernt, sich den Anforderungen eines echten »Brotberufes« zu stellen. Vielen gelang es durch eine gehörige Portion Selbstironie, mit der Diskrepanz zwischen Wahrheit und Wirklichkeit fertig zu werden. Die Bezeichnung Etagenadel haben sich die Adligen schließlich selbst einfallen lassen. Sie steht, schreibt Conze, für »Adelsfamilien, die über keinen ländlichen Besitz mehr verfügten, aber auch in den Städten nicht mehr zu repräsentativer Lebensführung in der Lage waren, sondern sich mit einer bescheidenen, zum Teil ärmlichen Mietwohnungsexistenz bescheiden mussten«.

Oder es fand sich eine andere Lösung wie bei dem lebenslustigen Grafen, von dem man sich erzählte, dass er endlich mal wieder Kaviar mit Löffeln essen wollte. Da nahte die Jagdsaison und der Graf rief seinen guten alten Diener herbei, um mit ihm den Ablauf der Festlichkeiten zu planen. »In diesem Jahr, mein guter Johann«, sagte er und stützte sich schwer auf seinen alten Diener, »in diesem Jahr soll bei der Jagd an nichts gespart werden. Diesmal wird abends Kaviar mit Löffeln gegessen.« Johann kannte seinen Herrn schon seit Ewigkeiten und er wusste, was der Graf mit diesem Ausdruck meinte: Nicht nur die Jagd hatte hochherrschaftlich und prächtig auszusehen, auch das abendliche Dinner im Anschluss daran sollte allen Anforderungen einer wirklich vornehmen Gesellschaft genügen. Das Buffet musste schier zusammenbrechen unter der Last der mannigfaltigen Speisen. Vor allem Kaviar sollte serviert werden, und davon so unermesslich viel, dass man ihn in orgiastischen Mengen übermütig in den Mund schieben konnte. Johann wusste aber auch, dass sein Herr nicht im Entferntesten in der Lage war, ein Gelage dieser Art zu finanzieren. Wie schon in allen Jahren zuvor konnte man froh sein, wenn das Geld für die Munition reichte. Selbstverständlich würden die Gäste dahingehend selbst Vorsorge treffen müssen, für ein zusätzlich feierliches Abendessen mit großartigen Speisen und Getränken reichte es gleich gar nicht. Und Kaviar, das ging überhaupt nicht, Kaviar war zur Jagdsaison immer besonders teuer. Davon würde man sich nur ganz wenig leisten können, höchstens so viel, dass es eine hübsche Verzierung hergab.

Doch Johann war nicht dumm, er wusste sich zu helfen. Er ließ gerade so viel Rogen vom Stör kaufen, wie die Kasse hergab, also wenig, und während die Gäste, zurück von der Jagd, sich auf ihre Zimmer zurückzogen, während es in der Küche kochte und dampfte und das erlegte Wild missmutig seiner baldigen Zubereitung und Verspeisung entgegensah, verteilte der alte Diener den wenigen Kaviar sorgfältig auf zwei kleine Schüsseln und mischte ordentlich Schrot darunter. Es sah großartig aus. Der Fischlaich glänzte, die Schüsseln liefen über und der Graf war hocherfreut. So viel Kaviar hatte es schon lange nicht mehr gegeben.

Abends saß er glücklich auf dem Bettrand, lobte den alten Johann und sagte: »War das eine Jagd. So viele Gäste, so viel Wild und dann noch Kaviar mit Löffeln gegessen. War das ein Fest! Das hat Er wieder prima hingekriegt, Johann. Das hat Er ausgezeichnet gemacht.« Johann strahlte über das ganze Gesicht. Er bedankte sich für die Lorbeeren, nickte seinem Herrn freundlich zu, wünschte eine gute Nacht und verließ das Zimmer. Der Graf machte sich über seine Garderobe her, zog die Jacke aus, lockerte die Fliege und ließ sich auf einen Hocker nieder, um sich der schweren Stiefel zu entledigen. Sein treuer Dackel legte sich brav auf das Kissen in der Ecke des Zimmers. Und der Graf zog und zerrte, doch der Stiefel wollte nicht weichen, der Graf zog weiter und vor lauter Anstrengung entfuhr ihm ein gewaltiger Furz. Da tat es einen donnernden Knall, der Dackel jaulte auf, der Graf drehte sich ahnungslos um und das arme Tier lag mausetot in der Ecke. Ja, wer hatte da jetzt geschossen?

17. Lerne jagen!

Großer Spaß und beliebtes Freizeitvergnügen ist und bleibt dem Adligen die Jagd. Sie wird intensiv betrieben und bestimmt neben den Festen und gegenseitigen Besuchen nachhaltig das gesellschaftliche Leben. Das hat, wie bei Rogasch zu lesen, seine historischen Gründe: »Ein wichtiges Vorrecht der Aristokratie blieb bis in das 19. Jahrhundert die Jagd. Das ursprünglich freie Jagdrecht in Europa wurde im frühen Mittelalter Privileg des Adels.«

Dabei ist die Jagd eigentlich eine grauenhafte Angelegenheit. Vor allem wegen der Begleitumstände. Auf die Jagd geht man morgens früh oder abends spät, zu Tageszeiten also, in denen man meist lieber schlafen würde, als aufrecht durch den Wald zu marschieren. Mit »morgens früh« ist eine Uhrzeit gemeint, die sich je nach Jahreszeit und Dauer der Anreise mit kurz nach Mitternacht präzisieren lässt. Ja, man kann sagen, gegen Jäger, die gerne die Frühpirsch frequentieren, sind selbst Bäcker Langschläfer. Selbst wenn man mittags in den Wald zieht, um zur Blattzeit einen Rehbock zu erlegen, zerrt einen, wie schon erwähnt, die für diese Tageszeit symptomatische Schläfrigkeit hartnäckig an den Augenlidern und würde einen lieber in der Horizontalen sehen als aufrecht sitzend oder gar stehend, an einen Baum gelehnt.

Ferner ist es bis auf wenige Ausnahmen meist kalt, denn die Jagd findet gemeinhin im Freien statt und das zu erlegende Tier ist scheu und heimlich. Der Jäger muss also Stunden in absoluter Ruhestellung verharren und ihm auflauern, quasi ein Teil des Waldes werden und das Tier überlisten. Er muss so lange geduldig an nasskaltem Morgen verharren, bis Hut und Mantel, einem Baumstamm gleich, vor Nässe triefen. Er muss so ausdauernd auf winterharter Erde verweilen, bis sich die Temperatur in seinen Zehen, Beinen, ja selbst bis in die Oberschenkel durch nichts mehr von den permafrostähnlichen Minusgraden unterscheidet, die der Boden unter seinen Füßen aufweist. Dass einem dabei nicht unbedingt warm wird, ist nachvollziehbar. Im besten Fall bildet sich an der Nasenspitze ein langer Eiszapfen: Dann ist die Pirsch mit Fug und Recht als gelungen zu bezeichnen.

Doch es sind nicht nur die Außentemperaturen, die einem die Freude am Jagen schnell wieder nehmen können. Hinzu kommt, dass der Jäger und insbesondere die Begleitperson schweigen müssen. Das ist wahrscheinlich das Schlimmste, denn die Begleitperson ist meist eine Frau, und was sollen Frauen und Männer gemeinsam im Wald, wenn sie sich nicht miteinander unterhalten dürfen? Aber die Begleitung muss schweigen, sie muss schweigen bis ins Mark. Sie darf auch nicht versuchen, durch Gestik oder Augenspiel zu kommunizieren, denn das könnte in Hast oder Fuchteln ausarten. Sie darf nicht lachen und nicht weinen, ja, sie muss generell alles, was freudig stimmt, vermeiden, denn sonst bringt sie womöglich den Jäger zum Lachen oder anschließend zum Weinen, weil ihm gerade der Bock davongelaufen ist. Sie muss bewegungslos verharren, selbst atmen sollte sie unhörbar oder gar nicht, und sie weiß nie, wie lang dieser entsetzliche Zustand andauern wird. Dahingehend gibt es keine Absprachen oder Informationen vorab. Wann die Jagd zu Ende ist, entscheidet allein der Jäger, und das durchaus spontan.

Trotz all dieser Widrigkeiten übte die Jagd auf uns Kinder eine unwiderstehliche Faszination aus. Nie werde ich den

Tag vergessen, an dem ich zum ersten Mal mit auf die Jagd gehen durfte, nie den Augenblick, als das erste Tier erlegt zu meinen Füßen lag und der Förster einen Tannenzweig vom Baum pflückte, ihn über die Schusswunde strich und dem Schützen überreichte. Ich war so beeindruckt, dass ich nicht einmal mehr weiß, welcher meiner zahlreichen Onkel oder Vettern der Schütze war, der den Zweig stolz in Empfang nehmen und in sein Hutband stecken durfte.

Umso besser erinnere ich mich daran, wie der Förster sich daranmachte, das Tier auszuweiden. Obwohl ich von geradezu närrischer Tierliebe durchdrungen war, obwohl ich mir jahrelang jedes Weihnachten einen Hund wünschte und meine Stofftiersammlung deshalb auf eine derart hohe Anzahl geklettert war, dass ich aus bloßem Platzmangel in meinem Bett nachts nicht mehr schlafen konnte, störte mich der tote Rehbock keine Sekunde. Dabei wurde er vor meinen Augen aufgeschnitten, ausgenommen, das Fell wurde wie bei Rotkäppchens Wolf und den sieben Geißlein aufgetrennt, die Rippen auseinandergebogen und alle Organe einzeln entnommen, Lunge, Herz, Nieren und was noch alles dazugehört. Das ist eine scheußliche Angelegenheit, das Blut trieft und rostrot färbt sich die Wiese unter dem frisch erlegten Tier. Zu guter Letzt wird es umgedreht und durch frisches Gras gezogen, damit es so sauber wie möglich in der Försterei anlangt. Dem Adligen ist das alles gleichgültig, auch wir folgten damals den Vorgängen mit gebanntem Blick. In dem Augenblick, als der Rehbock zu Boden ging, war er für uns kein Lebewesen mehr.

Und ich erinnere mich, mit welchem Stolz selbst mich der Tannenzweig am Hut des Jägers erfüllte, als wir nach Hause kamen und schon von Weitem zu sehen war, dass die Jagd von Erfolg gekrönt war. Auf die übliche Frage: »Habt ihr etwas geschossen?«, konnte auch ich mit begeistertem Nicken antworten. Die Frage: »Habt ihr etwas gesehen?«, die unweigerlich folgt, wenn man die erste verneinen muss, erübrigte sich von selbst. Stattdessen hatten wir etwas zu erzählen, was einen Müdigkeit und Kälte sofort wieder vergessen ließ. Es hatte sich absolut gelohnt, bei stockfinsterer Nacht in den Wald zu marschieren.

Weniger interessant sind die Jagderzählungen. Sie gehören, ähnlich wie das *Gotha*-Studium, zu den abendlichen Beschäftigungen von Adligen. Sobald es im Sommer dunkel geworden ist, kommt ein Jäger nach dem anderen aus dem Wald zurück, holt sich ein Bier aus dem Kühlschrank, setzt sich zu den dort wartenden Frauen, Kindern und Alten in den Salon und hebt an, ausführlich von seinen Erlebnissen zu berichten. Da sich der Aufenthalt im Wald aber eben zum Großteil auf Warten, Frieren und Schweigen beschränkt, sind die Berichte nicht sonderlich ereignisreich.

Trotzdem muss alles immer bis ins Detail erzählt werden, insbesondere die Momente, die zu keinem sichtbaren Ergebnis führten. Wenn an solchen Abenden schließlich der dritte und vierte Jäger im Salon auftaucht und mit seinen Geschichten beginnen will, wird er daher gleich mit dem berühmten Satz unterbrochen: »Also der Bock kam um die Ecke, und was dann?« Sonst müsste man sich mit höflich unterdrücktem Gähnen noch einmal die Schilderungen der Stunden anhören, die der Jäger auf dem Hochsitz verbrachte und in denen es zwar hie und da raschelte, die Vögel sangen oder ein argloser Hase vorüberhoppelte, aber eben kein schussreifes Wild. Diese Geschichten gipfeln übrigens regelmäßig in Wutausbrüchen über irgendwelche Spaziergänger, die ausgerechnet an diesem Abend und womöglich auch noch mit Hund gerade diesen Waldweg entlangmarschierten. Irgendwer muss ja an den verpatzten Gelegenheiten schuld sein.

Ähnlich wie das Jägerlatein gehört in jeden adligen Haushalt ein Abonnement für *Die Pirsch* oder *Wild und Hund*, viele

Adlige beziehen sogar beide Zeitschriften. Ich verbinde mit den Titeln die Angst vor furchtbaren Strafen, denn meine Großeltern hatten wie viele Menschen, die den Krieg oder schon die Zeit davor erlebt hatten, die Angewohnheit, alte und ausgelesene Zeitungen nicht wegzuwerfen. Als meine Schwester und ich wieder einmal bei Regenwetter über den Dachboden stromerten, fanden wir die alten Hefte, fein säuberlich nach Ausgaben geordnet und zu Stapeln aufgeschichtet. In unserer unendlichen Tierliebe hatten wir es uns zur Gewohnheit gemacht, die Wände in unseren Kinderzimmern mit Bildern von Pferden und Hunden zu pflastern. Da kamen uns die schönen Titel, die wir auf den Zeitschriften fanden, gerade recht. Sie zeigten samt und sonders Tiere: Rehe, Hirsche und vor allem herrliche Hunde. Ohne lange darüber nachzudenken, rissen wir eilig von mindestens 20 oder gar 30 Exemplaren das Titelbild ab. Was waren wir über unseren Fund glücklich. Bis zu dem Zeitpunkt, wo uns schlagartig bewusst wurde, was wir angerichtet hatten. Kreuz und quer lagen die zuvor sorgfältig gestapelten Hefte in der staubigen Kammer herum. Ein Bild der Verwüstung! Die einstmals schönen Zeitschriften sahen auf einmal nur noch aus wie altes Papier. Schnell räumten wir die Hefte wieder sorgfältig in eine Ecke, versuchten, unsere Spuren zu verwischen, und schlichen uns davon. Die Untat wurde zum Glück nie entdeckt, doch jahrelang verfolgte uns noch die Angst, irgendeiner von den Erwachsenen könnte herausfinden, was wir angerichtet hatten. Und in einem waren wir uns sicher: Die Strafen, die uns ereilt hätten, wären fürchterlich gewesen.

Auf die Faszination, die ich als Kind für die Jagd empfand, muss es wohl zurückzuführen sein, dass sich bei mir der Gedanken verfestigte, ich müsste, wenn ich bis dreißig nicht verheiratet bin, den Jagdschein machen. Sicher dachte ich dabei an meine Freundin, die nach England geheiratet hatte und gleich bei ihrem Antrittsbesuch von der Schwiegermutter erstaunt gefragt wurde, ob sie tatsächlich nicht mit der Waffe umgehen könne. Schließlich wimmele es auf dem Grundstück vor Kaninchen und Fasanen. Hin und wieder flögen auch ein paar Wildenten vorbei. Man könne sich doch nicht derart mühelos zu erlangendes Bratenfleisch entgehen lassen. Ein gewisse Wehrhaftigkeit sei im Übrigen prinzipiell von Nutzen.

Dabei war es absolut abwegig, zu glauben, man müsse als Adlige einen Jagdschein haben. Die Männer, natürlich, die gehen auf die Jagd, und sie fangen frühzeitig damit an. Schon mit sechzehn kann man einen Jugendschein absolvieren, in einigen Bundesländern muss man mit der Prüfung warten, bis man achtzehn ist, schließlich befugt einen der Jagdschein, eine Waffe zu besitzen. Viele fangen noch früher an, denn Treffsicherheit kann man auch am Schießstand erwerben. Unkonventionell ist es im Gegenteil, wenn ein junger Adliger den Jagdschein ablehnt. Aber das betrifft nicht die Frauen. Bei der Jagd ist die Rollenaufteilung nach wie vor streng geschlechtlich getrennt: Männer machen Jagdschein, Frauen kochen Eintopf. Jägerinnen gibt es bis auf ganz wenige Ausnahmen keine.

Nur eine Frau gab es in meinem Alter, die den Jagdschein erworben hatte, und sie hatte ihn keinesfalls zur Bedingung an ein Leben ohne Mann geknüpft. Nicht im Geringsten. Sie hatte einfach die entsprechenden Prüfungen bestanden und stand bei Treibjagden doch tatsächlich höchst waidmännisch, doch mit grandiosem Chic in der Reihe der Jäger, stach sozusagen deutlich von ihnen ab, denn Frauen sind nun einmal meist attraktiver als Männer, besonders im Wald. Diese Cousine war mein großes Vorbild. Das wollte auch ich erreichen. Ich wollte mit dem Gewehr in der Hand und in eleganter Aufmachung auf die Treibjagd stiefeln, wollte eiskalt Rehböcke und Hasen erlegen können und auf dem Jahrmarkt Eindruck damit schinden, dass ich an der Schießbude mühelos ein Plastikröhrchen nach dem anderen zerschmettere. Während andere Frauen darauf warten mussten, dass ihnen ein Mann mit charmanter Geste eine Plastikblume oder Pfauenfeder überreicht, würde ich sie mir einfach selbst schießen. Insbesondere wenn ich mit dreißig noch unverheiratet war.

Aber ich versagte kläglich. Auf dem Hochsitz schlief ich tief und fest. Man erzählt sich schenkelschlagend vor Vergnügen die Geschichte, wie ich mich mit den Zähnen im Holz festgebissen habe, um nicht von dort oben herunterzufallen. Und auch beim Tontaubenschießen war ich keine große Nummer. Das Scheibenschießen auf Ton ist ein typischer Zeitvertreib unter Adligen. Ähnlich wie der Besuch beim Schützenfest dient er dem Erwerb größerer Treffsicherheit. Zu diesem Zweck wandert man in die freie Natur, auf eine große Wiese oder ein nicht bestelltes Feld und schießt mit dem Gewehr auf Tonscheiben, die in schneller Folge aus einer entsprechenden Maschine in die Luft geschleudert werden. Wird eine Scheibe getroffen, zerschlägt sie in tausend Einzelteile, trifft der Schütze nicht, landet sie irgendwo in weiter Ferne auf dem Boden. Einsammeln wird sie wahrscheinlich niemand.

Es kostet einigermaßen Geschick, diese Scheiben zu treffen, denn sie fliegen, je nach Einstellung der Schleuder, weit in den Himmel hinein. Umso größer ist die Freude, wenn es gelingt. Wer ein guter Tontaubenschütze ist, hat auch Chancen, später ein guter Jäger zu werden.

Einen letzten Versuch, schießen zu lernen, startete ich bei adligen Freunden in Süddeutschland, die sich in den Sommerferien mit dem Schießen auf Glühbirnen vergnügten. Zu diesem Zweck bewaffneten wir uns mit Gewehren sowie Munition und nahmen auf einer Brücke Aufstellung. Einer der Jüngeren, der noch nicht schießen durfte, lief den Kanal einige Hundert Meter hinauf und warf von dort in hohem Bogen Glühbirnen ins Wasser. Träge schwammen die Teile auf uns zu und wir mussten versuchen, auf sie zu schießen. Sobald eine Birne getroffen war, zersplitterte das Glas in tausend Stücke und sie verschwand samt Schraubgewinde unter Wasser. Natürlich durfte keine Birne unbeschadet durchkommen. Wir steckten die Gewehrläufe durch die Planken der Brücke und versuchten, sie so noch zu erwischen, oder wir drehten uns um und ballerten hinterher. Trotzdem wurde aus mir keine erfolgreiche Schützin. Mir fehlte einfach die Übung. Außerdem war mir die Sache mit den Glühbirnen unangenehm, weil ich an die vielen Glasscherben denken musste, die auf den Grund des Wassers sanken. Ich stellte mir vor, dass irgendwann einer barfuß durch den Kanal watete und sich dann die nackten Fußsohlen aufschnitt. Immerhin waren die Glühbirnen schon vorher Müll. Sie stammten aus der familieneigenen Hühnerfarm und waren aussortiert worden, weil sie durchgebrannt waren.

Geschossen wurde bei diesem Zeitvertreib übrigens nicht mit Schrot, sondern mit dem Luftgewehr. Da musste man schon ganz gut schießen können, wenn man mehr als eine Birne treffen wollte. Auch das Nachladen ging nicht sonderlich schnell. Ziemlich mühsam, die kleinen silbernen Kelche einzeln aus der Dose zu fischen und richtig herum einzulegen. Zudem durfte einem die Munition nicht entgleiten, sonst fiel sie ins Wasser und war weg.

Es blieb dabei: Ich traf nicht, ich schoss nicht und ich machte auch keinen Jagdschein. Meine Cousine ist eine der wenigen Frauen auf den Jagden geblieben. Und heute würde ich keine Waffe mehr in die Hand nehmen. Meine Faszination für die Jagd hat sich, wie viele Dinge, die mich als Kind beschäftigten, verflüchtigt.

18. Bleib zu Hause
oder besuche deine Verwandten!

Der Adlige fährt nicht in Urlaub. Er wünscht auch kein schönes Wochenende. Das Wochenende unterscheidet sich für den Adligen strukturell nicht wesentlich von der Woche, schließlich ist der Adlige auch am Wochenende adlig. Urlaub und schönes Wochenende sind etwas für das Proletariat, den Bürgerlichen, der unter der Woche hart arbeitet und sich am Wochenende beziehungsweise im Urlaub von der harten Arbeit erholen muss. Für den Adligen gibt es Jahreszeiten, Tageszeiten, für ihn gibt es Kontorstunden oder Kirchgang oder die Ballsaison, aber Arbeit ist damit immer verbunden. Seine Arbeit ist Bestimmung. Sie unterscheidet sich nur dadurch von der Tätigkeit eines Selbstständigen oder freiberuflichen Künstlers, dass er sie nicht frei gewählt hat.

Da der Adlige keine Veranlassung sieht, Urlaub zu machen, verreist er generell ungern. Die Herrschaft über Haus, Hof, Landwirtschaft, Wald ist nun einmal ab einem gewissen Alter Zweck seines Daseins, und wer verlässt schon gern seinen Lebenszweck? Aufrechterhaltung der Traditionen und Rituale, Erhalt des Erbes, Einhaltung von Schwüren und Schutzversprechungen – das sind seine Aufgaben, dazu wurde er bestimmt und aufgerufen. Das sind Amtshandlungen, die nicht eben mal wochenlang unterbrochen werden können. Sie bedürfen der Verlässlichkeit, sie müssen Tag für Tag gelebt, überprüft und wieder neu und weitergelebt werden. Bis in alle

Ewigkeit. Bis der Adlige abtritt, das heißt verstirbt, und gleich am nächsten Tag der neue, junge Adlige, der Erbe antritt, der oft praktischerweise mit Vornamen genauso heißt wie sein Vater. Der König ist tot, es lebe der König!

Was würde passieren, wenn ein Sturm über Nacht das gräfliche Dach abdeckt, den Turm einreißt oder eine der jahrhundertealten Schlossmauern zum Einstürzen bringt, und sie sind nicht zu Hause? Wer würde die Feuerwehr rufen, die Waldarbeiter zusammentrommeln, die Kommandos erteilen, das Erbe retten? Oder was würde es bedeuten, wenn der Graf am Sonntag plötzlich nicht in der Kirche erscheint? Sein Platz bleibt leer, die Loge ist verlassen, die Gemeinde verwaist. Niemand nickt die Verlobung ab, segnet die Neugeborenen, gratuliert der Hundertjährigen zum Geburtstag. Das geht nicht, ausgeschlossen! Der liebe Gott macht auch keinen Urlaub.

Außerdem ist der Adlige emotional stark mit seinem Zuhause verbunden. Generationen seiner Sippe haben dort schon vor ihm gelebt und, so hofft er, viele Generationen werden nach ihm in diesem Haus ihr Dasein fristen. Ewig möge der Besitz in den Händen der Familie bleiben. Das sind innere Bande, die man nicht einmal vorübergehend so einfach kappen kann. Die Kraft, die sie ausüben, ist nicht mit den Gefühlen zu vergleichen, die derjenige empfindet, der zweimal den Schlüssel in der Wohnungstür einer Etagenwohnung umdreht und zuschließt, um vier Wochen in Urlaub zu fahren. Derart intensive Bande kann auch kaum ein anderer Ort entwickeln und ersetzen, sei es selbst der schönste Ort der Welt. Wesentlich wahrscheinlicher ist die Vorstellung, dass ein Adliger irgendwo weit weg von daheim angesichts eines altehrwürdigen Gemäuers oder eines pittoresken Damwildparks nur lakonisch zu bemerken weiß: Bei mir zu Hause sieht es nicht anders aus. Wie sollte ein Adliger unter diesen Umständen je so etwas wie Sehnsucht nach den sogenannten schönsten Plätzen entwickeln? Im Gegenteil: Keine Spur von Fernweh: »Ich bin überall e bissele ungern«, sagt dazu Torbergs *Tante Jolesch*.

Aber Reisen bildet. In der großen, weiten Welt gibt es viel zu sehen, und wenn es schon keine Menschen, Landschaften oder fremde Kulturen sind, die einem Adligen besichtigungs- und kennenlernenswert erscheinen, sind es doch die Bauwerke, deren Pracht und Herrlichkeit sich einem nie so deutlich offenbaren wie bei unmittelbarer Ansicht. Der Kölner Dom ist dafür ein gutes Beispiel oder der Dresdner Zwinger, Westminster Abbey oder die Uffizien in Florenz, gar nicht zu reden von der Basilius-Kathedrale in Moskau oder der Kathedrale von Autun. Es gibt Museen und Sammlungen, Skulpturen und Bilder, die man nicht gesehen haben muss, aber es macht einfach glücklich, sie zu kennen. Reisen stillt den Wissensdurst, befriedigt die Neugier und beantwortet drängende Fragen.

Das allerdings ist etwas ganz anderes. Selbstverständlich reist jeder Adlige irgendwann einmal nach Rom, insbesondere der Katholik, galoppiert durch sämtliche Museen, Kirchen, Petersdom und das Kolosseum, reist gegebenenfalls auch irgendwann nach London oder Paris. Die ganz Ungestümen verschlägt es sogar nach New York oder Buenos Aires, aber das absolviert man möglichst in seiner Jugend oder in der Studienzeit. Nicht umsonst heißt dieser Lebensabschnitt Lehr- und Wanderjahre. Eine solche Reise hat nichts mit Urlaub zu tun. Das nennt der Adlige Bildungsreisen, und die schätzt er ungemein. Ist das Erbe aber erst einmal angetreten und die Bürde übernommen, wurden eine Familie gegründet und Kinder gezeugt, bleibt man auch in dieser Hinsicht gefälligst daheim und sieht dort nach dem Rechten.

Eine einzige Ausnahme gibt es. Nur ist das eigentlich keine Ausnahme, denn man bezeichnet sie weder als Reise noch als Urlaub, sondern als Besuche – und davon absolviert der Adlige pflichtgemäß während seines ganzen langen Lebens unzählige. Er folgt Einladungen zu Hochzeiten, Taufen und Beerdigungen, er trifft sich mit seinen Verwandten, fährt zu den sogenannten Nachbarn. Da selbst die, wie wir wissen, oft kilometerweit entfernt wohnen, muss er dazu selbstverständlich Auto, Flugzeug oder Eisenbahn besteigen. Das jedoch gleich eine Reise zu nennen, nur weil man stundenlang in irgendwelchen Transportmitteln sitzt, wäre ihm fremd. Besuche sind kein Urlaub! Um wieder den wunderbaren Gregor von Rezzori zu zitieren: »Hochadlige teilen nicht die Reiselust der heutigen Menschheit. Zwar reisen auch sie, aber nicht um Italien oder Spanien zu besuchen, sondern die Lintschi und den Brauni.«

Trotz der Bereitschaft zu Besuchen, ja der Pflicht, den ihnen vorausgegangenen Einladungen zu folgen, ist der Adlige daher absolut ungeübt im Reisen. Ob nun erblich bedingt oder eine Folge der Unlust – die meisten Adligen leiden unter panischem Reisefieber. Sie haben Angst, den Zug zu verpassen, das Flugzeug nicht rechtzeitig zu erreichen, sie fürchten – an welchem Tag, zu welcher Jahreszeit und wohin sie auch reisen – Staus, Baustellen, Glatteis oder Umleitungen. Sie haben entsetzliche Angst, etwas zu vergessen oder nicht ans Ziel zu kommen. Sie stehen Stunden vor der Abfahrt des Zuges am Bahnhof, packen drei Tage vor der Abreise schon alle Koffer und fahren lieber einmal zu viel zurück, um zu prüfen, ob der Gashahn zugedreht ist, als einmal zu wenig. Sie hassen im Grunde jeglichen Abschied, sie lassen das Haus ungern allein und leer zurück.

Adlige beherbergen lieber. Sie haben gerne Gäste und lieben es, wenn diese möglichst lange bleiben. Sie hassen Abschiede, auch solche, bei denen sie selbst zu Hause bleiben. Das führt zu der ebenso zauberhaften wie unökonomischen Eigenschaft, die Trennung von den Lieben auf das Unerträglichste weit hinauszuzögern. Ja, man muss sagen, bisweilen hat man den Eindruck, der eigentliche Aufenthalt bei Adligen beginnt im Moment des Abschieds, die wesentlichen Gespräche werden zwischen Tür und Angel oder, noch unangenehmer, an der offenen Autotür geführt. Alles friert, denn zwischen Tür und Angel herrscht bekanntlich Durchzug, alles trampelt, alles hüpft, denn was soll man sonst machen, um sich ohne Mantel im Freien warm zu halten. Die Kinder brüllen, der Motor läuft, längst könnte alles abreisen, aber nein, die geliebte Großmutter muss ihrer Tochter noch schnell erzählen, dass der Arzt bei der letzten Untersuchung in ihrem Darm Geschwüre entdeckt hat, dass die Tochter vom Onkel Erwein aus der ersten Ehe, du weißt doch, der Arme hat nach drei Jahren seine Frau verloren, jetzt doch nicht den Fritzi heiraten wird. Sie haben sich tatsächlich wieder entlobt. Oder dass der Bruder vom Gottfried, du erinnerst dich sicher, dessen Neffe wir einmal in München auf der Straße getroffen haben, einfach so, ganz zufällig, weißt du noch? Er trug diesen grünen Lodenmantel und sah aus wie sein Großvater. Zum Verwechseln ähnlich. Ja, also dieser Bruder muss nun doch wieder Medikamente nehmen. Ja, es ist kaum zu glauben. Sie haben es nicht hingekriegt. Er hat eben diese Melancholien, das war bei der Mutter ganz genauso. Weißt du nicht, wie wir damals mit ihr bei der Tante Ditschie waren und plötzlich war sie so traurig?

So geht es stundenlang. Es ist, als werde man sich gewiss nie wiedertreffen oder als habe man sich Jahrzehnte überhaupt nicht gesehen. Als gäbe es weder Internet noch Post oder Telefon. Und als habe man vor allem in den letzten zwei Tagen stumm wie die Fische nebeneinandergesessen und sich rein gar nichts erzählt. Und am Schluss, wenn alle glauben, nun ginge es endlich los, dann kommt noch die Sache mit dem Gästebuch. Ja, ich denke, das Gästebuch hat man eigens und ausschließlich erfunden, um den Abschied künstlich in die Länge zu ziehen. Wenn schließlich doch endlich alle Kinder angezogen, alle Koffer im Wagen, sämtliche Proviantbeutel verstaut sind, wenn sich alle tausendmal geküsst, umarmt und die wirklich allerletzten Worte zugeworfen haben, dann fällt der Hausfrau, mit an Absolutheit grenzender Wahrscheinlichkeit, erst dann die Frage ein: »Habt ihr euch ins Gästebuch eingetragen?«

Das Gästebuch ist eine der wichtigsten Einrichtungen in adligen Haushalten überhaupt. Es ist groß und schwer und meist in dickes Leder eingebunden. Auf dem Titel prangt dank formvollendeter Prägung das Allianzwappen, eine kunstvolle Verbindung aus dem Wappen des Hauses und dem Wappen der Familie der Ehefrau, denn meist war das Gästebuch ein Hochzeitsgeschenk und soll die ewig während Verbindung der beiden Familien besiegeln. Ein Zeichen dafür, dass die Heirat bei Adligen nicht nur der Vermehrung, sondern auch der Beherbergung zahlreicher Gäste dienen soll.

Das Gästebuch ist für viele so wichtig, dass sie es schon Jahre vor einer eventuellen Heirat einführen, schon zu Studenten- und Wohngemeinschaftszeiten werden Gästebücher benutzt. Sie sind ähnlich dick und oft in Leder gebunden, tragen aber selbstverständlich kein Allianzwappen. Gästebücher sind vor allem deshalb beliebt, weil sie präzise und streng chronologisch die Namen der Gäste festhalten, die in dem Haus ein und aus gegangen sind. Sie bereiten durchaus unterhaltsame Lektüre. Eigentlich trägt man sich nur ein, wenn man in dem Haus auch übernachtet hat, aber in studentischen Wohngemeinschaften wird es gerne nach einem feierlichen Abendessen gezückt, allein zum Zweck der späteren Dokumentation.

Wer so ein Jugend-Gästebuch, um es einmal ganz salopp zu formulieren, studiert hat, wird einen weiteren Beleg dafür finden, dass Studium und Ausbildung bei den Adligen im Wesentlichen aus Katerfrühstück, Teegesellschaft, Sundowner, Umtrunk, Weinprobe, Adventstee, House-Warming-Party bestehen, und davon mehr, als man zählen kann. Doch das wird von den Eltern gern gesehen, denn es dient, wie gesagt, dem Kennenlernen unter Gleichgestimmten. Hinzu kommen größere und kleinere Feste in der Umgebung der Studentenstadt, die zum Anlass genommen werden, wiederum zahlreiche Gäste zu beherbergen. Und alle tragen sich brav im Gästebuch ein.

Ist der Ruf nach dem Gästebuch einmal erschollen, fängt die Party wieder von vorn an. Dann sollte man tunlichst den Motor ausstellen. Bis sich alle und jeder, vor allem auch die kleinsten Gäste, die noch gar nicht schreiben können, deren Hand man führen muss, mit Vor- und Nach- und was weiß ich alles für Namen eingetragen haben, bis jeder seinen Dank formuliert, seine Anreisedaten memoriert und alle kommentiert hat, deren Namen zufällig auf derselben Seite stehen, weil sie kürzlich auch hier zu Besuch waren, vergeht leicht ein Tag. »Abreisen sind immer überstürzt«, würde *Tante Jolesch* dazu sagen.

Also: Der Adlige verreist nicht gern und nimmt schon gar nicht gern Abschied. Das führt so weit, dass er und sie immer begeistert Einladungen annehmen, überschwänglich dafür schriftlich danken und selbstverständlich postwendend zusagen. Es wäre schlichtweg unhöflich, das nicht zu tun. Aber es ist auch die reinste Freude, die einen dazu motiviert, die Sehnsucht nach den Freunden und Verwandten, ja die berühmte Vorfreude, die bekanntermaßen als die schönste gilt. Wenn das Ereignis allerdings naht, wenn es sozusagen vor der Tür steht und um Einlass bittet, wenn man Zahnbürste, Zahnpasta, Strümpfe, Kleider, Schmuck und Mantel, wenn man das richtige Schuhwerk und die Accessoires wie Abendhandtasche und Fächer, nicht zu vergessen Schlafsack, Luftmatratze und Reisewecker zusammensuchen, wenn man überlegen muss, wann es losgeht und wie die Reise in den Ablauf einer ganz gewöhnlichen Arbeitswoche oder in ein Wochenende zu integrieren wäre, dann wird es allmählich kritisch. Und wenn man dann noch anfängt, darüber nachzudenken, wie ungemein herrlich und gemütlich es wäre, dieses Wochenende daheim zu verbringen, wenn dann auch noch der ein oder andere anruft, seinen Besuch ankündigt oder zu einem gemütlichen Frühstück am Samstagmorgen einlädt, dann kann es womöglich aus und vorbei sein. Dann ist der Elan gebrochen, aus Spaß wird Ernst, aus dem Besuch wird eine »Reise« – und die türmt sich zu einem unüberwindbaren Gebirge auf, mögliche Kosten formieren sich am Horizont zu einer dunklen Gewitterwand, ein Schneeregen aus möglichen Reifenpannen und Autounfällen prasselt auf die Passstraße herunter und schiebt einen unverrückbaren Riegel vor. Schon melden sich Gewissensbisse, schon dröhnt wie der Lärm einer herabstürzenden Lawine die immer wiederkehrende Frage in den Ohren, wie man um Himmels willen aus diesem Schlamassel wieder herauskommt. Schließlich hatte man ja längst zugesagt. Einzige Hoffnung bietet nur noch der Anblick eines dicken, schwanzwedelnden Bernhardiners, der Schnaps im Fässchen und einen Telefonhörer im Maul vorbeiträgt. Der beinahe Verzweifelte wählt die richtige Nummer, es meldet sich eine allzeit freundliche Schlossverwaltung, man nennt einen guten Grund und sagt das Fest kurzerhand ab. Die Verwaltung bringt ihr aufrichtiges Bedauern zum Ausdruck, der dicke Hund schlappt einem mit der nassen Zunge tröstend einmal über das Gesicht, unser Freund sinkt mit einem Seufzer der Erleichterung auf sein abgeschabtes Studentensofa und gießt sich erst einmal einen Whisky ein.

Ist es »nur« ein Fest, zu dem man eingeladen wurde, ein feierlicher Ball, fällt eine Absage nicht zu stark ins Gewicht. Sie ist und bleibt, insbesondere wenn kurzfristig ausgesprochen, für den Gastgeber nicht schön, aber sie kann verschmerzt werden. Schließlich sind es bis zu 200 Einladungen, die bei einem Ball verschickt werden, manchmal auch 300. Problematischer ist es bei einer Jagd, einem Tanzkurs oder einem Tennisturnier, dem sogenannten Séjours. Wie der Name schon sagt, handelt es sich dabei um einen Aufenthalt von mehreren Tagen. Die Zahl der Gäste ist genau auf den Bedarf abgestimmt. Man hat so viele Tennisspieler geladen, wie man auch beherbergen kann, genauso viele Jäger, wie das Wild (nicht) verträgt. Die Gastgeber haben bei der Wahl der Tanzpartner darauf geachtet, dass die Zahl der weiblichen Gäste mit der Zahl der Männer übereinstimmt. Da macht man sich absolut und womöglich auf Dauer unbeliebt, wenn man kurzfristig absagt. Gerade Jagden darf man nicht oft absagen, denn sonst wird man gar nicht mehr eingeladen. Schließlich lohnen sich bei einem längeren Aufenthalt auch der Aufwand und die lange Anreise. Dafür hat man sich meist freigenommen, die Zeit ist reserviert. Außerdem liegen diese Anlässe oft in der Ferienzeit und es gibt keinen echten Grund, ihnen auszuweichen.

Verlässt der Adlige wider Erwarten doch einmal ohne ausdrückliche Einladung oder Aufforderung seine Heimstatt, überschreitet er gar auf diesem Weg die ein oder andere Landesgrenze und gerät dort in die Nähe einer seiner Verwandten, wird er sie vorher nicht groß fragen, ob er vorbeikommen könne, ob es zeitlich passt und die Hausherren in dem geplanten Zeitraum anwesend sind, sondern er sagt sich an. Das ist die richtige Formulierung. Ein Adliger fragt nicht, ob sein Besuch gelegen kommt, er sagt sich einfach an. Daher kann ihm der Aufenthalt auch nicht verwehrt werden, sogar wenn die Hausleute selbst verreist sind. Wer sich ansagt, muss empfangen, begrüßt und wenigstens verköstigt werden, gegebenenfalls vom dazu eigens instruierten Personal. Sagt er sich gegen Abend an, muss selbstverständlich ein Bett für ihn bereitgestellt und bezogen werden. Das ist eine feste Regel.

Gewöhnlich macht es den Hausleuten Spaß, Gäste zu empfangen. Der Schlossherr, der nach dem Krieg einen Flügel seines Haus sprengen ließ, um keinen Platz für weitere Flüchtlinge aus dem Osten zu haben, gehört in eine andere Zeit. Der Adlige beherbergt heute gerne Gäste. Das ist bei vielen seiner Art so sehr in Fleisch und Blut übergegangen, dass sie es auch dann gerne tun, wenn sie gar keinen hinreichenden Platz haben. Dann wird eben schnell ein Matratzenlager bereitet. Solange es sich um Standesgenossen und Verwandte handelt, ist alles erlaubt. Der Adlige ist es gewohnt, Massen zu beherbergen, er schämt sich geradezu, wenn er keine zusätzlichen Matratzen unter dem Bett liegen hat. Meine Schwester bedauert heute noch, dass das Haus, in dem sie jetzt wohnt, nur noch halb so groß ist wie das, aus dem sie ausgezogen ist. Das hält sie nicht davon ab, weiterhin frohlockend sechsköpfige Familien zu empfangen, wochenlang zu beherbergen und sich anschließend zu wundern, dass es doch ein wenig anstrengend war.

Viele Adlige sind der Meinung, zu jedem längeren Besuch gehöre ein Gastgeschenk. Kein Blumenstrauß, das wäre spießig, keine Pralinen und schon gar keine Flasche Wein! Außer die Einladung wurde im Studentenkreis ausgesprochen und ausdrücklich als Bottleparty bezeichnet. Dann wird die Flüssigware zur Förderung des allgemeinen Wohlbefindens durchaus gern gesehen. Schenken ist auch unter Adligen nicht leicht. Bücher sind (womöglich) zu intellektuell, Schokolade ist (womöglich) spießig, praktische Dinge sind im Haushalt (womöglich) schon vorhanden. Man kann eigentlich nur etwas schenken, womit man guten Stil und Geschmack beweist. Dazu gehören Silberrahmen, überhaupt Silber, Vasen von Hutschenreuther oder Villeroy & Boch, klassisch bemalte Platten oder Obstschalen aus Keramik, vorzugsweise aus Spanien, ein dick wattierter Topflappenhandschuh mit viktorianischem Blumenmuster, geschmackvolle Tischtücher, Servietten oder Handtücher. Das alles ist meist ziemlich teuer und riskant – denn über Geschmack lässt sich auch in adligen Kreisen gut streiten.

Ich persönlich bin kein großer Freund von Gastgeschenken. Ich argwöhne, Gastgeschenke seien in Wahrheit eine Erfindung meiner Tante gewesen, die allein dazu diente, meine Cousine und mich zu erziehen, was grundsätzlich in Fremdbestimmung und Quälerei ausartete. Jedenfalls sträuben sich bei mir noch heute die Nackenhaare, wenn ich das Wort Gastgeschenk nur höre. Schon auf der Anreise – endlich war man von zu Hause weg und freute sich unendlich auf den neuen Ort der Bestimmung – überfiel meine Cousine und mich mit schöner Regelmäßigkeit alle zehn Kilometer die nackte Panik und wir fragten uns gegenseitig aufgeregt, ob die andere denn auch sicher an das Gastgeschenk gedacht habe. Wir waren imstande, unterwegs innezuhalten, den Kofferraum noch einmal aufzuklappen und nachzusehen, ob wir es denn wirklich eingepackt hatten. Kaum waren wir wieder ein paar Meter gefahren und hatten uns köstlich unterhalten, stieg die Panik neu auf. Wir unterbrachen unser Gespräch und vergewisserten uns noch einmal, dass wir das Geschenk wirklich vor Kurzem noch im Koffer gesehen hatten. Wir könnten es auch nur geträumt haben.

Waren wir einmal sicher, dass das Gastgeschenk wirklich mit und dabei ist, entwickelte sich allmählich die Angst, es könne nicht richtig verpackt worden sein und würde unter Umständen zerbrechen, verbiegen oder zerkratzen. Je rascher wir uns dem schönen Ort näherten, an dem wir in den nächsten Tagen die Zeit mit jeder Menge amüsanter Vettern, Cousinen und Bekannten verbringen wollten, die wie wir dorthin zum Séjours eingeladen worden waren, stieg die Angst vor dem Moment auf, in dem wir das Gastgeschenk überreichen würden. Wir malten uns aus, wie die andere Tante, unsere Gastgeberin, es vor allen Augen und unter allgemeinem »Aha« und »Oho« auspacken und sich dann in Anwesenheit sämtlicher Gäste herausstellen würde, dass es sicher einst ein schönes Geschenk gewesen, leider aber in der Mitte durchgebrochen war. Unser Ruhm, zu Hause schon an ein Geschenk für die Hausfrau gedacht zu haben, die Ehre und das Ansehen, die wir dadurch kurzzeitig gewonnen hatten, hätte sich in Sekunden in absolute Peinlichkeit, ja verzweifelte Scham verwandelt. Kein Mauseloch hätte groß genug sein können.

Zu der Sorge um die Qualität des Geschenkes gesellte sich die Unsicherheit, wann um alles in der Welt man ein Gastgeschenk am besten überreicht. Trägt man es gleich groß und schwer vor sich her, wenn man zur Tür hereinkommt, oder wartet man mit der feierlichen Übergabe, bis man in seinem Zimmer war, den Koffer abgestellt und sich die Hände gewaschen hat? Überreicht man zuerst das Geschenk und zieht dann den Mantel aus oder umgekehrt? Und wann, bitte schön, gibt man den Handkuss?

Zum Glück waren wir zu zweit und konnten alles ausführlich diskutieren. Wir beschlossen, das Geschenk im Koffer zu lassen und erst später zu überreichen, wenn der Mantel längst ausgezogen, alle Hände geküsst und sämtliche Begrüßungszeremonien abgeschlossen waren. Ehrlich gesagt wussten wir gar nicht, was in dem Geschenk drin war. Das Paket, das unsere Tante uns vor der Abreise überreicht hatte, war furchtbar schwer, man konnte es kaum tragen, die Verpackung und auch die Schleife wirkten ungemein teuer und vornehm. Sicher war es aus einem bekannten Laden. Ob die Hausfrau das Gastgeschenk wohl erwartete? Ob die Stimmung sich ändert, wenn es sie nicht erreicht? Womöglich hatte unsere Tante schon am Telefon davon erzählt. Womöglich hatte sich unsere Gastgeberin bereits dafür bedankt. Das Gespräch danach konnten wir uns lebhaft vorstellen: »Nein, du, köstlich, wunderbar. Du bist ein Schatz, tausend Dank. Ja, auch so praktisch. Habe ich mir immer schon gewünscht. Kann man in der Küche benutzen, aber jederzeit auch mitten in den Salon stellen.«

Mich beschlich der Gedanke, unsere Tante hätte uns das Geschenk nur mitgegeben, um uns bei den Hausleuten als gute

Gäste einzuführen. Sicher war daran stillschweigend die Bedingung geknüpft, sich besonders gut zu benehmen. Nichts würde schwerer wiegen, als wenn ausgerechnet wir beide uns irgendeinen dummen Scherz erlauben würden. Wie damals bei jenem Séjours in Oberbayern, als wir einem der beiden Söhne des Hauses im Schwimmbad den Schlüssel zum Schließfach geklaut und seine Sachen, unglückseligerweise auch die schilfleinerne Anzugsjacke, in der Dusche patschnass getränkt hatten. Seine Mutter hatte uns wahrscheinlich nur deshalb nicht postwendend nach Hause geschickt, weil sie sich insgeheim wünschte, dass ihr Sprössling später meine Cousine heiratet. Nur deshalb waren wir wohl auch eingeladen worden. Das hätte eine kapitale Kombination gegeben. Absolut gothatauglich.

Oder wie bei jener Fahrradtour, als meine Schwester und ich bei entfernten Verwandten in der Nähe von Heidelberg übernachtet und abends noch wild und lautstark gefeiert haben. Irgendjemand kam auf die Idee, dass es besonders witzig sei, nicht nur auf dem Parkett, sondern auch auf den Tischen zu tanzen. Nur hatte derjenige nicht bedacht, dass dort eine Marmorplatte lag. Es war entsetzlich. Die Marmorplatte hielt unseren wilden Sprüngen nicht stand und brach mitten entzwei. Zwar konnte der Riss gekittet werden, doch er blieb deutlich sichtbar. Jedes Mal wenn wir dort zufällig zu Besuch sind, schielen wir ängstlich zu der vermaledeiten Marmorplatte und werden heute noch, Jahrzehnte später und beide längst erwachsen, dabei krebsrot.

Diese Gastgeschenke: Je länger man über das Paket im Gepäck nachdenkt, desto sicherer ist man, damit genau das Gegenteil von dem zu erreichen als das, worauf es ankommt. Auch meine Cousine und ich waren uns sicher: Wir würden herzlich aufgenommen werden, doch keinesfalls lustig mit den Gleichaltrigen feiern können. Wir würden die ganze Zeit wie die Streber herumsitzen und aufpassen, dass uns nur ja kein

Malheur geschieht. Wir waren verzweifelt. Am liebsten hätten wir das Gastgeschenk heimlich zurückgebracht und wieder in die Geschenkschublade meiner Tante verfrachtet. Schließlich war die voll solcher guter Gaben. Das Besondere an Gastgeschenken ist nämlich, dass man sie mühelos auch jemand ganz anderem schenken kann. Ein Gastgeschenk zeichnet sich gerade dadurch aus, dass es variabel zu fast jedem irgendwie gut passt. Das geht so weit, dass man es, sollte man so etwas schon besitzen, jederzeit weiterschenken kann.

Ich weiß nicht mehr, wie die Geschichte ausgegangen ist. Was mir blieb, ist mein Problem mit Gastgeschenken. Selbst wenn mir heute eines überreicht wird, weiß ich nicht, ob ich mich bedanken oder mein Gegenüber für die Qualen bedauern soll, die es ihm womöglich verursacht hat.

Ein Besuch bei den Verwandten ist übrigens nicht damit abgeschlossen, sich ins Gästebuch einzutragen, sich formvollendet zu verabschieden und abzureisen, sondern es gilt, nach der Rückkehr umgehend einen Dankesbrief zu schreiben, den sogenannten Karbonadel- oder auch Schlösser-Brief. Diesen lernt ein Adliger schon in jungen Jahren zu verfassen. Er ist immer direkt an die Hausfrau gerichtet, enthält schwärmerische Beschreibungen der in ihrem Haus erlebten Ereignisse und schließt mit standesgemäßem Gruß: Handkuss, Deine Soundso. Der Karbonadel-Brief wird nicht kommentiert, nie beantwortet und landet wahrscheinlich ungelesen im Papierkorb. Schließlich bekommen Gastgeberinnen, die einen Ball gegeben haben, anschließend mehrere Hundert Schreiben, alle ähnlichen Inhalts. Aber er ist doch eine durchaus nette Sitte.

Selbstverständlich besuchen Adlige nie Fremde. Sie übernachten nur ungern im Hotel. Lieber meiden sie ein Land oder eine Stadt, in der sie niemanden kennen, als sich dort womöglich ein Zimmer in einer Pension nehmen zu müssen. Bei ihren Verwandten bleiben sie unterdes gerne auch einmal drei Wo-

chen. Die gesamten Sommerferien haben manche, auch entfernte, Verwandte bei meiner Großmutter verbracht. Sie wollten, dass ihre Kinder erfahren, wie man auf dem Schloss lebt.
Meine Großmutter trug es mit der ihr eigenen Liebeswürdig-
keit und Fassung.

Auch im Ausland versuchen Adlige tunlichst, Bekannte
oder Verwandte aufzustöbern, sogar wenn sie diese jahrelang
nicht mehr gesehen haben oder noch gar nicht kennen. Im Gegenteil: Es wäre nahezu unhöflich, wenn sie sich bei ihnen
nicht melden würden. Damit geht einher, dass der Adlige auch
im erwachsenen Alter seine kulturelle Umgebung, seinen so-
ziotopspezifischen Sprachraum nie wirklich verlässt. Und
wenn doch, würde er selbst auf größeren oder längeren Reisen
in der Fremde, sogar im tiefsten Urwald noch jemanden finden, der zu seinesgleichen zählt. Und er würde wahrscheinlich
auch dort Tee aus Silberkannen mit Familienwappen einge-
schenkt bekommen, beim Abendessen das Neueste über den
Dodi und die Danti, den Karli und die Flotzi austauschen,
zwischendurch rasch etwas im *Gotha* nachlesen und nachts sein
müdes Haupt auf frisch bezogene Kopfkissen mit handge-
stickten Initialen betten. Adligen ist einfach nicht zu helfen.

19. Es wird sich nichts ändern ...

Im November 1918 dankte Kaiser Wilhelm II. ab, die Weimarer Republik wurde ausgerufen und das Zeitalter der Monarchie in Deutschland fand ihr Ende. Zusammen mit der Abschaffung der Standesvorrechte durch die Weimarer Verfassung von 1919 war dem deutschen Adel die Existenzgrundlage entzogen. Jahrhundertelang hatten Kaiser, Könige, Herzöge, Fürsten, Grafen und Freiherren die Geschichte Deutschlands, ja ganz Europas mitbestimmt. Auch wenn die Überlieferung sagt, es habe einmal eine Zeit gegeben, in der alle Menschen gleich waren und die vererbte Herrschaft (der Adel) nach Tacitus erst entstand, »als die Gleichheit verloren ging« – die schriftlichen Quellen belegen das Gegenteil. Alle vorindustriellen Gesellschaften waren durch den Adel geprägt. Adlige nahmen Einfluss auf das öffentliche Geschehen, besaßen ein höheres wirtschaftliches Potenzial und leiteten daraus ihren Anspruch auf die militärische und politische Führung ab. Die gehobene Stellung war erblich, das Privileg des Adels festgeschrieben. Mit all dem war es 1918 vorbei. Oder doch nicht?

Die älteste Adelsschicht in Deutschland sind die Edelfreien (Hochfreien) des frühen Mittelalters, die außer dem König oder Kaiser niemandem untertan waren. Aus ihren Reihen entstand der hohe Adel der Landesfürsten und späteren Standesherren. Im hohen Mittelalter bildete sich der Ritterstand als Kern des sogenannten niederen Adels. Die karolingischen, ottonischen und salischen Herrscher installierten Ministeriale, die ihre Güter verwalteten. Bezahlt wurden diese, indem man ihnen Land – ein Lehen – zuwies und es den Nachkommen vererbte. Vom 11. bis zum 14. Jahrhundert entwickelten sich die unterschiedlichen Adelsränge der Herzöge, Fürsten und Grafen, die zunehmend versuchten, sich gegenüber der königlichen und kaiserlichen Zentralgewalt zu emanzipieren. So entstanden vor allem in Deutschland und Italien zahlreiche Herzogtümer, Markgrafschaften, Pfalzgrafschaften, Landgrafschaften, Grafschaften und Herrschaften, Fürstbistümer und Fürstabteien. Deren zahlreiche Herrscher wiederum, die geistlichen und weltlichen Fürsten, Erzbischöfe, Bischöfe, Kurfürsten, Herzöge, Pfalz- und Markgrafen grenzten sich als Hochadel von den darunter rangierenden Rittern ab. Eine klare Hierarchie. Fragen von Ebenbürtigkeit und Standesbewusstsein spielen seit jeher eine wichtige Rolle bei den Adligen.

Die höchste politische Würde war die des Kaisers. Bereits die Griechen nannten den Römer Julius Caesar *Kaisar*, und der Name wurde Programm. Lange nach dem Untergang des Römischen Reiches ließen die Franken mit Karl dem Großen in Europa das Kaisertum wieder aufleben. Der letzte deutsche Kaiser ging 1918 ins niederländische Exil. Die zweithöchste Würde im Staat bekleidete der König. Diese Würde ist erblich, daher war die Frage, wer den Titel verleihen durfte, immer wieder ein Zankapfel zwischen Kaiser und Papst. Im Deutschen Kaiserreich gab es bis 1918 vier Königreiche: Preußen, Sachsen, Bayern und Württemberg. Und in den europäischen Königshäusern der Briten, Schweden, Dänen, Norweger, Niederländer oder Spanier wird heute auch nicht mehr regiert. Man nimmt repräsentative Aufgaben wahr und überlässt die Politik weitgehend den demokratisch gewählten Regierungen.

Die Herzöge und Fürsten – Erzbischöfe, Bischöfe und Äbte aus den Reichsabteien, Mark- oder Pfalzgrafen und Kurfürsten – gehörten einst ebenfalls zur herrschaftlichen Führungsschicht. Bei den Germanen waren die Herzöge noch Heerführer. Im Frankenreich hatten sie ihre Position zwischen dem König und den Grafen und standen mehreren Grafschaften vor. Mit der Goldenen Bulle von 1356 wurde den Kurfürsten das Privileg der Königswahl verliehen. Doch auch das alles ist heute Geschichte. Es gibt zwar noch einige Fürstenhäuser in Deutschland, aber sie tragen den Fürstentitel nur noch als Namensbestandteil.

Die Bezeichnung Graf kommt von *gráphein*, was mit »schreiben« zu übersetzen ist. Der Graf war ursprünglich ein Beamter des Königs oder Fürsten und wahrte die königliche Gewalt in der Verwaltung, dem Rechts- und Finanzwesen und dem Militär. Erst später wurde der Grafentitel auch ohne Bindung an ein solches Amt vergeben. Freiherren, in der Anrede Baron genannt, waren zunächst im Gegensatz zu den abhängigen Bauern nichts anderes als die »wahrhaft freien« Männer und als solche hauptsächlich in Österreich, dagegen eher selten in Norddeutschland zu finden. Im Deutschen Kaiserreich war die Verleihung des Titels an ein gewisses Vermögen oder Einkommen geknüpft.

So bleiben zuletzt noch die kleinen »Vönnchen«, die kein Adelsprädikat im Namen führen, aber trotzdem adlig sind. Allerdings muss das »von« vor einem Familiennamen nicht zwangsläufig auf eine adlige Herkunft hindeuten. In vielen Landschaften des deutschen Sprachraums ist es auch bei bürgerlichen Familien weitverbreitet, besonders im niederdeutschen Sprachgebiet.

Wer soll das nur alles auseinanderhalten? Wie gut, dass die Adligen ihren *Gotha* haben! Zumal es weitere Differenzierungen gibt: Zum Uradel zählen Häuser, deren Geschlecht nachweislich spätestens um 1400 dem ritterbürtigen Adel angehört hat. Diese Familien werden in Deutschland bis heute nach adligen, freiherrlichen und gräflichen Häusern unterschieden. Nach österreichischer Meinung handelt es sich jedoch bei der Bezeichnung Uradel um eine Erfindung des preußischen Heroldsamtes. Dort spricht man vom Alten Adel.

Den ältesten bekannten Adelsbrief stellte der Kaiser am 30. September 1360 für Wyker Frosch aus, Scholaster an der Stephanskirche zu Mainz. Bis 1806 und dem Ende des Heiligen Römischen Reiches Deutscher Nation blieb die Nobilitierung das Vorrecht des Kaisers. Später erlangten auch einige der Territorialfürsten dieses Recht. Der Adelsname war ursprünglich eine Herkunftsbezeichnung, bezogen auf den Familienstammsitz. Früher wechselte man aber nicht nur den Ort oder den Besitz, sondern gleich auch den Namen. So wurden aus den Grafen von Arnstein die Grafen von Barby, als diese die Herrschaft über die Burg Barby übernahmen. Manchmal hängte man den neuen Besitz auch als zusätzlichen Namensbestandteil an und nannte sich zum Beispiel »von Stein zum Altenstein«. Erst im Laufe der frühen Neuzeit, parallel zur Entstehung moderner Familiennamen, wurde das »von« zu einem vom Besitz unabhängigen Adelsprädikat, während das »zu« vom Besitz abhängig blieb. Und um es noch ein bisschen komplizierter zu machen: Manche Adelsgeschlechter haben sogar ganz gewöhnliche Familiennamen. Sie heißen »Fuchs«, »Frübös«, »Gross«, »Gans«, »Stein«, »Schwarz«, gehen auf Sippennamen wie »Beissel«, »Schilling«, »Landschad« oder Bezeichnungen von Hofämtern wie »Marschall«, »Schenk« oder »Truchsess« zurück. Diesen Namen wurde dann der jeweilige Wohnsitz mit dem Prädikat »von« oder »zu« hinzugefügt, sodass man heute durchaus auf eine oder einen »Gans zu Putlitz«, »Marschall von Bieberstein«, »Schenk zu Schweinsberg« oder »Schenk von Stauffenberg« treffen kann.

Seine Glanzzeit hatte der Adel in Europa vom Mittelalter bis in das späte 18. Jahrhundert. Dann begann allmählich sein

Niedergang. Die Adligen verloren ihre Privilegien sukzessive mit den Folgen der Französischen Revolution und der Übernahme staatlicher und gesellschaftlicher Aufgaben durch das aufsteigende Bürgertum. In einer Welt, die zunehmend technisch komplizierter wurde, war die bürgerliche Bildung in Industrie, Verwaltung und Wissenschaft konkurrenzfähiger als die adlige Erziehung, die sich an traditionellen Berufsbildern wie Offizier, Diplomat, Landwirt, Jäger und Geistlicher orientierte.

Mit dem Inkrafttreten der Weimarer Reichsverfassung am 11. August 1919 wurden schließlich alle Vorrechte des Adels abgeschafft (Artikel 109, Abs. 2[1]). Alle Bürger waren ab sofort vor dem Gesetz gleichgestellt, Vorrechte der Geburt, des Geschlechtes, des Standes, der Klasse und des Bekenntnisses existierten nicht länger. Die Preußische Landesversammlung verabschiedete am 23. Juni 1920 das *Preußische Gesetz über die Aufhebung der Standesvorrechte des Adels und die Auflösung des Hausvermögens*, das in ähnlicher Form die anderen Länder des Deutschen Reiches übernahmen. Damit wurde der bisherige Titel zum bloßen Bestandteil des Familiennamens. Im Pass steht seitdem zum Beispiel »Herzog« oder »Herzogin von Württemberg«, bei der Tochter eines Grafen heißt es »Gräfin«. Um das Privileg der femininen Namensform musste man – nebenbei bemerkt – in der DDR lange kämpfen. Österreich ging 1918 noch etwas weiter: Dort sind die ehemaligen Adelstitel nicht einmal mehr Teil des Namens. Die erstmals 1920 beschlossene und in novellierter Form nach wie vor gültige Bundesverfassung der Republik Österreich stellt in Artikel 7 fest: »Alle Bundesbürger sind vor dem Gesetz gleich. Vorrechte der Geburt, des Geschlechtes, des Standes, der Klasse und des Bekenntnisses sind ausgeschlossen.«

Damit wären wir, streng genommen, am Ende unserer langen Geschichte angelangt. Doch trotz alledem: Viele der ehemaligen Adelstitel werden noch heute als Anrede verwen-

det, sei es aus Gründen der Traditionspflege oder als gesellschaftliche Höflichkeitsform. Zudem führen etliche Angehö-
rige ehemals adliger deutscher Familien ihren adligen Namen
weiterhin selbst als Adelstitel oder werden in den Medien, vor
allem in der Regenbogenpresse, dementsprechend tituliert. So
hält sich in Deutschland hartnäckig die Vorstellung, es gäbe
den deutschen Adel wie eh und je. Dabei ist das Gegenteil der
Fall. Eigentlich müsste man immer Anführungszeichen verwenden, wenn man vom Adel oder von Adligen schreibt oder
ihren Namen als Titel nutzt. Auch Gloria Fürstin von Thurn
und Taxis, nur um ein Beispiel zu nennen, ist keine Fürstin, sie
heißt nur »Fürstin von Thurn und Taxis«.

Kein Wunder also, dass es keine verbindlichen Angaben
zur Anzahl der Adligen in Deutschland gibt. »Schätzungen
gehen für die Zeit um 1800 von einem Adelsanteil zwischen 0,5
und 1 Prozent (120 000 – 240 000) an der Gesamtbevölkerung
aus. Für die Zeit der Weimarer Republik wird die Zahl von etwa
60 000 bis 70 000 adligen Personen errechnet. Dieser Wert er-
höhte sich für die Bundesrepublik Deutschland auf circa
80 000, etwa ein Promille Anteil an der Gesamtbevölkerung«,
ist bei Conze zu lesen. Rogasch scheint selbst an diesen vagen
Zahlen zu zweifeln: »Die Angaben schwanken zwischen 70 000,
eine Zahl, die wohl zu niedrig gegriffen ist, und einigen 100 000.
In jedem Fall liegt der Anteil der Adligen an der Gesamtbevölkerung deutlich unter 1 Prozent, vielleicht ist die Zahl von 0,5
Prozent realistisch.«

Verwirrend wirkt in diesem Zusammenhang, dass die
Angehörigen des – ehemaligen – deutschen Adels sogenannte
Adelsverbände gegründet haben. Sie ignorieren die Tatsache,
dass sowohl der Adel als auch die Standesvorrechte in
Deutschland nicht mehr existieren, und gewähren den Angehörigen früherer adliger Familien unter bestimmten Bedingungen, die eigentlich im Widerspruch zu den demokratischen

Grundwerten stehen, eine Vereinsmitgliedschaft. Die Verbände wenden strenge Regeln für die Bestimmung der Zugehörigkeit zum historischen Adel an. Und sie führen darüber im *Gotha* präzise Buch.

Wer Mitglied in der Vereinigung der Deutschen Adelsverbände e. V. oder im *Genealogischen Handbuch des Deutschen Adels* verzeichnet werden will, braucht einen Adelsnachweis, was nicht immer ganz einfach ist. Wenn zum Beispiel ein Ehemann den adligen Nachnamen der Ehefrau übernommen hat, wird nach adligen und nichtadligen Trägern des Namens unterschieden. Diese Unterscheidung gilt jedoch ausschließlich vereinsintern und hat außerhalb der Adelsverbände keinerlei Gültigkeit. Anlass für die Einführung solcher Regeln war der Handel mit Adelstiteln, der in den Siebzigerjahren eifrig blühte. Man ließ sich adoptieren, schon galt man als adlig. So hat »Consul Weyer Graf von Yorck« es vorgemacht. Die vereinsseitige Aufsicht über die Konzipierung und Anwendung der Regeln führt in Deutschland, ähnlich wie über die Richtigkeit aller veröffentlichten Angaben und Daten im *Gotha*, der Deutsche Adelsrechtsausschuss. Absicht des Ausschusses ist es, die soziale Geschlossenheit des ehemaligen Adels zu erhalten. Es sollen bewusst nicht alle Möglichkeiten des heutigen liberalen deutschen Adoptions- und Namensrechts ausgeschöpft werden.

So ist es, und wer das liest, dem bleibt, gelinde gesagt, die Kinnlade unten, wenn nicht gar die Spucke weg. Der deutsche Adel ist also nichts weiter mehr als ein gewöhnlicher Verein? Der so viel gerühmte, oft erwähnte und soeben über viele Seiten bis ins Detail mit all seinen Gewohnheiten und Eigenschaften geschilderte Adel gleicht einem Trupp von lächerlichen, schützenvereinsähnlichen Einfaltspinseln? Von traditionsversessenen, alteingesessenen Dämlingen, die nicht begriffen haben, dass ihre Geschichte spätestens 1918 ein Ende gefunden hat? Was für eine entsetzliche Vorstellung!

Ist nicht der tagtägliche Wahn, mit dem ältere Damen vor der Zahnarztbehandlung im Wartezimmer Platz nehmen, um in den ausliegenden Illustrierten schnell den neuesten Tratsch über die Töchter von Königin Silvia oder die Vermählung von Prinzessin Irgendwie zu verfolgen, Beweis genug dafür, dass es den Adel noch gibt? Ist nicht die Begeisterung und helle Freude, mit der gewisse Menschen öfter als notwendig zum Friseur rennen, um dort in den einschlägigen Journalen das Allerneueste über Fürstin Gloria und Prinzessin Caroline nachzuholen, schlagendes Indiz dafür, dass der Adel an Bedeutung nicht im Geringsten verloren hat? Dabei finden sich die Mitglieder des deutschen Adels gar nicht gerne in derart klatschplatten Zeitschriften wieder, erst recht nicht mit Foto. Jeder Adlige verdient sich unter seinesgleichen größte Achtung, der, so prominent er auch immer sein möge, unter Ausschluss der gesamten Öffentlichkeit, ja unter der Androhung höchster Strafen, falls in diesem Zusammenhang ein Bild von ihm erscheint, Hochzeit, Taufe, Geburtstag oder sonst irgendeine Privatfeier begeht: Wahrer Adel zeigt sich nicht den Reportern, oder wenn und unbedingt, dann nur, um wenigstens Geld damit zu verdienen wie Gloria Fürstin von Thurn und Taxis mit ihren Keksen und der Marmelade. Nein, die Klatschpresse ist bei Adligen nicht beliebt und schildert auch nur einen höchst geringen Ausschnitt des ganz normalen Alltags adliger Familien.

Aber sind das Interesse und die Neugier nicht allein schon Beweis und Grund genug dafür, dass es einen deutschen Adel auch ohne Anführungsstriche nach wie vor gibt, ja geben muss? Denn auch die Burgen, Schlösser und Herrensitze haben die Fantasie der Bürgerlichen schon immer angeregt und die wunderbarsten Vorstellungen darüber geweckt, was sich Interessantes und vor allem Märchenhaftes hinter den hohen Mauern verbergen mag. Angesichts dieser prächtigen Anwesen kommen sie ins Schwärmen und malen sich aus, wer dort nicht alles und mit was für einem Prunk und Glück derjenige dort gelebt haben muss und heute noch lebt. Sollte es wahr sein, dass die Fürsten, Grafen und Barone, die in ihren Schlössern und Burgen residieren, tatsächlich gar keine Adligen mehr sind? Sind all die Mühen, die sich Adlige machen, um heute noch in so unpraktischem Gemäuer zu überleben, vollkommen vergeblich?

Was sollen erst die Kinder, die Jugendlichen, die Heranwachsenden von all dem denken? Werden sie nach Werten erzogen, die längst keine Gültigkeit mehr haben? Ist es tatsächlich ganz gleichgültig, ob sie kraft der Statuten ihrer Familien möglichst einen Mann oder eine Frau ihres Standes ehelichen und ihm bitte schön ein Leben lang treu bleiben? Sollte es wirklich egal sein, ob sie standesgemäß oder unadlig, protestantisch oder katholisch heiraten? Sollte es schnurzpiepegal sein, wenn eine superkatholische Gräfin einen urevangelischen Burggrafen heiratet und dann verlangt, dass ihre Kinder katholisch getauft werden? All das sei von heute auf morgen irrelevant, nonexistent und entbehre jeglicher rechtlichen Grundlage? All die dazugehörigen Gespräche und Überlegungen und innerfamiliären Kämpfe sollen lächerliche Scheingefechte und Stürme in Wassergläsern sein?

Nun, wir müssen den Tatsachen ins Auge sehen. Auch dafür wurde mindestens einige Jahrzehnte lang gekämpft: Ob der Adel und mit ihm seine Namen und Titel komplett abgeschafft sind wie in Österreich oder ob seine Titel lediglich als Bestandteil des Namens übrig blieben wie in Deutschland – es gibt ihn nicht mehr, er darf sich nicht mehr Adel nennen. Die neue Welt ist eine reine und saubere Welt ohne Stände und erblich bedingte Privilegien. Einen deutschen Adel gibt es auf dem Papier nur noch mit Gänsefüßchen.

Es ist also reinste Spielerei, wenn davon noch die Rede ist. Es ist ein Spiel und ein Zeitvertreib, wenn Lancier geübt, im *Gotha* gelesen und Handkuss praktiziert wird. Es ist wie eine Herde Pferde, die man weiter züchtet, obwohl man zu alt geworden ist, sie zu reiten. Es ist wie eine Puppenstube, die auf dem Dachboden aufgehoben wird, alle Figuren sorgsam verpackt, alle Geräte, Pfannen und Töpfe in kleine Stoffreste eingeschlagen, damit sie erhalten bleiben, obwohl keines der Kinder des Hauses je daran denken würde, zu heiraten oder selbst Kinder zu bekommen. Es ist wie ein altes Auto, das man hegt und pflegt und jeden Samstag auf Hochglanz poliert, obwohl es längst nicht mehr fährt, wie eine Armee, die man sich hält, obwohl zum Glück nie wieder Krieg sein wird. Es ist wie ein Landesfürst, der sich zu Repräsentationsgründen einen Schwanenteich hält, obwohl der König nie wieder zur Jagd vorbeikommen wird, weil es ihn gar nicht mehr gibt und die Schwäne längst erfroren sind.

»Es wird sich nichts ändern. An der Schönheit dieser Landschaft werden auch die Republikaner nichts ändern können«, sagt Giuseppe Tomasi, Herzog von Palma und Fürst von Lampedusa, in dem Buch *Il Gattopardo*, während er aus dem Fenster seines sizilianischen Palastes schaut. Dabei haben er und seine Familie eben erfahren, dass Garibaldi sich in Marsala an die Spitze seiner Rothemden gesetzt hat und die königlichen Truppen sich aufmachen, um die Aufrührer blutig niederzuschlagen. Und Lampedusas Neffe Tancredi, den der Fürst so liebt wie einen eigenen Sohn, hat sich auch auf den Weg nach Marsala gemacht, aber nicht um gegen Garibaldi anzutreten, sondern um mit ihm gemeinsam zu kämpfen. Es wird sich nichts ändern?

Es ist ein großartiges Buch, nicht zuletzt weil in der neuen Übersetzung *Der Gattopardo* nicht mehr wie früher *Der Leopard* heißt. Wenn Lampedusa in sein Land hinausschaut, besteht dem Leser die Szene noch bevor, in der er dem dampfenden Bad entsteigt, bei dem ihn der Pfarrer seines Sommersitzes

Donnafugata überrascht, und das ebenso anschaulich in dem Buch beschrieben wird wie so manch andere leidenschaftliche Szene. Ähnlich wartet auf ihn noch die Ballnacht, in der sich der Fürst auf einmal müde fühlt, so unendlich müde, obwohl das Fest so gefeiert wird, wie in seinen Kreisen immer gefeiert wurde, und so, als ob auch immer weiter, bis in alle Ewigkeit, alle Feste so gefeiert würden, getanzt und jubiliert, jeder sich um sich selbst drehend im Amt bestätigt wird. Aber das Buch gilt als Abgesang auf eine Epoche, das Ende scheint nahe und auch Lampedusa ahnt etwas davon, sonst würde er nicht so hartnäckig auf die Schönheit seines Landes verweisen. Als könne der Wind sich nicht doch einmal drehen, als könne nicht wider Erwarten ein Unwetter kommen, das alles zerstört und verändert. Aber der Fürst sagt es nicht, er gibt es nicht zu, und was auch immer geschieht, im Gedächtnis bleibt dem Leser das Bewusstsein eines Mannes, der davon überzeugt ist, dass er und seinesgleichen ewig bestehen bleiben: »Es wird sich nichts ändern!«

Das ist es letztlich, was den Adel auszeichnet. Er wird nie vergehen, es wird ihn immer geben, und seine Mitglieder, gleichgültig ob organisiert im Verein oder aus reiner Überzeugung, werden nicht von ihren Traditionen ablassen oder ihren Konventionen abschwören, und sei es aus rein strukturellen Gründen. Wer mit dem Gefühl lebt, seine Familie sei schon ewig vorhanden und er sei nur ein Glied in einer langen Kette, wird dafür sorgen, dass nicht ausgerechnet er die Schwachstelle ist, an der die Kette zerreißt. Er wird darauf achten, dass alles beim Alten bleibt, er wird gar nicht anders können. Das gilt in Deutschland nicht anders als in Österreich. Degradierend empfand die formale Entadelung dort eigentlich nur der Beamtenadel, weil seine Standeserhöhungen die vielfach ersehnte soziale Krönung für beamtete Adelswerber und deren Familien gewesen war. Die Mitglieder des Alten Adels konnten sie leicht verschmerzen. Sie verloren zwar formal ihre Titel und Privilegien, pflegen aber weiterhin ihre gesellschaftlichen Umgangsformen und behielten ihre Besitztümer. Michael Hainisch, österreichischer Bundespräsident von 1920 bis 1928, nannte die offizielle Abschaffung des Adels »ein kindisches Beginnen, schon deshalb, weil man gar nicht diejenigen traf, die man hatte treffen wollen. Ich sprach einmal mit der ebenso feinen wie klugen Fürstin Fanny Starhemberg über diesen Punkt. ›Uns‹, sagte sie, ›macht die Aufhebung des Adels nichts, wir bleiben mit oder ohne den Titel immer die Starhembergs.‹«

Der Adel wird also weiter seine Feste feiern, er wird seinen Lodenmantel tragen und bei Hochzeiten im Cut erscheinen, und er wird jeder strahlenden Braut zuprosten, der es allen Widrigkeiten und demokratischen Grundsätzen zum Trotz gelungen ist, den Richtigen zu heiraten, den Mann mit dem richtigen Namen und dem richtigen Gebetbuch! Und wenn es darauf ankommt, würde der Adel auch wieder einen König wählen. Er wüsste auf Anhieb, wer der korrekte Nachfolger in der Reihe wäre. Schließlich werden die Nachfahren des ehemaligen Königshauses heute noch so angesprochen und geehrt, als lebten wir nach wie vor in der feinsten Monarchie. Dem überzeugten Adligen ist es fast gleichgültig, ob seine Projektionen den Grundlagen der aktuellen Verfassung und Staatsform entsprechen oder nicht. Seine Familien haben schon so manche politische Veränderung in der Vergangenheit überlebt. Und trotzdem ist es immer weitergegangen. Der *Gattopardo* hatte eben doch recht: Es wird sich nichts ändern.

Literatur

Asfa-Wossen Asserate, *Manieren*, Frankfurt am Main 2003.

Eckart Conze (Hg.), *Kleines Lexikon des Adels*, München 2005.

Paul Fussell, »Unterschiede lesen. Eine Reise durch das amerikanische Statussystem«, in: *Merkur 9/10*, Stuttgart 1995, S. 754-774 (im Original: *Class, A Guide Through the American Status Systems*, New York 1983).

Giuseppe Tomasi di Lampedusa, *Der Gattopardo*, München 2004.

Stephan Malinowski, *Vom König zum Führer*, Salzburg 2003.

Elisabeth Plessen, *Mitteilung an den Adel*, Frankfurt am Main 1976.

Ludwig Renn, *Adel im Untergang*, Berlin 1987.

Gregor von Rezzori, *Idiotenführer durch die Deutsche Gesellschaft I. Hochadel*, Reinbek bei Hamburg 1962.

Gregor von Rezzori, *Idiotenführer durch die Deutsche Gesellschaft II. Adel*, Reinbek bei Hamburg 1962.

Gregor von Rezzori, *Idiotenführer durch die Deutsche Gesellschaft III. Schickeria*, Reinbek bei Hamburg 1963.

Wilfrid Rogasch, *Schnellkurs Adel*, Köln 2004.

Alexander von Schönburg, *Die Kunst des stilvollen Verarmens. Wie man ohne Geld reich wird*, Reinbek bei Hamburg 2006.

Friedrich Torberg, *Die Tante Jolesch oder Der Untergang des Abendlandes in Anekdoten*, München 1996.

Ghislaine Windisch-Graetz, *Kaiseradler und rote Nelke. Das Leben der Tochter des Kronprinzen Rudolf*, Wien 1988.

Lust auf mehr? Hier gibt's mehr:

Wie man echte Komplimente macht und wofür sie gut sind

Gloria Beck, Komplimente

Eine Gebrauchsanleitung / 288 Seiten /gebunden mit Schutzumschlag

ISBN 978-3-8218-5697-1

Sarah Wiener erkundet die Geheimnisse der französischen Küchenmeister

Sarah Wiener, Meine kulinarische Reise durch Frankreich

Eine Liebeserklärung mit Rezepten / 160 Seiten / gebunden mit Schutzumschlag

ISBN 978-3-8218-7315-2

Eichborn

www.eichborn.de